U0592256

JAPANFOUNDATION 国際交流基金

南京大学中日文化研究中心
基金项目

丛书主编 张一兵

看东方 日本社会与文化

『日本人论』中的日本人

[日]筑岛谦三 著

汪 平 黄 博 译

南京大学出版社

图书在版编目（CIP）数据

"日本人论"中的日本人／（日）筑岛谦三著；汪平，
黄博译. —南京：南京大学出版社，2008.2（2008.4 重印）
（看东方. 日本社会与文化／张一兵主编）
ISBN 978-7-305-04913-2

Ⅰ.日... Ⅱ.①筑...②汪...③黄... Ⅲ.日本人-
民族性-研究 Ⅳ.C955.313

中国版本图书馆 CIP 数据核字（2008）第 013462 号

《Nihonjinron no nakano Nihonjin》
© TSUKISHIMA Yue 2000
All rights reserved.
Original Japanese edition published by KODANSHA LTD.
Simplified Chinese character translation rights arranged with KODANSHA LTD.
through KODANSHA BEIJING CULTURE LTD. Beijing, China.
登记号 图字：10-2007-057 号

出 版 者　南京大学出版社
社　　址　南京市汉口路 22 号　　　　邮　编　210093
网　　址　http://press. nju. edu. cn
出 版 人　左　健
丛 书 名　看东方：日本社会与文化
书　　名　"日本人论"中的日本人
著　　者　[日]筑岛谦三
译　　者　汪 平 黄 博
责任编辑　姚 徽 金鑫荣　　　编辑热线　025-83593947
照　　排　南京紫藤制版印务中心
印　　刷　南京大众新科技印刷有限公司
开　　本　787×960 1/16 印张 22.25 字数 331 千
版　　次　2008 年 2 月第 1 版 2008 年 4 月第 2 次印刷
印　　数　3001—6000
ISBN　978-7-305-04913-2
定　　价　44.00 元

发行热线　025-83594756
电子邮箱　sales@press. nju. edu. cn（销售部）
　　　　　nupress1@public1. ptt. js. cn

* 版权所有，侵权必究
* 凡购买南大版图书，如有印装质量问题，请与所购
　图书销售部门联系调换

总　序

　　对中国与其东方邻国日本，我们往往喜欢用"一衣带水，唇齿相依"来形容，指的是中日两国之间的地缘距离和相互之间依存的关系。两国间的文化交流则源远流长，秦汉时期就有徐福带五百童男童女海上求仙到日本的传说。隋唐时期，是日本与我国交往的第一个高峰期，日本曾向我国派遣了二十多批遣隋使和遣唐使，我国也曾派遣过大量的迎送使节。两国友人、僧侣、学者之间交往不绝，特别是唐高僧鉴真和尚的东渡，为中日文化的交流刻画下了浓墨重彩。受中国文化的影响，日本的许多典章制度、风物民俗等都有取法华夏文化的痕迹，所谓"和魂汉才"，指的就是这个意思。

　　明治维新以后，日本全面师法西洋的政治经济制度，在文化取向上则要"脱亚入欧"，一时被称为蕞尔小岛的日本，物阜民丰，国势强盛，在东方国家中第一个完成了近代化的转型而忝为列强。而其时的中国，则是积贫积弱，国势衰微，于是一大批有识之士东渡日本，欲从"同文同种"的邻国汲取强国的良方。但从晚清至近现代，以前的"学生"欺负了"先生"，日本的扩张主义和军国主义政策给中华民族带来了深重的灾难，八年的全民抗战和艰难困苦之后，中国人对日本的一切自然都持排拒之态。而在"二战"后的废墟上，日本又在经济上重新崛起，成为世界第二的经济强国，文化上则受欧美文化影响至巨。但值得关注的是，走进全球化的东方日本却没有真正失却自身的民族文化之魂。

　　要了解一个民族，就要了解一个民族的文化。但在中日文化的交流了解上，却呈现出一种非对称性：日本对中西优秀文化采取的是"鲸吞"式文化输入方式，再加以本土的改良、消化，为我所用。而近现代以来,我国的文化思想界对东西方文化采取的是两种不同的态度:对西方文化信奉的是"文化仰视"("全盘西化"论为其代表),而对东洋文化则是另一种"文化俯视",以为日本的一切皆来自中土,故在知识界残留一种文化自大和自恋的弊病,正如近人戴季陶所言,日本已把中国放在显微镜下观察千百次,而我们自己对日本文化则不甚了了。这实际乃是"中学为体,西学为用"说的余韵流响。反映在文化出版界,对西方文化著述的译介可谓叠床架屋,品种众多,而对日本研究著述的引进译介,却是门庭冷落。其实,我们若是真正走近日本,就可知晓日本文化在吸收中西文化的基础上,具备自身的文化特质。事实上,九世纪末遣唐使终止之后,中日两国之间基本上中断了官方往来,中国文化对日本文化的影响相应减弱,而独具日本特色的文化即所谓"国风文化"日渐发展;明治维新以来,日本更是不遗余力地"向西看"。因此,日本文化与中国文化虽然在外形上有很多相似之处,但两者之间存在着本质上的差异,说中日两国的文化形似而神不似也不为过。所以,我们要想深入地认识了解日本文化,就得从认识两者之间的差异性开始。

在经济全球化的今天,对文化的输入和了解绝不能再"厚此薄彼"。固然,今天仍然有少数日本右翼分子试图用卑劣的手段掩盖那段令大和民族蒙耻的血腥史实,但我们还是应该以宏阔的历史气度、开放的文化心态了解世界各民族的文化,了解日本文化。因为要固守民族的文化之根,我们不能单面守护自己的文化母体,而是要积极了解异域文化,吸收和借鉴异质文化的精髓。知己知彼,才能百战不殆。

2001年12月7日,南京大学成立了"中日文化研究中心"。"中心"下设的"日本学术译丛编辑部"致力于译介日本代表性的学术研究成果,在南京大学出版社的《当代学术棱镜译丛》中专门设置了"广松哲学系列",所译著作在中国哲学界已经引起了强烈反响。不过这次的译丛"看东方:日本社会与文化"与之有较大的不同。如果说"广松哲学系列"目的在于译介前沿性学术成果的话,那么此译丛在选书时看重的则是知名度、影响力和可读性。也就是说,这是一套针对一般读者而非专业读者的译丛。所译介的七种图书,都是由日本著名学者撰著的论述日本文化的专业著作。内容涉及日本的意识构造、风土人情、国民性格、文化特征等。美国著名文化人类学家本尼迪克特的《菊与刀》是一本为大家熟知的分析日本国民性的经典著作,她的异域文化背景和独到的研究视角是对日本国民和文化性格的一次本质探析。而日本本土学者撰写的类似的著作,则给我们提供了一种新的研究视域——这种交叉的学术视野可以多棱镜地折射日本社会与文化。当然,其中的褒美和谄恶,则要靠读者的明鉴了。

感谢"中心"同仁和南京大学日语系年轻俊彦们的支持。为了全方位地介绍日本文化,我们后续还会有日本现当代文化译著的出版,敬请读者期待。

张一兵
2007 年 11 月于南京大学

前　言

　　书店里有一个时期几乎专门开设了有关日本人的书籍专柜区,但这种日本人论繁荣鼎盛的时期,似乎已经过去了。这类书籍就像退潮后的积水一样,被静静地排放在书店角落里的书架上。这就是我常去的书店最近以来发生的变化。

　　一天,我站在书店角落的书架前,忽然想起了战争开始不久时有关南方的书籍排满店头的情景。这种现象很自然,但日本人论的书籍泛滥,其理由就不是那么清楚了。也许是该出现而出现的。但是,要问为什么,则让人陷入沉思。

　　如果说这是由于战争失败但经济发展壮大带来的现象,那么,经济繁荣在同样的战败国德国出现过,当然,意大利也有过一个时期的经济繁荣,却没有听说在两国国民间见到过这样的现象。三个国家比较之下,可以说这是日本的特殊现象。要问这是为什么? 关于这个问题,我将在序章里进行考察。

　　凝视地图上日本的位置,思考世界历史潮流中的日本,我觉得日本真的处于很特别的地位。6月7日、8日、9日,伦敦召开了西方首脑会议。大会的第一天,日本NHK的记者说,他感觉到日本好像离其他参加国很远,这并不是地理上的远近,毫无疑问,大家都是同样的成员国,但好像大家都把日本当客人一样对待。这种情况就像皮肤颜色不是白色的事实所象征的那样,也就是说,日本在西方国家中仍处于特殊的地位,而在世界上,日本也仍然是一个很特别的国家。它在远离西洋的东端繁荣昌盛，它的动向给世界的影响虽然很小，但它却是一个很强大的国家。

　　这就是在这个特别的国家里出现的特别的现象。这种现象兴盛的时期虽然已经过去，但就研究课题的重要性而言，既不存在兴盛也没有退潮之说。只是，我要通过这本书，进入很多人倾注精力不断探求出来的多如牛毛的结果之中，弄清楚日本人以前是怎样的，现在是怎样的。这是对正确把握民族核心的一个尝试。

筑岛谦三

译者前言

　　对日本人的认识，可以是个人层次上的事，也可以上升到民族、国家的层次上。由于近现代日本对中国长达十五年之久的侵略历史，对日本人的认识和了解往往很容易就提高到民族、国家的层次上。这种现状应该说是日本侵略者的种种行径造成的，形成了中国人对日思维、对日认识的这种习惯。历史的噩梦成了中国人挥之不去的记忆，日军的残暴、掠夺、奸淫、屠杀成了那个时代中国人了解日本人的基本内容。但是，许多接触过日本人的中国学生、教师、商界人士，由于懂得日语，通过语言的交流，他们要比一般的中国人了解日本人。在他们眼里，日本人讲礼貌、守信用、遵守秩序、勤劳、工作认真……这种个人层次上的认识，往往与民族、国家层面上的认识恰恰相反。为什么会这样呢？

　　应该说，造成这种相反认识的原因很简单，是中国学界对日本研究得不足。换句话说，一般国民要想了解日本全貌，仅靠现有的研究与介绍是远远不够的。有学者指出，中国对日本的了解远远不及日本对中国的了解。这说的不是中国大唐盛世时候的事，说的就是现代，就是现在。这种现状反映的可能是两个层面上的问题：一个是现实问题，是中国民众不了解日本的现实；二是心理问题，是中国民众认为没有必要了解日本的心理。当然，我们现在已经可以清楚地看到，随着经济全球化的进程，民众对日本的了解已经不同于往日，不管我们愿意还是不愿意，日本已经走近我们的生活。我们必须了解日本。我们只有在了解的基础上才能确定我们对日本的认识正确与否，才能决定我们是不是应该学习日本，或者说应该学习日本什么，以此加快我们达到目标的进程。

这次南京大学出版社组织翻译、出版这套丛书，可以说是基于某种基础性加战略性的意图，在中国对日认识史上，具有开创性的意义，同时具有相当的学术高度。以学者的眼光选取的这些书目，大家可以一目了然，没有一本不让我们感到选取者的独具匠心。我们要了解日本人，了解他们的思想以及思想的来源，了解他们的行为以及行为的动因等等，这些书目无疑会让我们得到或多或少的满足。从中我们可以看到日本民族是怎样从昨天走到今天的。我们以往通过不同时期、不同作家的文学作品所了解的日本以及日本人，在这里，我们看到了依据。换句话说，我们以前对日本货日本人可能只是知其然，现在，由于这套丛书的出版，我们应该知其所以然了。这套丛书对于弥补个人层面认识与民族、国家层面认识的差异应该起到积极的作用。

我和黄博同志翻译的这本《"日本人论"中的日本人》，主要分析、归纳、总结了旅日外国人眼中的日本人观和一段时期以来日本人眼中的日本人观。本书所选取的人物跨越了从织丰时代到现代长达四五百年的时期，涵盖了学者、商人、政治家等多种人群，具有很大的广泛性和代表性。尽管本书作者在序章中说道："我的目标不只是回顾'别人怎样看日本人'。"但即便仅将本书看做描写日本人论历史的书，就已颇具价值。更为重要的是，本书作者对每个人物的日本人观均加入了自身的见解和评价，正确与否姑且不论，其方法论对我们了解、认识日本人应该有所启发。任何人或事物在不同的历史时期、不同的历史条件下所表现出来的特性都是不一样的。对日本、日本人的认识也是这样。日本在变化着，日本人也在不停地改变着，同样，处在变化中的我们看日本的眼光也在变化。总之，我们不能忽略变化的影响。我们清楚地知道，我们是在动态中把握认识对象的特性。所以，断定一个民族是好或是坏、是善或是恶，这样的认识方法都太过简单而幼稚了。民族的特性是相对的，不是绝对的。绝对的是我们在认识过程中的不断发现。

由于出版时间的要求，译者作了分工。汪平同志翻译了上部，黄博同志翻译了下部。由于我们的学力不够，翻译可能存在着一定的问题，我们诚心希望得到学者、同仁的指正。在此，作为译者，我们感谢选题小组委以翻译重任的垂青，感谢出版社同仁的鞭策和鼓励，尤其感谢出版社金鑫荣先生不懈的工作和为出版此书付出的心血。

本书译者代表　汪平

2007 年 6 月 5 日

序 章

——读《日本人论》

    战前,表述"(日本)本国国民"这个概念时,一般都说"我们国民"或者"同胞"之类的话,现在,一般都说"日本人"。这与"国语"和"日语"虽然语义有点不同,但现在一般不用"国语"而用"日语"的这种变化是并行的。但是,我觉得从"国民"向"日本人"的转化过程中似乎增加了另外的理由。

    我记得,那是很久以前的事,有一个人在研究集会上说出了"日本人"如何如何,一个教授当场就表现出了不快。的确有一段时间日本人是不适应"日本人怎样怎样"的说法。因为那让人感到自己把自己所属的国民与自己脱离开,用和其他国民同样的立场称呼自己,这不由得让人有点异样的感觉。

    即使在战前,在与世界以及与其他国民的关系中,既有过"是日本人"的说法,也有过"这也能是日本人?"的说法,但除了这些场合,作为相当于"我们国民"的语言,几乎不使用"日本人"这个词。战后稍稍过了一段时间,日本人开始心平气和地使用起了"日本人"这种说法。这种情况,我想可能是受了本妮迪克特女士的《菊花与刀》(昭和二十三年①出版译本)的影响。因为日本的有识之士就这位女士的日本人论进行论述之际,不得不与这位女士站在同样的平台上使用"日本人"这个词语。至少这可能诱导出了把自己国民称做"日本人"的轻

---

① 即 1948 年——译者注。

松心情吧。

在战后的漫长时间里，出现过这样一个事实，即一本书成了使日本人论盛行相当长时期的机缘，而日本经济力量的急剧上升引发了外国人的日本人论，这也对日本人的日本人论起到了推波助澜的作用。本妮迪克特的日本研究对"日本人"这个词在日本的普遍使用以及对日本人论的抬头起到了推动作用，这恐怕是不可否认的。

在这里，我想插一句，日本人在战后开始如此深刻思考自己的更为根本的理由，是因为日本的有识之士对战败结果所表现出来的旧的日本社会之陈旧的深刻认识和反省，与上述那种来自本妮迪克特的影响无关，而且，也与该女士指出的日本人原来就有暴露自己的冲动——即使是有那种冲动——无关。这点是不能忘记的。

作为以一定的学术方法论为基础论述日本人的外国人，虽然有本妮迪克特，但在这之前最早论及日本人并值得提起的外国人，是弗朗西斯科·沙勿略。虽然在沙勿略之前，有马可·波罗写过日本人"色白、殷勤、优雅"的传闻，有把大炮传到种子岛的三个人当中的那个平特说日本人很聪明，但这两人也就仅此而已。因此，本书决定从沙勿略开始。继他之后，当然是弗洛伊斯、罗德里格斯……亚当斯。一进入锁国时代，论述者几乎都是出岛的荷兰商馆馆员。开国以后，出现了各个国家的人写的有关日本的书籍，到了文明开化的明治时期，外国人写的日本人论和日本人写的日本人论顷刻增加，在接下来的大正、昭和时期，展开了日本人撰写的尖锐反省性的日本人论。关于根据怎样的基准选择哪些人，要说明这个问题，首先必须阐述一下我写这本书时的最基本的想法。

我的目标不是写出日本人论的客观历史。阐述谁怎样论述了日本人，他的方法论又是怎样的，可以指出他的哪些缺点等等，这也不是我的直接目标。不是谁这样说了、谁那样说了的语言罗列，我要一面加上历史观点，一面提炼出内容的精

2

髓。为此,我必须一面从各著作中引用重要的记述,一面采取论述的形式,也随时会表明我自己的意见,记述自己的评价。

总之,我的目标不只是回顾"别人怎样看日本人",而是通过别人怎样看的过程,真正阐明"日本人是怎么样的",进而阐明"如此这般的日本人才是日本人"。在过去的四百年间人们认真探寻的日本人,我虽力有不逮,但仍然要认真地尝试在仅有的一卷书中让她浮现出来。

过去,巴吉荷尔·钱伯伦在撰写他的著作《日本事物志》①中的"日本人的特质"一节时,虽然他说他不阐述自己的意见,只停留于从随意找来的别人的著述中引用,可是,他还是不由自主地以自己的判断进行了选择,而且也不得不夹杂了自己的意见。与此类似的情况无论如何也会在这里出现。无论写什么历史,即使想尽可能客观,但这种情况还是难以避免的。人不可能是一面简单的镜子,更何况面临的是要表现出"如此这般的日本人"、"那些日本人现在是这样的"形象。而且,它的前面还有"这是为什么"的希望。希望就是:一、日本人在今后的世界上会怎样相处下去的自然倾向;二、日本人应该怎样相处下去。我希望本书能够成为了解这种希望的材料。

---

① 巴吉荷尔·钱伯伦《日本事物志》两卷,高梨健吉译,平凡社,1969年,原著第六版,1939年。

目　　录

"日本人论"中的日本人（上）
——从沙勿略到幕府末期——

"日本人论"中的日本人(下)
——从福泽渝吉到现代——

锁国之前

F. 沙勿略

（Francisco Xavier 1506—1552）

这个国家的人重礼节，一般都善良而不怀恶心，令人吃惊的是看重名誉甚于一切。

沙勿略来日情况

　　萨摩①武士安次郎②因杀人之故出游海外，到达马来半岛西岸的马六甲（当时属葡萄牙领地）。在那里，他见到了传教士弗朗西斯科·沙勿略，这位传教士把他送到了印度的果阿。在那里，他接受了洗礼，成为日本第一个基督教徒。

　　从安次郎那里听说了日本情况的沙勿略，想到了去日本传教。他来日本，注定给日本历史与精神文化以冲击，其缘起竟然是与杀人犯的一次邂逅，这实在是机缘巧合。

　　沙勿略出身于西班牙巴斯克地区的贵族家庭，曾游学巴黎。在那里，他与同为巴斯克贵族的英格纳提乌斯·德·罗耀拉结为亲友，相互盟誓，要成为基督的战士。当时，恰逢路德宗教改革的暴风雨之后，教会内部摇摆不定。1534 年 8 月 15 日，在蒙玛特尔山丘上，他们与其他志同道合的人相互谋划，最后，两人踏上了结成修道会的旅程。建立会则大纲，得到罗马教皇认可。正式成立了命名为耶稣会的修道会，是在

---

①　日本江户时代的萨摩藩，现在的鹿儿岛县——译者注。

②　根据原文人名 Anjiro 翻译，正式汉字名无从考证——译者注。

1540 年。

由安次郎带领，沙勿略在克斯迈·德·托雷斯神父和约翰·费尔南德斯修道士相伴下，坐上中国商人的轮船，直奔日本。船长磨磨蹭蹭，天气恶劣，经过一番艰苦的航行，终于到达了日本海岸——鹿儿岛。他这样写道："1549 年 8 月圣母的祝日（8 月 15 日）到达圣·菲保罗（指安次郎）的故乡鹿儿岛。他的亲戚及友人显示出极大的爱迎接我等。"①

家乡的人们热情友好地欢迎在海外游荡了三年的安次郎，对他成为基督教徒一点不以为怪，反而非常尊敬他。据说，当时的领主岛津贵久也向他示好，还就葡萄牙所属领地向他问了很多情况，并对他的说明表示很是满意。

当地的人们对安次郎的老师沙勿略也抱有好感，热情款待他，给了他鹿儿岛对传教来说是再合适不过的地方这一印象。沙勿略为了传教急忙学起了日语。"如果给我等语言，应该从主的庇护那里得到更多的收获"，他这样写道。

引用与注解（1）

这个国家的人重礼节，一般都善良而不怀恶心，令人吃惊的是看重名誉甚于一切。国民一般多贫穷，武士之间，或不是武士者之间，都不以贫穷为耻辱。他们中间，有一个是基督教诸国所没有的。即，武士非常贫穷，而非武士者有大富。非武士者很尊敬武士，亦如对甚为富裕者一般。武士虽甚贫，但即使获赠大额财产，亦决不与非武士阶层者结婚，因为他们认为与卑贱阶层者结婚会失去他们的荣誉。他们如此看重名誉、甚于财富。这个国家的人互尽礼仪，珍视武器，甚是信赖之。他们常带佩刀或短剑，贵族和贱人都从十四岁起带佩刀或短剑，他们丝毫不容忍侮辱和侮辱的语言。非武士者大大尊敬武士。而且，武士皆喜欢侍奉领主，并很愿意服从领主……由于很多人知道读写，所以很

---

① 村上直次郎《耶稣会会员通讯》上，《新异国丛书》1，雄松堂书店，1968 年，第 4 页。

快学会祈祷和上帝教。这个地方盗贼很少，因为发现为盗者时要处罚他，不使他们得以生存。他们非常憎恶盗窃之罪。这个国家的人们具有善良的意志，善与人交往，渴求知识，听说了上帝，在了解了上帝之后甚是喜悦……他们喜欢听符合道理的事情，关于罪恶的看法也是一样，如果陈述理由说明那种行为不对，他们也认可禁止那种行为是有道理的。[①]

　　说起武士道，武士道一直被当做江户时代武士的道德体系。通过沙勿略的记述，我们清楚地知道，在沙勿略来日本的室町时代，接近于武士道的思想已经确立，这是很耐人寻味的。如果说武士看重名誉甚于一切其他东西，那么，就可以推察得知，当时是把失去名誉当做耻辱的事。名誉的维持必须处于不被侮辱的状态，不允许侮辱才得以保全名誉，如果受到侮辱，必然出手行动以恢复名誉，这就是报仇。结果，武士处于上位受人尊敬，名誉、耻辱、报仇等与其所处的地位结合在一起了。如果是这样的话，那么，受到山鹿素行理论影响最大的江户时代的武士道，可以认为，实质上其中心内容在江户时代之前已经在实行了。

　　武士地位高，即使贫穷仍受人尊敬，看重名誉甚于财富。这就是说，以建立财富为目的的商人地位比武士低，再考虑到武士喜欢服从所侍奉的领主这一情况，我们可以知道，沙勿略准确地把握了严格遵守上下秩序的阶级社会和支撑这个社会的道德侧面。

　　把善良、渴求知识、遵从道理这些特点作为强烈印象叙述出来，虽然是根据在鹿儿岛遇见的人得来的印象，但其实当时一般日本人至少是武士阶层是一样的。在1549年之前，日本民族已经经历了开始于绳纹时代的原始社会及后来的奈良时代、平安时代、镰仓时代共二千余年的历史。其间在中央政权的推移、其维持者的更替过程中，至少是上层日本人理应开始逐渐具有自觉作为日本人的意识。因此，沙勿略在日本南端九州的萨摩人身上捕捉到的上述特点，应该可以认为是当时日

---

　　① 村上直次郎《耶稣会会员通讯》上，第4—5页。

本人共有的特点。今天虽然各地人存在地方性特点，但也存在作为日本人的共同特性，国民性研究之所以成为可能的基本条件，可以认为在当时的情况下就已经存在了。

阅读作为当时欧洲社会最高智者之一的沙勿略详细的书信记录，让人感到他不愧是一个具有智性经历的人，他的观察力很敏锐，见解深刻，而且表现方法很巧妙。

本来，在作为学者之前他是个传教士。是一个把向他们所说的异教徒宣传上帝的教诲作为自己使命，不顾性命东奔西走的基督的战士。在他认真思考怎样才能取得传教果实的目光里，准确地把握住了上述社会和人的特性。而且，书信中的那些记述，正因为是写给亲近的友人的，所以写得平实而生动，他所例举的当时社会主要特征和人的特性，可以认为是恰如其分的。渴求知识——即是说对欧洲当时最新知识的好奇心很强的意思，也就是说，当时的日本人知识水准很高。因为如果没有能力听懂，那就不会进行提问。他在书信的最后一节写道："斯年冬天，可以用日语对信仰进行逐条的详细解释，并把它印刷出来。由于有身份者皆知道读写，所以期望根据这本书理解我圣教，并把我圣教弘布于我等很多所不能去之地方。"①

同年 11 月 5 日，在从鹿儿岛寄往马六甲的其他书信里，他写道："该国处于灵魂收获应很多的状态，直至今日丝毫不以当基督徒为怪异。国民理解道理，虽然无知而多谬见，但道理在他们中间拥有实力。如果恶的力量强的话，那么情况就不会这样了。"他还说："因为日本人懂道理，所以，以耶稣基督的名义希望大部分人都可以成为基督徒。"②

而且，在他 1552 年写给同行伊戈拉齐奥·德·罗哟拉的书信里，有这样一段话："要回答他们的提问，需要有学问，有辩论的技巧，对摆弄诡辩者需要直言指出其矛盾。"③

他自己记述说，也出现了反对他们的人。但是，就他对日本人所说

---

① 村上直次郎《耶稣会会员通讯》上，第 13 页。
② 村上直次郎《耶稣会会员通讯》上，第 14 页。
③ 村上直次郎《耶稣会会员通讯》上，第 39 页。

的内容，还是倾向于称赞的。事实上是因为有其值得称赞的地方吧。在他的同行克斯迈·德·托雷斯 1551 年从山口给印度的修道士朋友寄送的书信里，有一段如下的内容。

引用与注解（2）

　　日本人比世界上其他任何国家的人都适合于培植圣教。他们深思远虑，与西班牙人同样，或者说比他们更加会以道理约束自己。他们比我所知道的几个国家的人更加渴求知识，喜欢谈论怎样侍奉拯救灵魂、创造他们的人。在新发现的地区，没有人可以望其项背。而且巧于交际，皆像出自名门大宅者。要记录下他们相互所行礼仪，甚是困难。他们很少诽谤邻里，也不嫉妒任何人。而且不赌博，行赌者如同盗贼皆杀之。他们练习武技以度时，武技甚为熟练。而且，有作歌者，大多数贵人皆为之。如欲悉数记下他们的长处，犹恐纸墨之不够。①

　　总之，武士重名誉、知耻、为恢复名誉积极行动、守秩序礼仪、精于武艺、善作和歌等，还有求知欲旺盛、服从道理等，这些都是两个传教士经过观察写在书信里的。他们判断日本人有成为基督教徒的倾向。

　　作为在南欧拉丁文化背景下成长起来的人，沙勿略在性格上与其说喜欢安静，不如说是个更加有些偏动并且好动感情的人，这点可以从他的文字中看出来。他在冷静做出判断的同时，似乎强烈地为日本人的长处而感动。他一直是把很多人接受教化成为基督徒的事实与日本人的长处联系在一起考虑的。而且，他是从心底里为这样的国家远离西洋，越过印度、东南亚而存在感到惊奇。因为他的传教热情执著而强烈。但是，他受到其他宗派人士的反对，没能取得想象的成果，离开鹿儿岛以后北上，到达平户。进一步继续前往山阳、丰后等各地旅行，旅程充满了艰辛。托雷斯神父写道："如果详细讲述他所受到的屈辱和忍

---

①　村上直次郎《耶稣会会员通讯》上，第21—22页。

受的饥寒,那实在是讲述不尽。"①

　　不久,沙勿略认为,要想在日本取得传教成果,应该对中国进行传教。因为他知道当时中国与日本的两国关系。"闻中国②人奉上帝教,日本人应迅速放弃诸宗派之谬见",而且,"欲在 52 年这一年去中国",他在上文引用的给罗哟拉的书信中这样写道。他一度回到果阿,然后企图登陆中国,但愿望没有实现,在广东附近登陆时,因病亡故。

　　比沙勿略到达日本早六年,葡萄牙人漂流到了种子岛,那时,传来了步枪。众所周知,这件事为日本的武器带来了一大变革。沙勿略传播基督教,给日本的精神史和文明史——一句话——给日本的文明带来了一大变化。但是,由于禁止基督教的锁国,迅速淡化了那种变化的痕迹。就像枪炮哑然失声一样,基督教一度消失。但是,看上去消失的基督教并没有消亡。明治初年,长崎出现事端,说发现信徒。可以说这是外来文化的潜行与复活,是生命长期埋没后的价值再现。这应该说是在日本人论方面应该想起的日本史上一个重要的局面。

---

① 村上直次郎《耶稣会会员通讯》上,第 20 页。
② 原文为"支那",这里改为中国——译者注。

L. 弗洛伊斯

（Luis Frois 1532—1597）
他们的习惯与我们的习惯相差极大，很奇怪，与我们关系很远……

沙勿略一行与弗洛伊斯

与沙勿略一同来到日本的有安次郎、托雷斯和费尔南德斯三个人，这三个人都是师从沙勿略的。托雷斯是西班牙人，在马鲁古群岛的安汶第一次见到沙勿略，接受感化。由于在此之前遍游过墨西哥、菲律宾和印度，所以，他可能是个贸易商人。他加入耶稣会的时候是三十八岁。费尔南德斯比托雷斯年轻十五岁，是葡萄牙人，出生于科尔多瓦，最初是做丝绸生意的商人，后来发愿加入耶稣会，来到印度后师从沙勿略。这两个人不单单是师从沙勿略，而是被他高尚的道德人品所吸引，受到他深刻的感化。在他们的书信里阅读到他们随同老师来日、与老师一道为传教历尽千辛万苦的情形时，我们可以知道他们的信仰多么深厚，同时，知道他们多么尊敬、仰慕他们的老师沙勿略。

在老师离开日本后，托雷斯成为在日本耶稣会的传教士头目并开始大显身手。他到平户、山口、丰后、肥前等地传教，在天草亡故。费尔南德斯辗转平户、山口、博多、度岛等地，其间编写日语的语法书、辞书、教理书籍等，是一位日语非常熟练的传教者。他是在平户去世的。关于安次郎，没有更多可以知道的了，连他在内，这三个人是直接接受沙勿略的指导的，是他最爱的弟子。沙勿略对他们来说，是他们最为敬爱的老师。他们三个人就处在这样的关系中。

　　然而,在印度见到沙勿略并迸发出去日本布道志向的人当中还有路易斯·弗洛伊斯。他出生于里斯本,十六岁就加入了耶稣会,不久被派遣到印度,在那里,他遇见了从日本返回的沙勿略。

　　1563 年,托雷斯在肥前的横濑浦上岸。关于当时的情形,他在给欧洲的一位修道士的信中写过。约有二百人欢迎他的到来,托雷斯神父因太过高兴流下了眼泪。他说上帝为这个大葡萄园(传教地)派来了援助之人,他自己不奢望再活下去了。他已经非常老迈而且疲惫不堪,已经使用起了松树手杖。举行神圣仪式的时候,他把疼痛的脚放在台子上。① 这种新老交替的情形不得不让人感到心情郁闷。这是沙勿略离开日本十二年后的事情。

　　弗洛伊斯从前辈托雷斯和费尔南德斯那里详细听说了他们开始传教以来的事情,然后,他开始了他自己的传教活动。辗转于堺、大阪、京都之间,逗留于丰后、加津佐、长崎之地,他的活动一直到 1587 年秀吉发布禁教令之前都很顺利。尤其是巡察使瓦利尼亚诺来日的 1579 年以后,也许是影响持续之故,他甚至见到了信长,有此厚遇,他得以从事著述活动。一百三十多篇的通信寄往罗马耶稣会总部,从 1581 年到 1595 年,他执笔编写了《耶稣会日本年报》。这是因为他在很多已经来日的传教士当中具有杰出的才能,且擅长日语,深得上司的信赖。

　　上文说到他从事著述一事,是指他 1583 年从罗马接受编写日本史之命、并开始动手撰写的事,正好是在他来日二十年后担此大任。虽然没有完成,但他总算从事了这项工作。第一部(1549—1578)在禁教令发布的前一年脱稿,第二部(1578—1582)、第三部(1583—1587)、第四部(1588—1593),一直写到他去世那年。他是一位卓越的日本通,是一个在可称为天主教世纪的十六世纪最适合成就流芳后世之大业的耶稣教教士。三十岁时来日本,在日本布道三十五年,最后埋骨于日本。他去世的 1597 年,是日本最早的天主教二十六个殉教者在长崎被处刑的

----

① 村上直次郎《耶稣会会员通讯》上,第 316 页。

那一年,他自己就是处刑的目击者。

弗洛伊斯的一些手稿

弗洛伊斯的《日本史》,是了解初期天主教徒传教情况的文献,同时,作为当时政治、经济、社会生活、宗教、风俗习惯等的记录,在日本史研究方面也成了很珍贵的资料。

然而,与此不同,他尝试进行日欧比较的小册子,①由上智大学的约瑟夫·弗兰茨·休特在1946年发现收藏于马德里的古文书馆里。那是弗洛伊斯1585年写于加津佐的手稿,那是他逗留日本的第二十二年。手稿叙述了他成熟通达的知识见解,而且,就针对的文化比较这一今日之问题来讲,它是一部应该予以认真对待的手稿。休特对它进行了详细的注释,并附上德语译文,于1955年在上智大学刊行出来。这一年离著者执笔时间正好是第三百六十年。过了十年之后,出版了日译本。译者在解说文中说,这本小册子可以说集中归纳了弗洛伊斯为数众多的书简和《日本史》的内容。译文的注释极其丰富,对读者的理解很有帮助。开头部分是这样写的:

耶稣·马利亚

这是一本叙述欧洲人习惯与日本国人习惯之间若干对照和差异的小册子。本来,在志野②这个地方,可以看到日本人在外表上看上去与我们相一致的若干特点。但是,那些不是他们之间一般共同的东西,是通过与乘船来和他们进行交易的葡萄牙人交涉而吸取的。他们的习惯与我们的习惯相差极大,很奇怪,与我们关系很远,在开创了这样文化的创造力旺盛、具备自然知识的人中间,

---

① 弗洛伊斯《日欧文化比较》,冈田章雄译,《大航海时代丛书》11,岩波书店,1965年,第495—636页。

② 原文地名不详。照原文地名音xino译出——译者注。

几乎难以相信存在如此极端的对照。为了避开相互间的混乱,这里得主恩惠,按章节分类叙述。——于加津佐(Cazusa)执笔,1585年6月14日。

这个针对正文的前言说与西洋人做事一样的话,大体是从西洋接受来的,与其不一样的日本人固有的东西,则与西洋人形成极端对照。正文分成如下的章节,记载了很多观察的事情。

第一章"男性的风貌与服装",第二章"女性的风貌与风俗习惯",第三章"儿童及其风俗",第四章"僧侣及其风俗",第五章"寺院、圣像、宗教",第六章"饮食与饮酒",第七章"武器",第八章"马",第九章"病、医、药",第十章"书法、书籍、纸、墨、书信",第十一章"房屋、建筑、庭院、果实",第十二章"船、习惯、工具",第十三章"戏曲、舞蹈、歌曲、乐器",第十四章"其他"。

平时看在眼里觉得稀奇的事情,也作为与西洋相反的事物提出来了。对这种相反事物表示出极大兴趣的特点,是明治时代的西洋人常有的,譬如帕西瓦尔·洛维尔的《远东的灵魂》(1888年刊行,川西瑛子译,公论社,昭和五十二年①出版)就是一例。词语的顺序相反,从右往左书写,淋湿的雨伞手柄朝下倒立,火柴从里向外擦火等等,在钱伯伦的《日本事物志》事典里,关于这些情况有一个专门的项目叫"颠倒"(Topsy-turvydom)。弗洛伊斯已经指出了这一点。

他所指出的涉及很多方面,列举出了很多观察出来的事实。在特别指出的内容当中,多数是与西洋做派甚为不同的东西,而并不是颠倒。当然,那些东西里面现在也有一些已经消失了。例如,"我们通过脱帽表示殷勤,日本人通过脱鞋来表示"②。当时日本人的礼仪是:在主君的面前即使是室外也要脱掉草鞋。下面,我们从上述的小册子中摘取一些相关的内容。

---

① 即1977年——译者注。
② 弗洛伊斯《日欧文化比较》,第一章。

引用与注解

　　在欧洲,未婚女性的最高荣誉和尊贵是贞操,而且是她的纯洁不被侵犯的贞洁。日本女性一般不重视处女的纯洁。即使缺少了它,如果名誉没有丧失的话,仍然可以结婚。

当时的译者对此作了如下注解:

"这个时代看重处女的纯洁、贞操的观念很淡薄。基督教信仰传来的时候,由于教会尽力从事风俗矫正,所以信徒之间开始培植了尊崇纯洁的观念。"

　　这里只叙述了女性,关于男性,恐怕更是如此了。想想现代的情况,也是可以这样说的,尊崇贞操的习惯是不太有。心中只要起了性的邪念就是罪恶的基督教伦理观,对一般日本人来讲,恐怕可以说是性质不同的东西。关于性的问题,常说日本人自古就是比较豁达的。即使在现代,情况大概也是如此,日本没有惹来性丑闻的大臣必须辞职的这类严厉做法。上述的注解是可以首肯的。

　　　　在欧洲,关于罪恶,别的不讲,与妻子离婚是最大的名声扫地的事情。日本随时随地可以离开妻子。妻子不会因为此事丧失名誉,而且还可以结婚。

　　假如上述情况在欧洲是真实情况的话,那么在这一点上,日本和欧洲之间确实存在着差异。在日本,女人不是具有独立资格的人,是从属于男性的,这个习惯一直持续到昭和二十年(1945年),在法律上是那样的。虽然社会上现在还有其残留影响,不时出现争执或者诉讼事件,但古老的风习正在消亡。有关这点的社会变化非常大。译者的注解里说,所谓的离开妻子或者休掉妻子即离婚的事,用当时的话讲叫"离缘",一般是按照男性单方面的意志进行的。

　　　　欧洲有是有堕胎的事,但很少。这种事在日本极其寻常,甚至有的女人堕胎达二十来次。

现在频频呼唤尊重人命，然而与此相关的堕胎为什么得不到议论呢。尊重人命的人命不单单是生理层次上的生命，应该是指人本身。尊重人命就是尊重人。堕胎也不仅仅是身体方面的问题。

在我们中间，僧侣一般不离开寺院外出。日本的比丘尼随时可以外出游玩，有时还去上阵。

译者作注称："阵，指军队阵势。比丘尼上阵的情况似乎很盛行。"上文所说的寺院，现在一般说修道院。现在的修道院男女都不是闭门不出，可以从事教育、福利、医疗等工作。也有修道院要求僧侣闭门不出的，那些地方的僧侣从事农耕、奶酪制作等工作，一方面保持自给自足，一方面从事商品生产。但是，任何一个修道院的集团生活中心都是祈祷与观想。这一点，外国和日本都是同样的。都是没有信仰就无法工作的单身者的集中地。

无论是夏天或是冬天，我们都不穿很薄的衣裳，以免被人看见身体。日本人夏天穿的衣裳很薄，几乎完全可以看得见身体。

译者作注称："我国夏季穿的单褂是用纱等薄物制成，几乎透明，可以看见身体。"就这一点，房屋也可以说是一样的。只是用花纹纸拉门隔成的日本房屋，打开那些拉门，整个房屋就和外面形成同样的空气流动，从外面完全可以看清里面，正好和穿薄衣的人身体一样。房屋和人身体一样，不穿薄衣，忍受不了日本夏季的炎热。风土、房屋和衣服三者之间有着密不可分的关系。弗洛伊斯没有涉及这个情况，只是说了日本人穿薄衣裳。这是按照观察的原样记述的，其他场合的记述也都是如此。捕捉事物的关联、追究问题的源头等等，一般都是到了很久以后才开始进行的。

在我们中间,女性书写文字的事不太普及。日本尊贵的女性认为,如果不知道书写文字,价值就会降低。

除去前面夏季穿薄衣的记述,其他的记述都是日本不如西洋方面的内容。然而,这一条不一样。说出了日本优越的一面。出现了译者注释里写到的"能书善写被当做上流妇女的爱好"的情况。即使是仅限于上流妇女的记述,这也是当时社会文化的一个指标。如果结合屡次指出的有理解力、有求知欲等情况来看,说明上层社会人士的水平似乎相当高。基督教就像地下水一样,在与当时西洋文明紧密联系的上层社会的人士之间迅速蔓延开来,作为促成这种现象的条件之一,我们不得不考虑到人们的这种高水平背景。沙勿略、托雷斯等称赞日本人,是因为有那些事实存在。女性能够书写文字,正是由于具有了上述的高水平。前者是后者的一环。

我们一般用鞭子来惩罚儿子。在日本,很少见到有人那样做。他们只是用语言(?)谴责。

这段文字告诉我们,现在已经屡屡被当成问题的一些状况:如对孩子一味进行哄惯、不严厉、不打屁股,回溯起来,在这个时代早就已经有了。

即使在战乱的时代,武士的家庭里也有过人们性情温和的生活。有过吟咏和歌、喜爱庭院的生活。实行堕胎和掠杀婴儿之类的杀伐行为,无疑是那些生活在恶劣经济条件下的人们不得已的悲惨结局。

性情温和的人只是受自己的孩子很可爱这种自然感情的影响对待孩子的。既然没有不惜用鞭子教育孩子的社会必要,那么,就等于说还不存在那样的孩子观吧。对孩子虽然严厉不到打屁股的程度,但那些孩子都是让弗洛伊斯他们佩服的那种孩子。

孩子们在看重名誉的武士社会里,不管愿意还是不愿意,培养起了一面自我约束一面保护名誉的心灵,社会上已经失去了通过鞭打来严厉对待孩子的必要了。弗洛伊斯进一步这样写道：

> 在我们的社会里，即使四岁的孩子也不知道自己用手吃饭。日本的孩子们三岁时就自己用筷子吃饭。我们的孩子动作举止不沉着，不重优雅。日本的孩子在这点上非常完美，实在值得赞赏。我们的孩子一般在公开的戏剧和演出中会腼腆害羞。日本的孩子不害羞，落落大方，很讨人喜欢。

这些赞誉之词大概是弗洛伊斯见了武士的子弟后才说的。毫无疑问，在当时极端看重名誉、避免受辱的带刀武士的家庭里，存在着孩子即使不用殴打也能自我控制、自我修行的气氛。大人磊落大方，无言之中孩子也会磊落大方起来。

可是，不知为什么他接下来又写出了如下的文字。大概是看到武士阶层以外的阶层之后才写的吧。

> 欧洲的孩子多在过多的宠爱和温情、锦衣和美食中长大。日本的孩子半裸身体，几乎在毫无任何宠爱和快乐中成长。

这段记述只能认为是把对方的上层和日本的下层进行比较才写出来的。看前面的称赞文字，怎么也不能想象那些孩子是半裸的。据译者注讲，《小儿养育必用》有篇保婴论说，应保三分饥与寒，即应该保持三分饥饿感与一分寒意，意思就是说要适度控制饮食，衣服也要穿薄一些，不要太暖。如果武士之家实行这样的家教，而弗洛伊斯上面的记述又是根据这种情况而作出的话，那就没有矛盾了。就等于并不是欧洲上层和日本下层的比较。

> 欧洲的父母们有事的话，直接和孩子们交涉。日本全是通过使者或中间人进行。

译者对此作注说："武士之间，即使是父子关系，也像外人一样，一

16

般都保持严格的距离。"这里所说的孩子是已经成人的孩子,通过中间人进行父子交涉,一见之下,让人感到多么生分。但是,即使是现在,委托中间人也是极为平常的事,这是强有力的习惯做法。在相互很少说话、彼此严谨的关系支配下的武士当中,避开直接面对面,介入中间人来解决纷争,无疑成了自然的结果。尤其是名誉意识极端敏感的阶层,毫不损害双方名誉地解决纷争,是最为重要的。因此,可以想象中间人的出现是极为自然的。中间人在结婚、人事问题和其他一些事情上的作用,是日常所常见的,由于它的作用表现得太过频繁且富有效果,所以在我们看来丝毫不以为怪。欧洲虽然也不是绝对没有,但比较弱吧。欧美人常指出日本的这种习惯,以为很稀奇。我认为这是地地道道的日本式制度,是与日本人与人关系深刻结合在一起的。溯其起源,也许就在于武士家庭父子关系的存在方式。

　　在我等之间,孩子外出时,母亲要同行。日本(长大的话)绝少有随行的。

　　现在,大学的入学考试、毕业典礼,母亲一般都出席。这已经是很平常的事了。这在战前是没有的,是战后的一大变化。当然,这是因为女性地位和其他社会方面的变化相协调发生的变化。在没有那种变化的战前社会,女性可以说不是一个独立的人。不管是在法律上还是在生活当中,女人都亚于男人,而且程度很厉害。因此,关于长大的男子,上述情况至少在战争结束之前的社会是存在的。

　　在我们中间,孩子们经常去亲戚家,与亲戚亲密交往。在日本,人们很少去亲戚家玩。对待亲戚就像外人一样。

　　如果这是真实情况的话,那大概是严谨古板的武士社会中的形式主义扼杀了自然心情吧。

　　我们的戏剧、节目富于变化,常有新的创造。他们的戏剧从一开始就全部规定死了，没有变化。

译者作注称："大概是说到了"能"、"狂言"已经重视传统、不进行新的创作的那个时期吧。"现代日本人平常的生活当中，也多有重视成型形式的倾向。激烈追随流行，强烈摄取欧美文化，其结果也是追随一定的形式。服从于形式是一种稳定，有时那里就存在着美。因此，遵从形式就有其相应的魅力。离开形式，生活就不能成立，打破形式只能是形式的再生。

作为介于形式之间的重大问题，大概就是形式是否阻碍创造的问题。这虽然是关于戏剧的，但弗洛伊斯把他们那里的创造和我们这里的遵从形式对峙起来了。他的这种文化比较的目光很有意思。

一个问题

弗洛伊斯的情况就写到这里。我们再回想一下他在草稿的前言里所称的"这种具备了开放式文化、旺盛创造力和自然知识的"日本人吧。现在，他又在别的地方记下了日本人的长处。在来日本第二年撰写的书信当中，他记述了一个地位很高、年龄约有九十的老妇人听了教义之后改信天主教、成为信仰笃厚的教徒的事例。当时他写道："日本人生来服从真理，故她认为本教至善，带泪请求洗礼。"

日本人是服从道理的国民，沙勿略说过这句话，弗洛伊斯也同样说了这句话。武士保持形式主义，另一方面，具有这种遵从道理、服从真理等明显的倾向，这震撼了当时的外国人，我认为这点特别值得记述。因为虽然是他们认为传教的条件没有比这再好而赞美日本人并寄予厚望，但这些记录在显示出他们对自己的教义具有绝对自信的同时，也记录下了日本人真实具有的长处。这成了让人公开知道的结果。我们知道，日本已经是个文化丰厚的国家。他们所说的日本人遵从道理大概也是真实的。在此基础上，他又说日本人具有旺盛的创造性，那么，这方面的情况是怎样的呢？

他强调日本人的形式主义、"守型"的传统主义，而创造性是与这种形式主义相对立的概念。怎样解开这个矛盾呢？

上层人士对从中国接受来的东西作为规则保持其形式，而在不同的侧面，上层人士似乎也有其灵活性，显示出了创造性。关于这一点，通过后面罗德里格斯的记述，我们将更为清楚。改信天主教意味着脱离传统形式，那里难道不能说看到了一种创造性吗？看似矛盾的东西这样就未必是矛盾了。

重视名誉、遵从道理、具有创造性，这是日本人多么美好的倾向！这是弗洛伊斯说的。

最后，译者冈田给这本小册子起名为《日欧文化比较》。松田毅一则称作《日本备忘录》。[①] 而且，据说它像是写给居住在日本的西欧人的书信。

---

① 松田毅一、约森《弗洛伊斯的日本备忘录——日本和欧洲的风俗习惯之差异》，《中公新书》，1983 年。

J. 罗德里格斯

（Joa Rodriguez 1561—1634?）
日本人……在一年当中一定季节的问候和……祭祀、节庆方面，遵守相互拜访的时间都相当严格。

罗德里格斯在日本的逗留及其活动

在所谓天主教世纪的十六世纪，弗洛伊斯和罗德里格斯都是杰出的耶稣会牧师。尤其是罗德里格斯，精通日语，作为交游广泛、具有很高威望的传教士，他也能够见到秀吉、家康、秀忠这些日本最高的当权者，而且使传教、传教士和传教设施等得到了保障。拜谒家康的时候，曾被赐坐上席，比诸位大名所受礼遇更高，在列席者面前被称为值得尊敬的宗教家，露了大大的脸面。

他的出生及死亡年月尚不清楚，来日本的时间也只停留于推测，大约是在 1577 年。除了知道他出生于葡萄牙中部以外，其他来日本之前的情况一无所知。他似乎在少年时代出游外国，到达日本是在十六岁前后，是在日本的丰后地区加入了耶稣会。1581年在同一地方开设的蒙馆是他第一次接受正规教育的地方。这个蒙馆里有唤起他对日本产生学问兴趣的修道士——日本学者保罗养方轩。授官祭司是在澳门。日语的《大字典》（1608 年在长崎出版）和《小字典》（1620 年在澳门出版），还有奉命执笔但没有完成的大册《日本教会史》都是他的著作，他由此而获得了学者的地位，其功绩是不朽的。

托雷斯、费尔南德斯、弗洛伊斯都是与沙勿略有过交往的人,而罗德里格斯则不一样,他来日本比上述的三人迟了很久。他比弗洛伊斯年轻三十岁,两人同时在日本的时间有二十年。他横跨了十六世纪和十七世纪,这点也与上述三人不同。三人都是死在日本,而他却是死在澳门。他虽然打算再度来到日本并埋骨日本,但已经没有那样的机会了,但他却为此获得了足够的时间执笔《日本教会史》。

逗留日本四十五年,用纯熟地道的日语开展传教活动,从事外交交涉的经验数不胜数,掌握丰富的资料等,有了这些做基础,加上他有热情,他以极大的信心从事上述历史的撰写。1622 年 10 月 31 日,他在从澳门发出给罗马最高长官的书函里,写下了如下内容:

> 由于看到、知道正确且真实事情的人将逐渐死去,我不顾自己不懂典雅的文体,写下了《历史》。他日再行印刷的时候,我想进行文章的修补。必须扫清耶稣会一般传教史上常见的那些不真实、基于错误臆测编撰出来的充满虚伪的内容。我在日本逗留了四十五年,现在成了资历最老的人……关于关白殿下前后的日本情况,迄今为止,我比任何人都更加清楚地了解……关于日本国的情况和习惯,已经正确地记述了大部分内容。①

1627 年他在给罗马与葡萄牙有关的马斯卡雷尼亚斯的书信里也这样写道:

> 在欧洲撰写并流行于世的书刊里,充满了谎言,虽然可以看到令人称奇、与事实截然不同的另外的情况,但如果天使出现,剔除书刊中的谬误的话,它们将以变成一张雪白的纸而告终。②

---

① 罗德里格斯《日本教会史》上,土井忠生等译,《大航海时代丛书》9,岩波书店,1967年,第40页。
② 罗德里格斯《日本教会史》上,第55页。

在编撰这部教会史的时候，受命辅佐罗德里格斯的有日本人神父原马尔提尼奥（葡萄牙语称做马尔提尼奥·达·康博）①，此外，还有几名日本人神父及修道士帮助。这部《日本教会史》的日译本上下卷，分别成了《大航海时代丛书》的第九卷和第十卷。

接下来，从罗德里格斯所叙述的内容当中，引用一下应该加以关注的他的日本观。

引用与评价

　　我们的传教士们撰写并从日本寄出，然后印刷并盛行于世的各种书函，也描写了日本王国的几件事，关于实际进行的改宗及其成果。由于描写的都是发生在身边的情况，所以都非常正确，但关于日本，既没有使用历史的手法撰写，又没有明白到足以让人充分理解的程度，所以没有抓住特征……因为日本全境分裂成很多领主，整个日本都沸腾在战争之中，所以，我们的传教士没有时间，也不能从根本上得到检讨这个王国固有的政治形态和习惯的条件。②

这里叙述了一个方法论，即个别的惊讶、观察可以记述得很正确，但关于普遍性的事物就不简单了，需要检讨。这点引人注目。接着这段文字，他又记述道："要知道日本的政治形态和习惯，很大程度上需要知道中国的模式。"他注意到了中国制度的引进，注意到了日中比较的新的境地。离开日本开始逗留于澳门之后，也动手研究起中国，所以，他关于中国的知识很丰富，出了很多关于中国的著述。由于日本从中国吸收了各种制度、习惯和风俗，五伦五常更不必讲了，所以，他感到研究日本史有必要研究中国。他认为，过去的传教士们③不知道这点，不知道这点就不可能知道日本真正的政治形态。

---

① "原"为此人日语中的姓——译者注。
② 罗德里格斯《日本教会史》上，第64—65页。
③ 指耶稣会修道士中居司祭者——原书编辑部注。

接着，他又叙述说，日本本来的国王制度①始于公元前660年②，真正有效的统治持续了四百年，国王制度本身一直持续到1192年镰仓幕府建立之前，但王国内的地区分割、王室内的位阶、特权制度等都是从中国吸收来的等等。他认为第二政治形态是武将割据的时代，第三政治形态是信长以后到他那个时代。他的《日本教会史》就是这样从日本政治史开始的。

他的记述中特别受到关注的是他很清楚天皇与将军的区别，并明确叙述了各自的资格。内容如下：

> 这些人（关白、将军）皆争夺统治权，不服从天皇，根本不关照天皇和古老家系的豪族。而且，这些豪族和天皇一样，直到今日都被关在京城自己的殿阁里。这些总司令官（将军），对原来曾是他们主君的天皇表示出一定的服从，那是因为要得到王室自古以来的特权、位阶及称号。③

有好多人把将军写成皇帝，把各国的领主写成王，这是错误的；说领主们服从固有的天皇，是为了接受位阶、特权；统治权是由最高司令官（将军）授予的，这类意思的记述不断。根本没有搞清楚这些意思的耶稣会牧师的书信以及其他人依据这些撰写的书物里，存在很多的矛盾——他这样记述到。和专心传教的传教士们不同，他能正确洞察日本国的历史和政治形态，在当时的传教士当中，到底是水平最高的日本通。

关于日本人的风俗和礼仪，他作了详尽叙述。具体记述了按照身份的差别对应上下关系和不同的礼节规矩。也叙述了日中两国国民的差异，中国人这样做，而日本人则不那样做等等。就像"关于中国人之

---

① 指天皇亲政的古代天皇制度，与后世的"幕府制度"相区别——译者注。
② 天皇制度实际开始于七世纪，此处疑为日文原书谬误——译者注。
③ 罗德里格斯《日本教会史》上，第67—68页。

间所行的礼仪礼节规矩。关于日本人吸收了大部分那些内容的情况"①这样的题目所显示的那样，他叙述说日本人的生活文化中吸取了很多来自中国的东西。这一章的开头有下面一段文字。

　　日本人之间所行的礼仪礼节，占据了礼仪上的习惯、外在的礼貌方面的主要部分，和日本人自身一样，它的起源也发自于古老的中国。②

日本人和中国人

他详细地叙述了服装、访问、馈赠、宴会、敬茶、品茗会等方面实行的各种方式，看到这些内容，会有一种强烈的印象，觉得日本人是重视礼仪的形式主义国民，并且也会明白他是多么努力地记述下这些具有说服力的内容的。以下的引文里就有那些内容。

　　一般说，日本人的衣服看不到很多的裁剪和新花样。毋宁说式样是被规定好的，也不用显示更大的变化。男人衣服和女人衣服、俗人衣服和僧人衣服都没有什么变化。同样，不管是夹袄，也不管是单衣或者棉袄，不管是丝绸衣服，还是棉布衣服、麻布衣服，都只有一种单纯的裁法。③
　　日本人和中国人同样，在一年当中的一定季节的问候和各种机会进行的祭祀、节庆方面，遵守相互拜访的时间都相当严格。进行那些访问同样被当做很重要的事。不利用这些机会拜访会被当成反目或者根本不具有亲密关系的标志，所以，有些人之间相互反目的时候，就是例外。并且，经常要带上馈赠礼物去拜访人家，这是一般共同的习惯。

①　罗德里格斯《日本教会史》上，第二十二章。
②　罗德里格斯《日本教会史》上，第467页。
③　罗德里格斯《日本教会史》上，第402页。

访问之时，访问者一方和被访者一方都同样要遵守特别的方法。访问者与被访者在同一个地区，或者在被访者附近的时候，访问者要亲自出访。不过，生病或者除了代口信或书信之外就毫无办法的不方便时，那是例外。假如对方在远方、很花时间的话，则让亲近者或家中有地位的人只带个口信，要不就带上书信和礼物，要不就让下人带着书信和礼物去，这是极其平常的。亲近者或者有身份的人去的时候，迎接的一方要对他们表示敬意，提供饭食、酒水招待。迎接的一方等于通过使者对他们的主人报答过去对方对自己所表示的所有知遇之恩。那些过去的知遇，要求这一方的主人在对方派来使者的时候，该做同样的事，而这方的主人也确实做了。如果交涉的当事者不能以相同程度还礼，或身份为领主，则另当别论，但相互访问、相互赠送礼物也变成了必要的习惯。[①]

接下来，他详细叙述了赠物、宴会、茶会等，这里暂作省略。记述的主要是形式主义很彻底的事例。而且，他认为那些东西都是以吸取中国的东西为基础的。顺便还记述说，茶道在中国没有。贵人和一般人、领主和属下，在茶道上都变成同辈一样，即使身份低下的人，如果专职茶道的话，也会被看成有教养的人，领主和贵人都可以邀请他们到自己的品茗会上。

罗德里格斯的创见

此前，沙勿略以后的人都异口同声地叙述说，日本人生来就具有优秀的资质和敏锐的才能、重视名誉、服从道理等等。那大概是当时日本人被人明显感到的倾向，大概也是事实。

然而，到了罗德里格斯这里，除了这些内容之外，出现了若干不同的看法。

第一点，说日本人对自己的民族具有强烈的自负，"具有自尊自大

---

① 罗德里格斯《日本教会史》上，第422—423页。

且傲慢的性质,即使就其他民族看到了什么或听到了什么,都认为不如自己优秀。特别是在战争的武器和武器的用法以及大胆而勇敢的精神方面,都认为是那样,觉得全世界在这方面没有可与之相匹敌的。认为其他民族与他们相比甚为低劣"①。

第二点,大段大段地叙述了剖腹的事例,认为"在事关名誉的事情上,毫不吝惜轻易地舍弃生命"②。

第三点,与那些对家畜、宠物等动物倾注慈悲和怜悯之心、不杀这些动物的社会相反,他们就像为试刀而杀人一样,对人性情粗暴,"他们对砍人身体感到快乐,他们具有这样的性格倾向,而且从幼时起,每逢有机会时都练习如何去做,这只能让人惊诧"③。

第四点,"在这边东方的所有民族中,日本人对神圣的东西具有极度的崇拜和信仰之心……在这个王国能见到如此豪奢的寺院,就是证明。"④

第五点,"日本人懒惰,对耕作甚为怠慢,看不到中国人所具有的灵巧和勤奋。"⑤

以上五点,其中有四点是可以首肯的,第五点让人感到奇怪。爱好安逸和玩乐的记述就紧接着上述引文之后,除了相扑以外也没有其他热闹的胜负比赛等,这种写法暗示出涣散松弛的世象,但即使如此,所谓当时的农民不勤奋的说法,我觉得这段记述有可能是根据某个特定地区的偶然观察做出的。但是,从罗德里格斯的方法论来看,不该出现那样的事。想象一下会不会是这样的呢?他逗留日本的时候,并没有把日本农民看成懒惰的,而当澳门的生活开始以后,他看到了中国人的干活劲头,对此进行比较,从而得出了那样的判断。与勤勤恳恳从事于为欧洲人提供商品、耕作的澳门中国人相比,在爱好娱乐的乐天性得到充分发挥的当时世象背景下,日本农民可能一下被认为是懒惰了。勤奋、懒惰这个

---

① 罗德里格斯《日本教会史》上,第299—300页。
② 罗德里格斯《日本教会史》上,第300页。
③ 罗德里格斯《日本教会史》上,第304页。
④ 罗德里格斯《日本教会史》上,第304页。
⑤ 罗德里格斯《日本教会史》上,第303页。

概念本身就是相对性的评价概念，就好像和甲相比大的人，和乙相比就会成为小的人一样。这样想一想，也不能说他说的很难理解。

不管怎样，在有关日本人的记述方面，罗德里格斯与弗洛伊斯不一样。加上上文的记述，他记述了很多有关日本人手指的灵巧、建筑、绘画的技艺和优良点。他与弗洛伊斯同时待在日本一共二十年时间，弗洛伊斯死后，他又待了二十五年。大概是这样的经历造成了两人的差异，所以着眼之处也不一样。因此，两人有关日本人的记述可以相互补充。

罗德里格斯提出文武两道是当时日本人所遵循的规范，这点值得特书一笔。只有擅长此两道者才被当做理想的男子——这种男性观以后经过江户时代，一直持续到明治、大正、昭和时代。如果没有武，那只能流于文弱；缺乏文，只能是一介武夫。

这意味着两种学问，即文学和武艺两者。这两者对国家来说，任何一方都是极其需要的，它们恰似车子运动的两只轮子，又似鸟飞翔所需要的两只翅膀，所以说，缺乏它们当中的任何一方就不能动。这样，为了维持国家的太平无事，首先，需要有贤明而会思考的人，他们用正确适当的方法，完全依据正义和平等统治国家；对善良的人给予褒奖，授予国家的荣誉、恩典和职位；对恶人和谋反者施以刑罚和流放，如果罪行深重，则以死刑处罚之。但是，也需要那些擅长武艺、勇敢而威猛的人，他们深谋远虑，用妥当的方法保卫王国免遭敌人侵犯，守卫元首的安全，讨伐谋反之人。由于这样的道理，他们说，某一个人要在这个国家（日本）被称做完美无缺的人，他应该具备学问和武艺两方面的能力以及作为部分内容被包含在此两道当中的这个国家的其他技艺。[①]

上文又说文学和武艺，又说学问和武艺，文学和学问都不是现在文学、学问的意思，应该认为都是与武相对的文，文包括了文艺、戏曲等所有狭义的学问。上文当中的文学和学问都只是这种意思的文。一会说两种学问，一会又让学问和武艺对立，学问一词的用法上有混乱。

---

① 罗德里格斯《日本教会史》下，土井忠生等译，《大航海时代丛书》10，岩波书店，1970年，第34页。

A. 希隆

（Avila Giron 1594 年来日本）
一般都是吝啬鬼，忘恩负义且贪婪无度。任何事易走极端。

希隆的《日本王国记》

西班牙人希隆，是 1590 年从墨西哥来到马尼拉的贸易商，他以前的情况不清楚。只知道他是一个因与一起事件有关被判死刑、后巧妙逃脱、搭上了日本船的逃犯。1594 年 8 月抵达平户，马上又移居长崎。同一年去了萨摩，第二年旅行去了岛原半岛的有马。两年后，又旅行去了口之津、平户。1598 年，他在长崎有了自己的住所。此后数年间，他往来于柬埔寨、暹罗（现在的泰国）、印度、锡兰（现在的斯里兰卡）、中国等地，回到日本是 1607 年，此后没再离开日本，好像是一直住在长崎。

他是《日本王国记》的作者。这本书的内容从三好长庆占领京都的 1549 年（沙勿略来日本的那年）开始起笔，记述了安土桃山时代的信长、秀吉，还有江户时代家康的晚年，到 1615 年结束。

他抵达日本的时候，还不是传教士，弗洛伊斯健在，罗德里格斯三十岁左右。他至少与罗德里格斯同时待在日本达二十五年。因此，一见之下，很怀疑能从他的著作中找到多少新的日本观，但是，他是个俗人。他既不是传教士，也不是"伊尔曼"（编辑部注：传教士的助手），只是个普通的贸易商。脑子里想着这些，翻动书页，果然是可以看到完全是俗人的记述。例如，日本女性观。弗洛伊斯也设了一章谈论女性问题,主要是关于女性的习俗。希隆在赞美日本女性的同时,也写出了她们的地位之低。这一点几乎就像弗洛伊斯前引文(丈夫随意抛弃妻子)所记述的那样得到了一定程度的暗示。

希隆的日本女性观

女人色白,鼻目多俊秀,美丽而贤淑者颇多。结过婚的女人皆用树皮染黑牙齿,未婚姑娘和寡妇不染。既无金发碧眼者,也不以此为夸耀。日本女人既不用水、油化妆,也不像我们国家的女人那样使用脏东西(化妆品?)。西班牙女人当中有人拥有的化妆品玻璃容器、瓶子、陶制容器比药剂师的还多,但比起那边只用水塘水洗脸的日本女人,并没有显出脸上娇嫩细净的肌肤。虽说原本并不是绝对需要的,但事实是,结婚的女人因要体面使用水溶性的白粉,为了消除染齿时留在唇上的颜色,唇上略施少量的红。

那些日本女人极具良好的品性,与极其残忍的男人相比,女人极为仁慈热心,讲究礼貌,是我以往所见过的人当中属于没有缺点的人。日本最让人讨厌的女人恐怕最多就是不贞的女人。但是,他们大部分是寡妇,或者是很有钱,或者是因为贫困在少女时代就受到了伤害,或是因为父亲贫穷或者父亲是无赖之徒把她们转给别人,或者是因为被人欺骗,就像在我们中间经常发生的那样,而沦落到这种地步的。女人从任何一点看来都极为恶劣的状态,是像上述那样被人欺骗后、沉沦醉酒不能自拔的时候。但是,这只能在下层女人当中发生。男人都和法国男人差不多,而饮酒这种事几乎不为女人所知道。一旦结了婚,女人可以充分信赖。为什么呢?因为世界上还没有如此善良诚实的女人,犯过过错的女人会用生命补偿过错。[1]

---

① 希隆《日本王国记》,佐久间正、会田由译,《大航海时代丛书》11,岩波书店,1965年,第58—59页。

这里，叙述了日本女人美丽的容貌和淡雅的化妆，大大赞美了日本女性，好像从她们身上感觉到了巨大的魅力。对日本女性的赞扬到了明治时期特别明显，而这种赞扬在这个时代就已经有了。

然而，下面又叙述道，这些得到美好赞誉的女性，在物质上受到男人控制，地位很低下。

女人即使又美丽又有钱，至少也不能像我们中间那样得到丈夫的重视。但愿他们那边多多少少能盛行这样的风习就好了。父亲不用为搞到女儿的嫁妆钱而烦心，因为没有嫁出女儿的同时再赠与金钱的习惯。倒是作为丈夫的男人必须给女方的父亲送聘礼，然后才能把姑娘带走。必须有钱的是丈夫，没有钱的时候，只要不是什么特别的机会，根本不可能获得像样的妻子。他们把女儿给葡萄牙人，给我们，多是因为他们贫困，而不是因为其他理由。他们对中国人也做与此同样的事，但看到中国人的都只是一帮相当下层的人。但是，只要出钱，中国人也和其他人没有什么两样。①

此外，我们从日本人的习俗记述中选取一些他所记下的事例。

其他的观察

孩子们非常可爱，六、七岁就能明辨是非。但是，即使是那些好孩子，也不会感谢父母。为什么呢？因为双亲不教育孩子。

日本人易发怒。一旦被对方压抑住激情，马上就会无精打采，而一旦知道对方没有勇气压服自己，则会不顾一切地扑上去。一般都是吝啬鬼，忘恩负义且贪婪无度。任何事易走极端。一切事物都千变万化。所有的事情都与我们相反。在高贵的人面前站着

---

① 希隆《日本王国记》，第60页。

是一种礼貌,而他们却是坐着才礼貌。

　　外出之时,把长刀和腰刀插在腰带里,走起路来态度傲慢,好像旁若无人,如果遇到地位比自己高的人,态度马上转变,一下谦逊起来。①

　　他待在日本的二十几年间正是基督徒遭受迫害的时代。他对与此相关的内容做过记录。他亲眼看到最初长崎二十六名基督徒被处刑的情景,并对此作了详细的记述。读他写的东西,可以知道他是一个信仰笃厚的人,在他这本书的开头部分,有一句写下了他执笔的精神准备,他写道:"我不打算叙述纯粹且真实以外的任何事。"记录了他想澄清以往有关日本错误信息的抱负。而且,这本书的整体内容给我们的印象是他是一个忠厚诚实的人。

---

① 希隆《日本王国记》,第60—63页,大意。

W. 亚当斯（三浦按针）

（Wiliam Adams 1564—1620）

万事静谧，国民颇为顺从其统治者及尊长。

邂逅家康

亚当斯出生于英国的肯特郡，年轻时学习造船术，在地中海航路上干活。1598 年当上了荷兰东印度公司的东洋派遣船队五艘船的航海长。由西往东，通过麦哲伦海峡，数度与抛锚地的原住民交战，弟弟战死，他饱尝千辛万苦之后开始横渡太平洋。1600 年 4 月 19 日，只有他乘坐的那艘船漂流到了丰后海面。这是一段惨淡的航海历程，当时生还下来的是一百一十人当中的二十四人，登陆后不久又死去了六人。他们受到领主的热情款待。那种待遇对他来说，根据以往的航海经验是无法想象到的，他非常吃惊。

不久，他被家康邀请到江户。信长死去的时候，说是西欧耶稣会会员有四十五人，日本信徒约有十五万人，所以，西洋人及西洋文物对为政者来说，并非那么稀奇。但是，对这个叫亚当斯的英国人的来日，家康有浓厚的兴趣。亚当斯把第一次会见家康的情况，写信告诉了妻子，其中说到，他一来到国王①面前，国王就上下打量起自己，好像对自己表示出非常的好意。钱伯伦在他的著作《日本事物志》中写到，亚当斯在第一次见面时就被家康慧眼看做是善良且有能力的人。他得到了家

---

① 指德川家康——译者注。

32

康的赏识,成为家康的外交顾问,为日荷贸易和日英贸易做出了巨大努力。

亚当斯在江户桥修建宅第,在伊豆的三浦郡边见村,又得到了三百石的土地,和日本妻子生下了一男一女。他起了日本名,叫三浦按针。家康跟着这位领航员学习西洋,让他造了八十吨的英国式轮船。他想念留在本国的妻子和两个儿子,恳请回国,但家康没有允许。家康健在的时候,他受到与侧近大臣同样的待遇。后文引用的书信中,这样写道:"我所进言,帝从无反对。"但是,家康亡故后,他一下变得不得志,1620 年在平户寂寞地离开人世。

他是怎样看日本人的呢? 1611 年 10 月 22 日从平户寄给故乡熟人的信里,有如下的文字:

书函引文

日本岛住民,性情温良且甚重礼仪,临战勇敢,国法严厉,犯法者无所逃遁。现今国内和平,盖内政适宜,所见非他国可比。关于宗教,人民迷信甚深,异说多端。耶稣会派和弗朗西斯派僧侣多居此地,信徒人数渐次增加,教堂亦四处设立。[①]

他并且于 1613 年同样在平户给万丹(雅加达西面港口城市万丹港,当地语叫 banten)的朋友奥格斯汀·斯帕尔丁的信中,这样写道:

关于该国,也没有耳目一新的消息可以报告给阁下。万事静谧,国民颇为顺从其统治者及尊长。又及,彼等之信仰颇为热切,即迷信深笃,有种种宗派……顺从罗马教之基督教徒甚多。

……审判不问身份如何,颇为严酷。彼等都市统治颇为依靠亲睦、友爱,市民几乎不可由一市徙往他市。若近邻之间出现问题,审判官径直命令停止,即刻使其和解。盗贼一般不入狱,当即

---

① 《庆元英国书函》,岩生成一译,《异国丛书》,雄松堂书店,改订复刻版第二次印刷,1970 年,第 28—29 页。

处刑。杀人犯亦大多不能逃亡，在犯人未被发现时，皇帝命出告示，布告文附硬币三百镑之黄金。知犯人之所在者来取黄金，其后丝毫不受烦扰，随意用之。因为如此之大额赏金，以致判明犯人。在彼等城市，因市民对外国人有好意，故不感到些微麻烦和危险，夜间可四处漫步。①

以上两封书信记述的是关于个人的长处（品性和礼貌）和统治的严厉；养成对主君忠诚之心的武士勇敢战斗，平时崇尚荣誉；对盗贼严厉等等，这些内容是沙勿略以来一直被人说起的内容。通过这样的记述，我们多少可以想象一下当时的社会和人的状态。

但是，作为当时政权巅峰侧近之人的亚当斯，他对日本统治状况的记述，是过去人当中所没有的。他虽然说依靠亲睦与友爱进行统治、保持社会没有事端且平平安安的那种统治技巧无有望其项背者，但那种和平和宁静，实际是通过可怕的监视和处罚来保证的。

写下这些内容之后，结尾说："这虽是闲谈，但我特别有几分赏识这些风俗习惯。"有关风俗习惯不满一页半的简短记述，其意义相当深刻。

———————————

① 《庆元英国书函》，第50—52页。

F. 卡隆

（Francois Caron 1600—1673）
孩子聪敏且温和，几乎达到令人吃惊的程度，他们的知识、言语、应对，在荷兰几乎见不到。

卡隆广为流传的著作

卡隆出生于布鲁塞尔，1619 年作为荷兰东印度公司的厨师助手来到日本，到 1641 年离开日本，在日本逗留二十余年。其间，娶日本女人为妻，生下六个孩子。历任平户商馆馆长、台湾长官、巴达维亚（现在的雅加达）商务总监，是荷兰的行政官。后来，他还帮助成立了法国东印度公司。

首先要注意的一点是，他在江户时代前期的日本，为确立日本与荷兰之间的贸易尽过力，他是荷兰方面精通日语的官员。与此前的葡萄牙人、西班牙人都是基督教旧教徒不同，他是新教徒。所谓的"南蛮人"，就是作为带着利害关系的国民的一分子来日本的人。"南蛮人"就是荷兰人时代的先驱者，他们是继贸易垄断者夸耀繁荣的时代之后出现的。在那种时代下的他的日本观又是怎样的呢？我们回头看一看他的著作《日本大王国志》。①

据说，这本书大约是在他滞留日本的第十五年，为回答从当时的巴达维亚商务总监那里接到的大约三十个提问而执笔的，没有预想到后

---

① 卡隆《日本大王国志》，幸田威友译，《东洋文库》90，平凡社，1967 年。

来可以出版。但是，1645 年在荷兰出版了。当时，欧洲尚没有传教士以外的人撰写的有关日本的书，很多人带着极大的兴趣阅读它，二十年间再版了十次，并相继被翻译成英语、德语、法语、拉丁文。

> 从上至皇帝下至小小市民，凡主人者对臣下仆从有审判权。皇帝于自己的市、镇有衙署，使衙役行使审判。士兵贵族当死罪者，允许其剖腹使其自绝生命，而市民商人及其余身份低微者，通过审判处以死刑。商人不仅丝毫得不到重视，反而是被轻视。因为他们被认为是靠谎言生活，扯谎无所恐惧，为肮脏的利益，为出售商品，不问贵贱皆行欺瞒。市民及工匠因其卑微的地位受到歧视。因为前者是社会的臣仆，后者是必须依靠自己的双手维持生计。还有，农民也因其窘困的生活受到歧视，因为他们必须通过剧烈的劳动来维系他们朝不保夕的苦难生命。与此相反，大多数贵族及士兵不事任何工作，在受人尊敬、让人感到畏惧的环境下过着悠闲的生活，由从前的商人、市民、农民提供供给及侍奉。①

他这样叙述了一个有士农工商之别的阶层制社会。其中说道："直到一百年前，国土都由称做'内里'的世袭君主统治。"②他把视为神圣的天皇和握有政治实权的将军区别开来，认为将军是最高者，明确认识到社会已经变化成这种阶层有别的社会。这种认识，成为他讲述日本和日本人时的基本观点，所以，这里引文如下：

> （诸侯）夫人受到甚为严格的护卫，侍女们不问老少大小，丝毫不得与男子讲话，如斯度过一生。疑虑再小亦当死，蒙受疑虑则被认为不亚于实际的罪恶。他们是从很多人中选拔出来的少女，接受如何谦逊卑微地侍奉国王或诸侯及其夫人的教导，观主人夫妇脸色，或说话或回答或微笑或沉默。衣服是各种色调的布绢，根据

---

① 卡隆《日本大王国志》，第 143 页。
② 卡隆《日本大王国志》，第 123 页。

阶位高低有所不同。还教导说,不问地位高下,夫人与所有政治或社会事务无关,努力专心侍候丈夫,这才是女人应守之道。①

夫妇之间没有自由选择。凡结婚皆由双方父母、父母不在则由最近的亲戚出面商谈决定。虽以一夫一妻为基本原则,但妻子不如丈夫意时,丈夫可以适当或不损名誉的方法与妻子离婚。

男人即使去公娼或类似公娼的妇人处或拥有数名小妾也无罪,但妻子则如前所述,会因与某男秘密谈话这样的小罪,被罚处死。②

在阶层制的社会中,男女身份上的差别很大。侍候人的女人们只要看一看女主人的脸色就知道该干什么,会观察的能力并不是仅仅与家族生活方式联系在一起的,可以认为这种身份上下有别的制度也是产生它的条件之一。

士农工商之分开始于秀吉对四民身份的分别并固定,德川幕府继承了它,制定并固定了每个阶层的生活规范。因为幕府为了使封建统治变得容易,需要按职业区别的身份序列。但是,可以认为,权力阶层对这种序列的建立与强化给人们心理的影响当初是很大的。富人处于穷人之上,统治者处于被统治者之上,某种程度是很自然的,这是任何一个社会都会自然产生的上下关系。但是,允许武士阶层居最上位依靠武力压制其他阶层的制度,这恐怕又自然会引起下对上的反目吧。因此,这就需要建立严格的惩罚规则努力维持秩序。在这种序列社会中发挥强大作用的是大大小小腰带上佩刀的武士,他们是强悍的男性。按照男性谱系维持家族的延续在当时的制度中也占有重要的地位,结果在人们的生活当中,男性进一步提高了自己的地位,与此相对应,柔弱的女性的地位进一步降低了。女性地位低下的情况在前引文中明确地表现出来。

顺从是封建制度下的重要的道德原理,它严格规定了妻子在家族

---

① 卡隆《日本大王国志》,第134—135页。
② 卡隆《日本大王国志》,第164页。

内与丈夫的关系，与细微的举止礼貌要求相辅相成，那里面存在着强烈吸引外国人注意的东西。他们撰写文章赞扬日本女性，就是因为这点，而这点正是在他们社会里所见不到的，是日本独特的。

阶层社会以及支撑阶层社会的封建道德，虽然是丰臣秀吉以后的最高执政者建立起来的，但它的底下基础也许是古代的东西。也许就是有了那种基础，然后再在基础上面构筑起来的建筑物。

在这种阶层社会里，孩子们是怎样得到教育的呢？关于这个问题，他做了如下的叙述：

孩子们的教育

他们很注意养育孩子，对孩子很温和。即使孩子彻夜哭闹或喊叫，他们几乎或者决不打孩子。以忍耐和温和宽恕孩子，不动打骂的念头。他们的解释是，因为孩子的理解能力还不发达，理解能力是随习惯和年龄而产生的，所以，必须以温和和良好的教育引导他们。七岁、八岁、九岁、十岁、十一岁以及十二岁的孩子聪敏且温和，几乎达到令人吃惊的程度，他们的知识、言语、应对（如老人），在荷兰几乎见不到。即使长得很结实，八九岁以下的孩子不去学校。理由是这个年龄不能修学，因此，他们一群人不是学生，只是游戏伙伴的集会，这种集会取代了教育，他们自由成长而且充满朝气。到了去学校的年龄，慢慢开始读书，但绝不是强制性的，学习写字也是高高兴兴的，不是不愿做而勉强做的。经常灌输名誉观念，激励他们在名誉方面应该胜过别人，列举其他孩子在短时间内学习很多东西，通过这提高了自己及一族人的名誉的例子。通过这种方法，他们会学习更多的东西，比鞭挞的痛苦所带来的更多的东西。无端殴打奴仆的主人被奴仆所杀的例子很多。①

弗洛伊斯也写到不依靠打来培育孩子。对待孩子，必须温和，即使

---

① 卡隆《日本大王国志》，第166页。

孩子哭喊，也要忍耐，要向他服输，这就是当时对待孩子的办法。这种事吸引他们，是因为他们那里对待孩子不这样，是很严厉的。

怎样才能说明这种东西对立的现象呢？

关于日本，至少可以作如下的考虑。

正如他们反复指出的那样，当时的日本人非常看重名誉。不能忍受失去名誉的耻辱。日本人"为了维护名誉可以愉快地舍弃生命"，所以日本人是知耻的国民，因此日本人是可以信赖的国民，卡隆这样说。① 附带讲一句，如果从可以信赖的侧面讲，那就是诚实，就是正直。

作为规范意识最为强烈地规范、限制着行为的这种名誉，说到底，是阶层社会内的事，是有序列的身份社会内的事，因此，我们必须认识到它是与人类平等意识无能为力的社会中的名誉、支配、服从等人与人纵向关系结合在一起的名誉。即使是这样的名誉，卡隆对它所发挥的制约力量也感叹不已，列举了几个妇女自我戕害的例子。② 那时过于感到耻辱的自我戕害，是为了保持对主人的贞淑和顺从的自我戕害。

在这样的社会中，孩子们自己大概在无言之中就像大人们一样，开始学会了自我控制和重视名誉吧。因此，没有必要通过打骂来教育。

然后还有一点，在这个自然美丽、气候温和、土地肥沃的国土上进行农耕的日本人，和自然亲近起来。虽然有时也为地震、台风和发大水而困苦，但每天感到自然的亲密，几乎达到与自然合而为一的程度。人的性格也变得温和，就像与自然相和一样。生下来的孩子天真可爱，纯朴无瑕，做不出打骂等粗暴的行为。社会就是上文所说的社会，孩子受到的教育是名誉，是自豪，而不是打骂。没有必要通过打骂进行教育。这样，就存在了吸引欧洲人关注的大人对待孩子的方法。

也就是说，是社会存在和自然环境产生了大人对孩子的做法。失去名誉，就有可能断绝自己的生命，即使假定不存在看重名誉几乎到了不惜为恢复失去的名誉而报仇雪恨、剥夺他人生命的这种习惯，那些和平生活在上述自然环境中的温和的农耕人们，大概对待孩子也不会动

---

① 卡隆《日本大王国志》，第 169 页。

② 卡隆《日本大王国志》，第 136—137 页。

粗吧。但是，现实是，社会就是上述的那种社会。大概可以认为社会的存在和自然环境一起产生了大人对孩子温和的行为模式。

所述的那种社会和自然的存在，它们并不是暂时性的东西。正因为如此，不打孩子的做法才会变成牢固的模式，不会遭到破坏。对孩子不严厉，孩子被放任自由，总之，大人对孩子很姑息，这点在今天很成为问题。上溯起来，这个问题与卡隆所指出的特点以及弗洛伊斯所指出的特点是有关系的。其实这是根深蒂固存在于日本人身上的一种倾向。

现在，以卡隆围绕名誉所作的叙述为线索，就这个名誉问题思考一下。

他在说不论遇到怎样严酷的痛苦，基督徒"都有勇气，以不动之心克服它，这几乎让人难以置信"①的时候，好像是把这点与日本国民不断把名誉当作最高价值的情况结合在一起考虑的。也就是说，对维持名誉的热望，成了忍耐痛苦的力量。这种热望成为刚毅不屈的支撑，这恐怕是不能否定的。但是，卡隆不认为殉教行为的动机只是为了维持这种名誉。他认为基督徒为了超越那种名誉的价值，才得以做到忍受痛苦，直面死亡。这个情况很清楚，他把拉伊埃尔·哈伊斯贝尔茨撰写的《日本殉教者历史》作为附录记载在卷末。里面叙述的教义知识很少，反复讲的是信仰的牢固，令人吃惊。关于遭到任何苛责决不放弃信仰的信徒，他记述说："他们拥有超乎寻常的决心要得到'殉教者'的名誉。"②成了"殉教者"的名誉不是社会性的名誉，不是面向社会的名誉。

上述引文中"经常灌输名誉观念"的名誉是社会性的名誉。如果把它说成是外向的名誉，那么，其他的名誉因为是对于自己和自己心里的意识，可以说是内向的名誉。这两种名誉的区别很重要。

当时引导孩子对外向名誉要敏锐，结果，提高了孩子的学习效果。卡隆认为这比欧洲拿鞭子强迫孩子学习效果好，这种见解很耐人寻味。在受到地狱之苦也不回避死亡的基督徒看来，虽然在外向名誉是最高

---

① 卡隆《日本大王国志》，第 157 页。
② 卡隆《日本大王国志》，第 204 页。

价值的社会中成长起来的人，名誉意识应该很敏锐，但可以认为，作为让其在现实中忍受痛苦的一个力量的名誉心是内向的名誉心。卡隆没有明确地这样讲，也没有把名誉分成两种。但是，我认为他要说的就在这里。

前面已经讲了我的拙见，即灌输名誉心，温和地对待孩子是有力量的，而不是依靠打。今天人们引导孩子，说"要让人发火的哟"，"要让人笑话的哟"，这种做法想来与上述依靠名誉心进行引导的做法大概是一样的。让人生气发火不仅是可怕的，而且是难为情的事，就是失去自豪感，被人笑话就是不折不扣地蒙受耻辱了。

对孩子应该打鞭子引导，还是应该温和培养，不打鞭子，这是一个问题，是个值得讨论的现代问题，但就这个问题现在不做讨论。只是，东西方这两种对立做法分别是有其生成的条件才生成的，这是不言自明的事，东方日本的做法是在怎样的情况下产生的呢？在这里，有机会做了一些附带性的思考。

卡隆在锁国开始之前来到日本并待了二十年，锁国开始两年后离开了日本。因此，他的著作内容都是锁国前的。

在锁国之前写过日本人的就是以上这几位，接下来，我想分别补充一下英国人塞利斯和瑞典人威尔曼的著作。塞利斯的著作是《日本渡航记》[①]，威尔曼的著作是《日本旅行记》[②]和《日本王国略志》[③]。塞利斯写的只是些待在平户时和来往江户平户之间旅行的事，关于日本人没什么值得特别提起的。威尔曼的《日本王国略志》，正如接下来看见的那样，让人觉得似乎是依赖于卡隆的《日本大王国志》而写出来的。而且，塞利斯是在锁国前待在日本的，威尔曼是锁国以后才来日本的。因此，两人的旅行记里，出现了锁国以前和锁国之初的差异。这点值得

---

① 塞利斯《塞利斯日本渡航记》，村田坚固译，《新异国丛书》6，雄松堂书店，1970年。
② 威尔曼《日本旅行记》，尾崎义译，《新异国丛书》6，雄松堂书店，1970年。
③ 威尔曼《日本王国略志》，尾崎义译，《新异国丛书》6，雄松堂书店，1970年。

注意。

约翰·塞利斯（1579？1580—1643）作为东印度公司的贸易船队司令，带着英国国王詹姆斯一世给家康的信函来到日本。他 1613 年 6 月到达平户，同年 12 月从同一个港口离开日本，仅仅待了半年。说到关于日本的记述，就是一些有关平户和江户之间来往旅行和待在平户时的事。来日的目的是开始和日本开展通商贸易。他来日本的时候，亚当斯已经在日本，所以他比较容易地完成了任务，在平户也成功地开设了英国商馆。当时禁教令已经颁布，他也说过，上京途中曾亲眼目睹过被处刑被示众的基督徒，但还没有到锁国阶段，他在日期间还没有遭遇多大的困难。他到达平户的时候，受到领主的热情欢迎，在江户也一样。在骏府，他也受到家康的热情欢迎。关于那些谒见仪式情况的详细记载以及旅途风景和风俗习惯的记述让人兴味尤深。因为是幕府的基础稳固、为强化幕府也需要对外贸易的时候，所以，塞利斯受到欢迎并得到了优待。他达到来日的目的后，和六十个国人一同离开平户港，以后再也没来过东洋。据说他带回了相当的财富，余生过得很安乐。①

乌罗夫·埃里克松·威尔曼（1623？—1673），于 1647 年进入荷兰东印度公司，来到爪哇后以士官候补生的身份待了三年，1651 年 7 月，作为荷兰使节的随从长官来到日本，跟随使节完成江户觐见，1652 年 12 月回到巴达维亚。第二年从爪哇出发回欧洲，在阔别了十年之后，他回到了斯德哥尔摩。他写过两个原稿。一个是《东印度、支那和日本旅行》，另外一个是《有关日本王国及其皇帝和政治的略志》。把前者中日本部分翻译成日语并出版的是《日本旅行记》，后者的翻译书名为《日本王国略志》。

威尔曼来日本是在日本进入锁国之后，他到达长崎港后，在官员的指引下在出岛上了岸。上岸期间，他留在船上的所有物品受到了检查，文稿书物均被没收。与塞利斯时相比，上岸时的情况大不一样了。与

① 塞利斯《塞利斯日本渡航记》，第 384—386 页。

塞利斯江户平户间旅行记内容相比,威尔曼的记述内容要贫乏得多,数量也少。塞利斯的记述洋洋洒洒,内容也富于变化。因此,作为读物很有趣。在这点上,威尔曼明显逊色不少。威尔曼的东西自有他有趣的地方,但两者相比较,则高下即判。这大概不能说只是由于各人的差异造成的。

他在书中说,新皇帝家纲嗣位,把日本国内的犯人全部释放了,其数量达三千之多,其中基督徒嫌疑者达二百,一说他们是长年的囚犯,[1]一说有一百五十个谋反者被判刑,五十个首级被挑在铁棍上,他亲自经过现场,这让人感到比塞利斯时杀伐加重,显示了政治方面不同的严酷程度。

关于这部稍显不足的著作《日本王国略志》,情况如何呢?他归国之后服务于海军,在稍有闲暇分心文笔的 1664 年前后,他写出了两个原稿,那是他回国已经十年的时候。当时恰逢卡隆的《日本大王国志》出版受到好评的时候。威尔曼似乎依靠卡隆的书写出了自己的著作。如下事例可以佐证。

首先,卡隆是这样叙述的。

> 自太古至近百年前,国土由称 Dairi 者[2]之世袭君王统治。人民仰其为君主,且视之神圣,故任何之内乱不曾企向其身。因为天皇神圣,反之者被认为与反对神灵者相同……他足不踏地,日月皆不得辉映其头上,发甲任其生长,不得削剪。[3]

威尔曼是这样写的。

> 正如年代史家撰写的那样,这个国家从一开始就是由日本正当的继承者 Dairi 即大僧正统治。人们一直把他视做神灵。因

---

① 威尔曼《日本旅行记》,第 24 页。
② 指天皇——译者注。
③ 卡隆《日本大王国志》,第 122 页。

此，由于他的神圣性，反对天皇，就如同犯了反对在天之神的罪行。天皇绝对不脚踏地，太阳月亮也不能照在他头上，他的头发指甲也不能削剪。①

卡隆写了三个事例证明日本妇人的贞操，②威尔曼记述了其中的两个事例。威尔曼就日本人的宗教讲述的内容，③明显是根据卡隆上引书第150—153页内容写成的。威尔曼"关于日本基督徒的殉教"的内容，取自于卡隆的"罗马派耶稣教徒的迫害"，这也是再明白不过的。由此观之，回顾了卡隆的著作之后，没有必要再提威尔曼的东西了。

从年代顺序讲，继亚当斯之后有塞利斯和威尔曼，就限于面对的问题讲，两人都用不着特别提出来，只是在表现了进入锁国之前之后的社会情形这点上特别提出而已。

---

① 威尔曼《日本王国略志》，第54—55页。
② 卡隆《日本大王国志》，第136—137页。
③ 威尔曼《日本王国略志》，第79页。

锁国期间

E. 肯普费尔

（Engelbert Kampfer 1651—1716）
他们的自豪与好斗的气质自不必多说，日本人是非常讲究礼貌、细致周到、充满好奇心的国民。

肯普费尔来日和他的出岛生活

　　肯普费尔①出生在德国的威斯巴登，后来他离开自己的国家，在荷兰、波兰、瑞典等国广修学问，三十岁时，留在瑞典乌普萨拉大学专心学习医学，三十三岁时，作为瑞典的外交官去波斯旅行。当时，他作为医生几乎已经达到了闻名遐迩的程度。从东欧经俄罗斯到波斯的大旅行期间，对医疗和植物的热情自然不用讲，持续不衰的研究热情让他把注意力还倾注在政治、民情、商业、建筑等多方面的实际情况上。

　　后来，他作为船医被荷兰东印度公司聘用，远航东洋。1688 年 6 月出发，第二年的 9 月到达巴达维亚。他在这次航海中所到之处都上岸勤奋研究。在第三年的 5 月之前他一直待在爪哇（现在的印度尼西亚），并倾注全部精力于土地的植物研究。在来日本的途中，在暹罗（现在的泰国）待了大约四个星期，当时，他调查并记录了当地的历史、宗教、习惯。他的《日本志》三卷开头部分，记述了当时暹罗研究的结果。

　　这部《日本志》最初的草稿是用德语写成的，他活着的时候没有能够出版。后来原稿被译成英文，在肯普费尔死后过了约十年的 1727 年

---

　　① 也译作"肯佩尔"，本书统一译为"肯普费尔"——译者注。

出版。作为出版物，这部英译本是最早的。

这本书里登载了译者撰写的《肯普费尔的生涯》和《序文》，据上面的文字我们很清楚地了解到，肯普费尔是个非凡的学者，又是个了不起的名医、旅行家和社交家，他是个特别勤奋的人。

1690 年 7 月，他从暹罗出发，到达长崎是在花了两个月之后的 9 月，离开日本是在 1692 年的 10 月 31 日。在逗留日本的两年多时间里，他到底干了些什么？我们就附于《日本志》上的他自己的《前言》看一看吧。

他是德国人，但他却作为出岛荷兰商馆的馆员被迫过上了所谓的监禁生活。但是，作为医生，他有机会向日本人传授医药知识，也教天文学和数学。因为是免费教授，很多听讲的学生都向肯普费尔介绍日本的情况，因此，他足不出户便得到了这个国家的自然、宗教和历史的知识。在这方面，有一个二十四岁的青年给了他特别的帮助，这位青年在他两年的逗留期间一直担任他的助手。肯普费尔特别赞赏这位青年的敏锐头脑和勤勉态度。两次参观江户，这位青年都随同肯普费尔前往，另外的四次旅行，这位青年也随行参加了。据说，出岛馆员长期由日本人跟随的例子，此外并不多见。肯普费尔是这样叙述的：

> 现在日本人对外国人信任度很低，允许开展贸易的荷兰人，凭借以往的长期经验也没有什么适当的机会和自由，关于这个帝国的现状，我们很清楚，是不可能得到任何知识的。身为贸易管理官员，又是参观江户幕府使节的克拉伊埃尔，在给学识不凡的谢发的书信中讲述了对这种情况的不平。但是，要我讲，困难的确是非同寻常的，但并不是不可逾越的。无论日本政府如何掣肘，都可以依靠不同的方法加以克服。由于国民聪敏而勇敢，所以，很多人都不进行礼拜，也不会那么轻易地被誓言所束缚，那些誓言不过是向大部分人都不了解的神灵发出的。假如受到束缚，那么必定害怕打破誓言要受到惩罚。而且，他们的自豪与好斗的气质自不必多说，日本人是非常讲究礼貌、细致周到、充满好奇心的国民，所以，他们倾向于与外国人通商交好，好奇心甚强，特别想了解外国的历史、

艺术和学问。我们荷兰人是他们处于人地位最下等的商人,由于处于严厉的监视之下,国民自觉地对我们抱有戒备和不信任感。因此,除了努力满足他们的希望,不厌其烦地顺应他们的欲求,为讨他们的欢心而态度谦恭等等,否则是没有办法获得他们的友情,让他们关心我们。我自己每天都热情接待来我们这里的翻译和官员,并得到了友情,就是靠的这个方法。在这点上,我相信没有人在严厉的掣肘之下能比我更自豪的了。①

观此内容,我们可以很清楚地知道,他是多么努力地创造收集资料的良好条件,并且取得了成功。在这段话中,他已经谈到了日本人,那么其他方面又怎么样呢? 作为当时欧洲一流的学者,又是有教养的人,从他留下的著作看他又是个很勤奋的人,他除了丰富的旅行记,关于日本和日本人,还讲了很多话。他的《日本人种起源论》很著名,《日本锁国论》也很耐人寻味。两者都作为附录载于《日本志》后。不过,并不是以同样的名称登载的。兹从后者《锁国论》引录下面的文字。

肯普费尔的日本人观

直到很久的后世,一直传承了爱与憎、尊敬与蔑视,每一代人继承复仇之念,敌意不绝,给对方以死亡与破灭,这样的国民要是在战时没有勇气与决断力,那是难以让人相信的。日本国民正是那样的国民。源平之争把日本国民卷入了历时长久的残忍战争之中,这正是显示了日本人复仇倾向和怨恨持续不消的令人痛心的事例。由于源氏直到全面歼灭成名的平氏之前都不满足,平氏家族少数逃亡的落难者,只得藏身于丰后人迹罕至的山坳里。近来,他们被人发现,只能生活于洞穴之中,忘记家门,状态几近于野兽而不是人。

日本自然保护得很好,不用担心受外敌的侵袭。难得受到侵

---

① 肯普费尔《日本志》,1906 年(复刻本 1971 年),第一卷序言,大意。

略,即使受到侵略,也没有成功过。这些勇敢不屈的国民决不会顺从他国的统治……

这个帝国享受了长期和平和稳定安宁,很多国家在这样的情况下常常会滋生出怠惰和不活跃,最后变得柔弱,而这个国家却没有那样。喜欢纪念著名祖先丰功伟绩的日本人,为此而在内心抱有某种勇猛之心和对名誉的渴望。对孩子的教育,可以看见他们努力在稚嫩的童心里培养勇气和决断力。稚嫩的孩子哭泣、不高兴时,他们唱战斗歌曲哄孩子。在教授男孩子读书认字的学校,只使用著名伟人及因其气概不凡的勇敢行为而成名的人的书信和传记,其他的东西概不使用。这样一来,孩子们在很早的时候就被培植了勇气与决断力和轻视生命的观念。大人们聚集在一起的时候,主要谈论先祖的伟大功绩,传记中写的事例能记得很细,且感叹不断。渴望名誉荣光甚于酒。正因为如此,才会有下面的情况。即除了出现危及帝国的危急时刻之外,人们无事可做。山上夜间焚火时,或皇帝发令向大名发兵时,家臣们立刻携带武器急忙前往,争先恐后出头阵,迫不及待地等候下令。由于渴望名誉,勇猛之心过旺,命令还没有下达时就已经身处非常危险之地。但是,那种轻率有时会对己方不利,因此,等于没有奖赏……

日本人非常勤勉努力,习惯于艰难困苦了。稍有即感满足。一般人吃植物、根茎、龟、虾、蟹、海草,水是普通饮料。没有帽子,也没有绑腿,也没有衬衫,枕头坚硬……但是,他们爱好讲究礼仪,站坐很得体,衣物、住居很洁净。

即使有很多这样的长处,即使有实力也有决断力,假定没有下面那些情况——日本人要保卫自己的国家免遭外部的侵略、不与外国人通交、只封闭在国内,那简直就是毫无意义的尝试。而实际上,他们仅国内就有足够的物资,足以保障他们幸福生活且满意。这就告诉我们,这个帝国自锁国以来,宽厚的主人大自然让日本人仅靠她自己提供的物质就能生活,无需让外国人提供必需品。就现在这个国家的幸福状态进行调查的人,大概都知道我现在所讲的一切都是事实。①

"锁国下的日本人很幸福"

在叙述了上述内容之后，又展开论述说，日本的气候不冷不热，山地国家多荒地，反而使国民变得勤勉活泼，致力于生产，锁国政策甚至产生出使用物品的有效方法，出产木材、矿石，工艺也很丰富，宗教方面也有他们固有的宗教，医术也很普及，与外部断绝交易的锁国是可行的，最后结尾说，"被元首的意志所统治、所禁锢，日本过去没有一个时代能比断绝与外国所有通商、修好的现在幸福"。

时逢纲吉治下，正是太平盛世的元禄时代。② 肯普费尔以那个时代的现实状况为基础，阐述了他的锁国肯定论。在导出他的肯定论的过程中，他举出了日本人复仇心理强、自豪高傲、有勇气、有决断力、勤勉努力、忠义心强、遵守礼仪、爱好清洁等特点。他认为这一切与历史、生活和自然相合在一起，整体构筑起极其特异的文明。

肯普费尔的江户参观纪行文、长崎纪实、日本外国贸易史等都是淡淡的事实记述，记述的动物、植物、茶与纸的制作、针灸等也是这样，有关日本人特点的记述中也可以看到这点。一切的记述都是具体了解日本的资料，在当时尤为珍贵。

在肯普费尔来讲，他是有特征的锁国肯定论者，他认为是在当时的日本状况下不得已才采取的政策，同时，他又积极肯定说，日本实际上因此不但不困难，反而是和平繁荣，人人幸福，所以锁国好。对他的这个观点，当时就有人做了评价。肯普费尔这本书的德文出版者是克里斯汀·W. 多姆。日译本《肯普费尔参观江户幕府纪行》③译出了那些评价。说与肯普费尔同样，认为当前锁国是可以的，是根据需要的国家

---

① 肯普费尔《日本志》第三卷，第309—312页。

② 元禄时代为第五代将军德川纲吉时代。以元禄年间(1688年—1704年)为中心的前后三十年是幕府势力最盛的时代——译者注。

③ 肯普费尔《肯普费尔参观江户幕府纪行》，吴秀三译，《异国丛书》，雄松堂书店，改订复刻版第二次印刷，1970年。

政策,不该第三者评头论足。但是,永远保持与他国没有往来的状态,国家就不会有发展。这段评价,载于肯普费尔《锁国论》后的后记里,全文很长,由小堀桂一郎译出。[1] 根据这篇长文,多姆断定锁国下的日本人,是不可能幸福的。大概肯普费尔是出于不要打乱日本人和平幸福生活的希望才这样写的。除了这篇论稿以外,可以说他始终是个诚实、高尚的科学家,忠实地记述了他的观察和经验。

① 小堀桂一郎《锁国思想——肯普费尔的世界史思想》,《中公新书》,1974 年。

C. P. 岑贝尔格

（Carl Peter Thunberg 1743—1828）

这里的国民从不把他们的愤怒表现在脸上，而是让它们集中在心底深处，一旦时机到来，即刻出手去复仇。

来日当时的状况

瑞典人岑贝尔格①，进入荷兰东印度公司后来到日本，在出岛的荷兰商馆工作。他与肯普费尔一样，原本是个自然科学家。到达长崎是在 1775 年 8 月，是肯普费尔离开日本后的第八十三年。他 1776 年 12 月离开日本，逗留日本的时间仅仅一年几个月。

他作为一名优秀的学生在乌普萨拉大学学习医学和植物学。这所大学里有位著名的植物学家叫林讷，他就师从这位学者。由林讷介绍，他去了阿姆斯特丹，受到植物学家布尔曼的知遇之恩，要求他协助进行研究，帮助调查喜望峰的动植物。在林讷的劝导下，他决定去日本，并说好在去日本的途中进行研究，答应在喜望峰至少待两年。

出发旅行前，他在巴黎留学了八个月。出发旅行是在 1771 年 12 月，第二年 4 月到达喜望峰，在这里的调查研究远远超过预定的时间，延续到 1775 年 3 月，共花了三年多时间。5 月到达巴达维亚，在赴日本旅行队队长乘坐的船上被聘为主任医师，出发前的三个月，对当地的土地情况进行了调查，并进行了语汇收集。6 月 20 日从巴达维亚港出

---

① 也译作"通贝格"，本书按日文发音，统一译作"岑贝尔格"——译者注。

发,8 月 14 日到达长崎。当时,他三十三岁。第二年荷兰使节参觐江户是他随同前行。

在日本逗留一年四个月期间,他不停地进行研究,收集了很多的资料。结束七年的漫长旅行回到荷兰后,他离开公司又在英国待了两年。1779 年 3 月,在离开九年之后,他回到了故国瑞典。在他不在的时候,乌普萨拉大学已经聘任他为植物学讲师。1784 年,他晋升为植物学和医学的教授。

看他的这种经历,可以知道,他是个不折不扣的学者,即使离开大学,仍然被人期待为大学人。打那以后,他把自己的余生献给了他所收集标本的整理和出版事业。

旅行记的出版,从 1788 年到 1793 年分成四册完成。其中的一本日译本(欧洲、非洲、亚洲旅行记中的日本纪行部分)是根据 1796 年出版的法文本翻译的。[①]

岑贝尔格与肯普费尔相比,闪光的是他的比较文化视角。瑞典语原著刚出版不久即被翻译成英、法、德诸国文字,也许就是因为这点被人所看重。日译本是昭和三年(1928 年)出版的,就五十多年前的翻译本来看,还是很容易读懂的。

当时,外国人在长崎不被人信任,而且也让人觉得害怕,所以,要在长崎近郊活动,得到采集草药的许可,不是很容易的。一度发了许可证书,后又被取消。百般恳求之下第二次发下许可证书时,据说只可以在二月里进行,采集秋天的种子是不行的。他觉得很遗憾。但是,道路很快就打开了。他招收了很多医学和药学的弟子,免费教学,作为交换,弟子们给他送来了所有的植物、花、种子,甚至也教他日本的风俗习惯。他也可以通过他们弄到书和珍奇物品。他不曾为获得东西而为难过。这点,他和肯普费尔一样。这都是因为是医生才可带来的巨大好处。从巴达维亚运来在出岛消费用的牛、羊、猪在饲养期间,作为饲料,他让人运来长崎近郊的草树叶,那些植物也常常成了他的研究对象。

① 岑贝尔格《岑贝尔格日本纪行》,山田珠树译,《异国丛书》,雄松堂书店,改订复刻版第二次印刷,1970 年。

他的记述当中简单涉及一些严厉监视的情况。南蛮船停靠长崎港的入口，日本的官员乘小船到那里检查。收缴书籍和武器，把祷告书和圣经集中封装在箱子里，出港之前由日本方面负责保管。很注意与基督教有关的东西。对秘密进口的戒备很严厉，从船上登陆时，还严格搜查身体，连帽子、头发里面都检查。奶酪也用针扎几下检查。

这样的检查是很自然的。因为欧洲人用很狡猾的手段进行秘密进口。人们对态度傲慢且常污辱人的欧洲人越发不信任。狭小的出岛上荷兰人被置于严厉的监视之下，船停靠期间，尤其出岛周围日夜受到严格巡查。荷兰人是绝对不能离开出岛的。待一年，那肯定难受死了。

由此观之，监视的严厉程度似乎远远超过肯普费尔时。肯普费尔的时候，还可以雇用日本人，和日本人友好相处，但到了岑贝尔格的时候，据说检查的官员不得与荷兰人亲密相处，市场还进行轮流当值。

之所以眼光紧盯秘密进口，是因为发生了1772年漂流的荷兰船布鲁格号上发现大量的秘密进口商品的事件，而且它们主要是商馆馆长和船长及其他官员的东西。

在这样的情况下，岑贝尔格为研究收集材料是非常困难的。但如前所述，他打开了渠道。可以想象，当时他的为人具有某种魅力，这些魅力给他帮了不少忙。

例举欧洲人狡猾、蛮横、不顾廉耻的做法的记述，就笔者所见，除此之外绝无仅有。译者山田说："我曾经一边读着它，一边觉得好像遇到了已经死去的祖父，不禁感到眼眶发热。"[①]

首先，摘录一些他对翻译人员的记述。翻译人员是他身边的特殊人，就翻译人员所说的难道就一定不适合一般的日本人？情况似乎并非如此。因为记述的是关于所谓的"日本人好奇心很强"的那种好奇心。

---

① 岑贝尔格《岑贝尔格日本纪行》，译者序。

关于翻译人员

　　翻译想要得到欧洲书籍的愿望非常强……他们注意力非常集中地学习这些书，学会的内容都牢牢地记住。由于想从欧洲人那里获得一些新知识的要求强烈，时常出现一些很固执的情况。即使一般会话，最后也会发展成有关物理学、医学、博物学的连续提问，结果是无法再忍耐下去。我觉得全世界为人最好、最博学的人的学识也会穷尽的。但是，无论多么执拗，那种好奇心的动机是可以向善意方向理解的。

　　翻译大多沉迷于医学的研究。依靠欧式方法实施医学的人，在这个国家中大概只有他们。而且，他们把欧洲人使用的治疗方法变成了自己的东西。他们是向荷兰医生学习的。对他们来说，这个行业是提高名声、获得财富的最好方法。①

日本人的性格（1）

　　勤勉且好奇心强的日本人，一旦当上翻译就可接近舶来品，从这点讲，大概才好奇心有增无减、执著研究的吧，何况还会由此提高名声。所以，情况是有过之而无不及，也就是岑贝尔格特别针对他们讲的那样。他有一段就日本人性格的长篇文字，特引用如下：

　　这里国民的精神，而且，无论哪个国民都是同样的，有好的性质，也有坏的性质。但是，就整体而言，好的性质一方优于坏的一方。机灵的同时又很贤明，顺从的同时又热爱正义，又主张一定程度上的自由。爱活动，朴素，做事经济，诚实且富于勇气。由于这样的特质及德行，补偿了被认为是这里国民缺点的迷信、自恋情结，有时达到相当强烈地步的这些让人疑虑丛生的特点。

---

① 岑贝尔格《岑贝尔格日本纪行》，第38—39页。

日本国民在所有的工作中，常常表现出他们坚定的精神和不过是刚刚觉醒的科学所能给予的贤明的精神。看过我尝试进行的风貌描写的人，大概是不会把日本人纳入到野蛮人之列的吧。作为我来讲，我认为日本人与文明国民相比是毫不逊色的。他们的政治组织、对待外国人的态度，他们的美术、土地耕作、国内随处可见的富饶物产以及其他各类东西，证明这个国家的国民贤明且意志坚强、富于勇气。[①]

他把真实感到的日本人长处作为长处直率地讲述出来，实际上，当时的日本人大概就是这样的。顺从、勇敢、公正等之前已经被提出过了，而明确说出朴素和诚实，这是第一次。1771 年，幕府发出了俭约·经费节俭令，在他来日本前一年的 1774 年，杉田玄白完成了他的《解体新书》。这个时期正好是田沼意次、意知父子掌握幕府实权，非常活跃的田沼时代，在伴随散漫的施政而产生的自由风气的支持下，这个时期洋学、国学呈现出生气勃勃的态势。这个时期和肯普费尔来日时天下太平的状况相比还有相当的差距。这个时期的特征与岑贝尔格的日本人观有多大的关系，虽然无法说清楚，但这里就时代风貌记述如下：

文明批评家岑贝尔格眼里的日本人

日本国民不是不知道自由权利。这个很多人都珍惜、又很难得的宝物——自由，我绝不可以说在日本国民当中是常有的。那种自由的程度，如果我说出下面的情况，大概就很明白了。由于法是公正且严格的，所以，日本人得免于放纵带来的灾害。日本国民处于专制政治下，但那种专制政治并不全然排除正义。有的人说，他们当中最下层的人成了奴隶，那是错误的说法。如果是那样的话，那么可以说比日本庶民得到更残酷对待的欧洲的仆役、士兵才

[①]　岑贝尔格《岑贝尔格日本纪行》，第 204—205 页。

是奴隶呢。日本人厌恶奴隶买卖就是最能证明日本人珍惜自由的事实。自称是共和主义者的荷兰人，从奴隶买卖中获得了巨大的利益，而且对奴隶进行很不恰当的对待。所有的日本人在法律上都是平等的。日本的法律，对身份低下的人和身份高贵的人是一样的，有时是对抗身份高的、保护身份低的。刑罚之严厉，处刑之迅速，常等于防患于未然。

如果从日本国民和外国国民的关系讲，在全亚洲当中，没有人像这里的国民那样严厉监视外国侨民，而且，没有人像这里的国民那样贤能聪明，免遭外国人的奸计和暴力的危害。日本国民采用了其他国家无以类比的方法。但是，看欧洲人的行动，这种方法让人觉得也不是没有道理的。日本国民被严禁离开这个国家或远离海岸，违犯者处死罪。除了极少数中国人和荷兰人就像国家犯人一样处于严厉的监视之下，所有的外国人都被严厉禁止在日本逗留。

服装方面，所有人都平等。位高者和富有者，只能根据他们在家里侍奉他们、外出时随从他们、提着拐杖、鞋子、雨伞和灯笼的仆从的数量与他人区别开来。

根据我以往所讲的情况，还不能判断日本人已经自觉到作为人的权威，已经是平等自由的国民。相反，地球上大概也没有一个国家国民像这里的国民那样被他们的主人所束缚，对上下关系的微小差别热心尽那些徒然无益的礼仪。日本国民从幼小时起就被教育，服从主君及父母是条原则。年长者的行为被当做年轻人的规范。这样，这个国家的孩子由于顺从心理的原因，才避免了我们欧洲人频繁加诸孩子身上的谴责和惩罚。身份低的人对身份高的人，时常躬身表示他们的敬意。身份相同的人相逢时以及分别时，相互行礼。这种行礼的方式是身体前曲，头朝前低下手掌放在膝前。手掌有时放在小腿处或腿的上方。按照对要行礼的人的敬意的深浅，低头的高下程度有所不同。对长辈说话，或者呈递什么东西的时候，一定要低头。庶民在街上遇到地位高的人时，要停下来，等待他通过。

......

　　这些国民在好奇心很强方面，决不输给以往我所见过的任何一国国民。这个国家的国民对欧洲人带来的东西和身上佩戴的东西，都观察得非常仔细。而且，对一切都想获得知识。安排给使节的随身医生，据说是荷兰人中的博学家，所以，不管是在出岛窄小的商馆里时，还是正在参观幕府的路上，还是逗留江户时，这些医生都要面对那些执拗的提问者的提问。在这些国民看来，荷兰的医生都是"奥科拉"（希腊神谕），以为依靠这些人能够满足所有的提问。他们的那些提问主要是关于数学、地理学、物理学、药学、动物学、植物学及医学……

　　这里的国民缺乏发明的愿望。工业仅限于实际所需要的。但是，到了这些国民手上的东西，都成了精致可贵的东西。铜器以及其他金属性的精细物品的光泽和美观都是无与伦比的。木工制品兼备了精细之美和牢固厚实的特点。漆器华丽，刀剑材质良善，工艺精湛，都是无与伦比的。

　　说到日本农民耕作田地时的忍耐和细微的注意力，不是实际亲自见过的人，是很难理解的。①

日本人的性格（2）

　　在上面的引文中，岑贝尔格就日本人列举了顺从、崇尚正义、具有一定程度的自由主张、爱活动、朴素、做事经济、诚实、勇敢、贤明等特别品质后说，日本人有很迷信、自负心很强、疑虑甚重的短处。但是，他仍然赞扬日本是与文明国家同样的文明国家。

　　懂礼貌，好奇心强，这与先人所说的一样。

　　说没有发明欲望和例举出农民细心且坚忍不拔，岑贝尔格是第一个。引文很长，那里描写的日本人形象在相当多的地方与昭和二十年

---

① 岑贝尔格《岑贝尔格日本纪行》，第206—211页。

（1945年）前的日本人极其相像。反过来说，我们所知道的昭和年间①日本人的一般性格是可以上溯到岑贝尔格时代。这让我们知道，江户时代给后来的日本人多么大的影响。岑贝尔格描写出了当时日本人整体的形象。而且，他说的"不能判断日本人是自觉到了人之权威的自由、平等的国民"的话，很引人注目。

根据这个评价，赞扬日本与文明国家同样，是个真正的文明国家，这句话让人觉得好像有点说过头。结果，他总体上赞扬日本人，并佩服日本文明之高，但在极其重要的人的自由这个方面，戳准了日本人的短处。

前引文的前面有一段如下的记载，省略部分包含很多太过重要的内容。

穷人知道满足于他所拥有的很少的东西。富人决不做浪费其财宝、害贫困之人、违背良好习惯的事。

⋯⋯

所谓清洁，是这里国民的特性。这种特质在衣服方面、在住宅方面、在餐桌上也熠熠生辉⋯⋯日本人几乎每天回到自己家中烧水洗澡。

⋯⋯

对玩弄可耻的奸计、招来日本的蔑视、让日本人产生厌恶之情的欧罗巴商人所表现出来的忍耐心和好意，让我感叹。本来，日本人的性格是自视甚高，但为人热情且心地温和，对对方的友谊非常敏感。但是，受到侮辱，受到威吓时，则会毅然面对。

⋯⋯

在这个国家，正义这个词决不是空洞语言。国人相互之间确确实实遵守着正义这个观念。虽为专制君主，对自己身边的人也不可以作出缺乏正义的行为⋯⋯一旦一次被认定是罪人，则没有任何人帮助他。

---

① 指1926—1988年——译者注。

……

　　我们不能不承认这样的事实，日本人绝没有自己首先破坏条约的情况，哪怕是条约中的一个字也绝没有改变过。

……

　　欧洲人善于两面三刀，玩弄奸计，所以这肯定让日本人生起了疑虑……而且，毫无疑问进一步加深了本来对国家内忧及数度内乱就疑虑丛生的这种国民性。

……

　　因为是正义观念笃厚、同时自负心强且勇敢的国民，所以对侮辱他们的人一步也不让。事实上，我不曾见过如此讨厌人、如此怀恨深重的人。这里的国民从不把他们的愤怒表现在脸上，而是让它们集中在心底深处，一旦时机到来，即刻出手去复仇。[1]

　　上面追加的几个短引文，说的是日本人的经济观、清洁、忍耐、正义感、猜疑心、怨恨。正如前面记述的那样，他大体上是礼赞了日本人，甚至有的地方让人觉得称颂过了头。大概被封闭在出岛，根据通过弟子所了解的情况进行撰写，有点走过了头吧。尽管有这样一点瑕疵，但可以说，当时日本人的总体形象经他之手雕琢，终于浮现出来了。

---

[1]　岑贝尔格《岑贝尔格日本纪行》，第211—220页。

I. 泰勤格^①

(Isaac Titsingh 1744—1812)

日本人对任何细小的侮辱都反应敏感。

人品与他的记述方法

他出生于荷兰的阿姆斯特丹，与岑贝尔格几乎同龄。1779年8月来到日本，时年三十四、五岁，身份是出岛商馆馆长。他是在岑贝尔格离开日本两年半后来到日本的。来日后的第二年4月参拜江户，待了一年多，一度回到巴达维亚。第二年1781年，再次出任出岛馆长来到日本，进行了第二次江户参拜。1783年11月离开日本。总计在日本待了三年八个月。

回到巴达维亚后，一会儿被任命为孟加拉长官，一会儿作为使节出访清朝，一会儿又担任巴达维亚总督府评议会的议员。中断医学学习、加入东印度公司是在二十一、二岁时，所以他没有肯普费尔、岑贝尔格那样的学历。但是，他毫不逊色于他们，他的研究欲很旺盛，文稿甚丰。他通过与日本有识之士的交往搜集了很多资料。不论是在执笔的数量上，还是在涉及领域的广泛性上，都显示他是一个具有相当教养的人，是个很有趣味的人。而且，他的记述特点之一是，很多内容是读起来很有趣的逸闻。他写到因为有日本人借给他秘本，所以很感谢那些帮助他的日本人，他不知道怎样说好。虽然不是他自己使用了秘本这个词，

---

① 也译作"蒂进"，本书统一译作"泰勤格"——译者注。

但非难为政者、危及将军家的那些未刊本的需求很大,民众当中已经流传。他说同样的现象在欧洲也有。他或借阅或持有这类书,并大大地依靠了它们。另外在有关将军家和一般日本人的生活习惯的记述中,他的目标就是努力理解日本人。

逸闻记述及其目的

家康被真田幸村的枪刺中,后因枪伤发作死于骏河;幸村侍奉秀赖逃出燃烧的城池潜往兵库,乘上准备好的船逃往萨摩;关于义士奇袭,说接到义士袭击通报的将军为了救出上野介而遣兵讨伐但为时已晚;因为胆小而不敢去帮助父亲的吉良的儿子被剥夺了在江户城的地位,被流放到淡路岛;长崎奉行(实际是地方武士头儿)高木彦右卫门的仆从们,因为主人受到将军的特别眷顾而骄横跋扈,目中无人,有一次抬着主人女儿乘坐的轿子经过时,深堀村村长深堀勘左卫门误把泥水溅到了轿子上,仆从们痛打了他一顿,然后冲到他家,乱砸一气,接到传报的勘左卫门的家人们和村民共二百多人袭击了高木的家,把彦右卫门的首级割了下来;不听妻子忠言的独裁者纲吉栽在妻子手上被杀,妻子也自尽身亡等等,奇闻轶事很多。[①] 而且,那些内容都是对当权者不利、有损当权者体面的。泰勤格被表现了对傲慢的当权者一直抱有反抗之心的日本人的内容所吸引,所以要把这一点表现出来。

日本迄今为止深深享受了和平,所以,我一直认为,就外国人几乎毫无兴趣的日本政治进行冗长的论述,是徒劳无益的。因此,我对他们的观念及行动,只介绍了被读者认为最可以理解的事情,这也是因为欧洲人对这些事情只具备了一些不完全的知识。出于这样的理由,我尽可能地忠实于原来的文章,把原书中我所引用的

---

① 泰勤格《日本风俗图志》,沼田次郎译,《新异国丛书》,雄松堂书店,1970 年,第 16—36 页。

内容翻译了出来。①

在世间暗地流传并受人欢迎的故事里有很有趣的内容，泰勒格不仅仅是引用故事，还认为故事里表现出了日本人对事物的看法。说起来，大概可以有一个理解日本人的方法论。让人读起来有趣，又让人正确了解日本人，他的追求就在这里。我们由此可以看出，他是个见识极高的人。

有个穷人，妻子死了，他叫不破兵左卫门，是江户人。他有一个十一岁的女儿和九岁的儿子。因为家里的事情，他必须去一趟播磨国。没有人可以托付照看两个孩子，他决定带他们一道去。但箱根的关卡规定不问老弱，女子一律不准通行，违者死罪，当时的同行者和放行的官员都同样有罪。所以，兵左卫门一时为难了。最后他把女儿的头发剪短，打扮成男孩儿，结果顺利地成功了，三个人被允许通过了。可是，一个马丁走近过来，想敲点酒钱，说："干得不错，可喜可贺啊。"兵左卫门一面递些铜钱一面强调说："不，两人都是男孩。"对方说："不行，给我金币。"混蛋！兵左卫门用刀背狠狠地打了对方的后背。对方跑走，向关卡的官差报告了真相。当值的官差们大吃一惊。官差的头目想出一计，命一个差人带一个男孩，让他把女孩和男孩调个包。这时，兵左卫门他们已经在小店里休息了。一会儿，差人们赶到了，把两个正正经经的男孩儿和兵左卫门带回了关卡。仔细关照兵左卫门说，那个嘴硬的家伙再逞强的话就砍了他的头。马丁听说两个孩子都是男孩，一脸吃惊相，兵左卫门假装很愤怒的模样，立马斩了马丁的首级。官差们表扬了兵左卫门一番，异口同声说，这是说谎人的自然报应。兵左卫门离开关卡，换回自己的女儿，向恩人致谢后离去。

上述的故事告诉我们，违法行为改变形式，如果让人看上去像不违法的话，则不成为罪行。重要的是形式。还有同类故事，这里省略过去。

唯形式很重要这样一种解决问题的方法，即使在现代也能明显见

————————————

① 泰勒格《日本风俗图志》，第 13 页。

到。过去在兵营内部很重视物品与人员数目，被偷盗的话，则习惯于盗后查对人数。"不够！""被偷了。""军中无盗！""是的！"经常是这样的一问一答。公共汽车上，"请抓好把手"，"请注意车子摇晃"，广播员不停地广播，听说是提醒人们事前注意，以免有人跌倒后公司要负责任。就是说，如果完备了广播的形式，就可以免去责任。曾经出现过这样的投诉，说香烟店张贴了"谢绝十八岁未满者"的广告，但并没有遵守。[①] 这也是一个承担免责意义的形式，"我已经贴出来了，没有问题"。所谓"核对账尾"，也可以说是实行这种形式的别名吧。

一认错，人们就轻易地原谅，所以，认错这种形式就会习惯化。当事情变得麻烦时，作为最快解决问题的方法，常采取"认错"这一形式。因此，也出现了"给他认个错吧"这种几乎半定型化的说法。似乎有个不言而喻的习惯，契约书要交换，但在遵守方面很松，唯有做成契约书并进行交换这种形式很重要。敏锐地留心惯例、先例，然后才有强烈的制约，这里面也可以看到对形式的重视。

泰勤格列举出了表现这种即使在现在也可以说是很平常的重视形式的观念和行动的事例，这让人觉得他在那里看到了日本人身上的一个特征。

在和平时期，民众把非难的目光朝向了骄横的当权者，重视形式，以及重视形式会带来关怀的实践，这三点泰勤格都把握到了，而任何一点都抓住了日本人身上微妙的心灵动向，这让人感慨甚深。这里可以看出他敏锐的洞察力。

他不是坐在桌前的学究型的人，是一个有教养、具备常识知识又富于交际能力的人，是一个务实且有能力的人。"让人读起来有趣，让人们正确了解日本"的方法，为此而在民众当中受欢迎的私下故事里寻找那些材料的行为，是出自于他的那种人品。仔细阅读，好像是又多又杂的逸闻轶事的堆积，但其实很清楚，事实并非如此。可以说这是一个让人了解日本人的间接的方法，他并不是没有采取直接的方法进行记述。下面就举出那些例子。

---

① 《东京新闻》1980 年 2 月 16 日。

日本人的特征

日本人幼小的时候听惯了为数甚多的讲述祖先英雄业绩的各种故事，而且从小就学习记录了祖先功绩的书籍。而且，他们一面吸吮着母亲的乳汁，一面充分吸收了对名誉陶醉般的爱慕而成长起来，战争的技术也是他们最为得意最要学的。只有这样的教育，才会不管是在过去还是今天，都能培养出英雄。这样的教育越发刺激了日本人，就日本人撰写书物的人们异口同声说，他们所注意到的日本人最为显著的特点，即那种自豪高昂的气度开始得到了培养。

日本人对任何细小的侮辱都反应敏感。要消除那种侮辱，他们不惜流血也要做到。因而，日本人在相互交际之间，都具有以非常崇敬的心情礼遇对方的气度。在日本人中间，蒙受污名、遭受屈辱的时候，自杀是很平常的。自杀的话，可以逃避受到他人惩罚的屈辱，而且，子女继承父亲地位的权力可以因此得到认可。与我们荷兰人的情况同样，在日本人中间，要使起居、进退变得有品位，人们认为培养人教养的教育是必不可缺的。对那些由于自己的门第、阶层而热望登上高官显位的人们来说，最为需要的是了解成为与绅士相符合的人的技术。要熟练地达到这个程度，那是需要常年练习的，这才是教育青年最为重要的着眼点。有时候，家族所有成员因为家族里的一个人所犯的违法行为，要受到连带惩罚，每个人的生命时常因为一瞬间的过失而失去。在这样的国家里，为了避免陷入比死亡更为可怕的不名誉的地步，常在身边准备好自杀用的工具，是绝对需要的。①

上面内容是从有关日本婚礼的记述中摘录的，是想表现日本人在遵守礼仪礼法方面极为热心。他对日本人的礼仪形式感叹不已。在这

---

① 泰勤格《日本风俗图志》，第258—259页。

点上,他把日本人记述成"是毫不逊色于最优秀的欧洲国民的国民"①。

关于 3 月和 5 月的节日、七夕节、盂兰盆节、佛教活动、历法和时刻法、计算法、度量衡、货币价值等习惯与制度,进一步关于日本人的剖腹、热心教育、好奇心强、高素质的翻译人员、荷兰学家中荷兰语水平之高的情况等等,记述得很客观,虽平淡而有生气。除此之外,始终是赞扬日本人,没有一处写过非难之词。

他离开日本是在 1784 年 11 月,结束了包括逗留日本四年在内的近三十年东洋旅行之后,于 1796 年 12 月抵达伦敦。荷兰受到法国革命的影响,遭到法国入侵,他无法回到自己的祖国。1801 年,他回到了以巴达维亚共和国名称新生的祖国后,移居巴黎。在那里,潜心执笔十年之久。但是,只有关于酒的论稿出版,其他的内容都是到 1812 年去世之后才出版的。

---

① 泰勤格《日本风俗图志》,第 257 页。

H. 兹弗

（Hendrik Doeff 1777—1835）

日本人具有一种只要给他一些小小的刺激就能够逐渐达到欧洲水准的性格。

研究日本的好条件

　　看兹弗①的著作《日本回想录》②中他本人撰写的序文，说他在日本待了十九年之后回国，不久就写出了原稿，但他生前并不打算出版。然而，最终又很快出版了它。这里有两个理由。

　　第一，法国席卷欧洲（拿破仑统治欧洲），祖国荷兰处于形同没有的状态，英国将印度置于统治之下，君临爪哇，势力强盛，当时英国的爪哇总督拉菲尔兹派遣兹弗在出岛的前任瓦尔蒂纳尔为使者前往日本，两次企图夺取出岛。对此，兹弗坚决不答应，坚持悬挂荷兰国旗，当时有必要正确公开这个事实。第二，兹弗之后来日本的希波尔特，不打招呼，也不提兹弗的名字，私自在给爪哇总督的报告书里利用了兹弗编撰的《兰和字典》③，并且，希波尔特准备回国后出版日荷荷日对译字典，所以，他有必要出来确保自己原稿作为字典出版的权利。

　　兹弗是个具有强烈性格、非常坚持正义感的人。他的《日本回想

---

　　①　也译作"德夫"，本书统一译作"兹弗"——译者注。
　　②　兹弗《兹弗日本回想录》，斋藤阿贝译，《异国丛书》复刻本，雄松堂书店，1966年。
　　③　指荷日字典——译者注。

录》里的肖像画也很好地反映了这一点。他和泰勤格一样,都出生在阿姆斯特丹,1798 年他二十二岁,加入荷兰的东印度公司,第二年 7 月到达长崎。他虽然是以出岛商馆书记员身份来日本的,但刚到日本,就遇到馆长去世,商馆大部被烧毁,馆务乱成一团,他无计可施,立刻返回巴达维亚。第二年 1800 年,他随同新馆长瓦尔蒂纳尔又到达长崎。

他不像泰勤格那样是有学历的人。但是,瓦尔蒂纳尔辞去馆长之职的时候,推举兹弗就任了馆长。后来他在回国的途中遭遇船难,尽管遗失了所有资料,但他参考已经刊出的文献,就像书名所写的那样,大部分依靠回忆,写出了《日本回想录》。根据这点观察,可以推测他是个具有非凡才能、做事扎实的人。俄罗斯船队来日本要求通商时,由于他在幕府官员与俄方人员交涉及书面翻译上给幕府莫大援助,受到幕府奖赏。① 还有,英国费顿号舰在长崎港口引起暴乱事件时,他为幕府立功甚大,第二次参觐江户时又受到幕府奖赏。② 他成了大受幕府信赖之人。从 1810 年到 1812 年,巴达维亚没有一支船来日本,当他们储存物品用尽、粮食匮乏的时候,幕府曾命令长崎奉行(地方长官)无偿提供给他们粮食。他和日本女人生有一男一女,而且在日本待了十九年,写出了编撰字典的原稿。可以推测,他是个相当了不起的日本通,可以说,在理解日本方面,他所处的条件远比泰勤格要好得多。他自己在正文的开头这样说:

> 葡萄牙人、法国人、德国人、荷兰人等,把有关日本的知识传到了欧洲。但是,那是很不充分的,误解也很多,这是为什么呢? 首先是因为二百年以来,外国人在日本国内旅行是国法所不允许的;另一个是日语学习很难。
>
> 我自己花了十二年努力学习日语,终于在优秀的翻译人员做助手的条件下开始动手编撰辞书。幕府方面也要求尽快完成。花了五年时间编撰,终于在 1817 年离开日本之前完成了。这是因为

---

① 兹弗《兹弗日本回想录》,第 202 页。
② 兹弗《兹弗日本回想录》,第 228 页。

幕府给了我各种各样的援助。为此，有关政治、宗教、习惯等，也得以知晓得很清楚。但是，现在不需要记述那些内容，就肯普费尔上世纪写的那本书就足够了。肯普费尔的书不能称是他的著作。爪哇总督康佛宜斯（Johanncs Camphuis）（三次出任出岛馆长）搜集的资料全都给了肯普费尔，肯普费尔伪称是自己的资料，进行了著述。①

兹弗说不熟知日语的人是不能理解日本的，而且，他自己也是得到幕府的莫大援助才能够学好日语和其他东西。在这一点上，他和其他欧洲人是不一样的。接下来，看兹弗是怎样记述日本人的。

日本人的心理与行动

　　这里的国民一般很勇敢，任何事都无所恐惧。可是，他们对上官的命令或是为了皇帝，任何人物都是盲目服从以完成任务。下级阁僚不允许对那些命令进行审查或批判，以是否严格遵守命令当做自己最大的荣誉。关于这点，他们胸中的苦闷常常被其他的人记述下来，得到最确实的证明。②

上面的文章中所称的"他们胸中的苦闷"，到底意指什么呢？观察之下，他大概看透了现实，即在专制制度下，下级官员害怕极刑而不得不盲从的事实让他感到愤懑。表面上的国家安泰他大概都看做是故意给人看的和平。这里虽然没有加以引用，关于耻辱和切腹的关系，他和泰勒格一样，继续进行了叙述。没有完成任务，或完成不彻底时，会被处刑，被解职。这都是不光彩的事，会累及家族。不能就任官职，可以通过自杀保护一族的荣誉。因此，常有自杀的例子，他的心大概被吸引住了。绝望之余结束生命的情况在欧洲也是存在的，这点是一样的，但

---

① 兹弗《兹弗日本回想录》，第5—10页，大意。

② 兹弗《兹弗日本回想录》，第37—38页。

他在通过自杀可以恢复生存下来的一族的荣誉这点上，看到了日本自杀的特色。名誉观、羞耻观发展到如此恐怖的程度，实在让他感到吃惊。

作为日本官吏的习惯，有一种风气，如果在其职位上出现些微失策，不论是因为灾难还是不注意，也就是不问有无罪责，径直向上官毫无保留地申告检讨，自请入狱。①

由于处罚甚严，不用回答，失策就是失策，就要问罪，所以，人世常情就是，即使有正当的理由，也不问是非，主动请求处刑。要说这样的人世，的确让人感到与沙勿略称赞为很懂道理的国民时的人世，差距太大了。恐怕德川幕府的施政成功以后，战乱绝止，安乐的时代持续不断，专制统治封住人们的口舌，把道理夺走了吧。尽管名誉观、羞耻观依然是行为规范的准则，但支撑那些的大概有多种形式。形式主义就出现在道理退却之处，大概是自然的结果。上面的两段引文很好地表现了遵守形式保护名誉、脱离形式感到耻辱的社会和在这样的社会出现的事。一面怀抱胸中的苦闷一面遵守服从的形式，泰勤格和兹弗所描写的躲过权力者的眼光，高兴地读着反权力者的故事的，一见之下和平安宁的那个时代，让人深深感到与沙勿略到亚当斯的时代相去甚远。开始让人感到变化的，是卡隆。从卡隆逗留日本时起，似乎当时的世象已经活生生地发生了变化。第一次写到四民有别、上下有差距的就是卡隆。幕府发出锁国令，是在卡隆结束逗留日本二十余年准备离开日本前的一段时间里。生活在靠近发生封闭国家、大面积断绝与外国贸易这一重大事件时代的卡隆，暗示出了时代流动的一个段落。

兹弗逗留日本是在卡隆离开日本约一个半世纪后。一百五十年的时间里，幕府通过封住人嘴的方法统治国民，最终变成了兹弗所指出的那种形式主义蔓延的社会。

由于他深知日本人受到屈辱必须昭雪的形式，所以，在这种知识的

① 兹弗《兹弗日本回想录》，第 164 页。

支配下，他得以巧妙地威胁为英国夺取出岛而来的瓦尔蒂纳尔，迫使他返回。他把被英国费顿号事件激怒的日本政府瞄准时机准备反击的实情告知瓦尔蒂纳尔，劝他们赶快回去。假设他没能把握这个实情的话，他就不会对君临爪哇的拉菲尔兹派遣的使者瓦尔蒂纳尔采取那样强硬的态度了。兹弗通过亲身体验到的日本政府的形式主义保护了自己的生命。

依靠令人达到恐惧程度的形式主义进行统治的幕府的中枢，酿造出了下面这样一种气氛。

> 大殿并不美丽，也见不到家具。诸室有拉门，贴有日本式的金纸，且涂有色彩，金色的拉手很便于开关。这个空旷的大殿唯一奢侈的东西就是它了。室内空旷，建筑物宏大，里面飘荡着阴郁的气氛，很多人在里面仍不可思议地如此寂静，凡此等等，与其说是装饰美丽的宫殿，毋宁说更让人感到恐怖的敬畏。①

接触到位居道理不振、专门强迫人们顺从的社会中身份序列最高的将军周围的气氛，兹弗感到恐惧，他把这表现为恐怖的敬畏。我认为不管是把这感觉为奇异还是稀奇的他，都会做出如上记述的。我们如今的时代，任何地方也不存在这样的感觉。如果是了解战前时代的人的话，大概会对上述的气氛有所理解，有所共鸣。把神圣不可侵犯的陛下顶礼膜拜在国家之上的时候，官宪就是在任何地方都具有某些权威的恐怖存在，因为在身份序列线上，越接近陛下，恐惧程度越浓，整个国家都被包围在恐怖的敬畏中了。

现在，到处是自由，充满了解放的感觉，所以，恐怖的敬畏这种社会氛围让人感觉到成了遥远的过去事物。但是，实际上，兹弗描写的他在日本逗留期间的社会氛围，也浓厚地持续到我们战前的社会。在这一点上，战后的社会的确是变了。也是为了了解现在，我才想到在这里特别记下他所叙述的事情。

---

① 兹弗《兹弗日本回想录》，第175页。

正像在开头部分记述的那样,他没有考虑生前出版此书,但出现了出书的必要之后,他改变预定计划,急忙出版了这本《日本回想录》。返回欧洲的中途,在印度洋上遭遇船难,在日本搜集的所有东西都丢失了,从出版理由来看,写的日本人部分很少。虽然 1806 年、1810 年、1814 年三次上江户,但那些纪行文章都是有关参拜幕府体验的短小的一般性记述,没有记述过日本人。关于日本人,也就是上文记载的那些内容,这点与泰勒格相比要逊色。但是,他是个对祖国具有深厚忠诚之心的人。我认为正因为如此,他对于日本人重视名誉的感情和与之有关的剖腹才大加感叹的吧。而且,一想到那是表现当时社会最好的记述,也就自然认为他是值得在这里特书一笔的人物了。

荷兰名字的流行及其他

兹弗说,当时日本人有个喜欢让荷兰人起荷兰名字的风潮,那是他待在江户时的事。长崎的一个叫做马场佐十郎的青年翻译,是他的门下,遵照将军的命令要到江户赴任,他从出岛的荷兰人那里得到了阿布拉哈姆的雅名。他的朋友高桥三平向他学习,强烈地恳求兹弗为他做同样的事,兹弗给他起名哟哈内斯·格劳比乌斯。兰医①学者桂川甫安荷兰名叫哟哈内斯·伯达尼克斯,中津侯的一位藩士名字叫皮泰尔·凡·戴尔·斯特鲁普。那位藩士的主君藩侯自己也主动要求,起了个弗里德里克·亨德勒蒂里克的名字。他嫌这个名字太老,要求重起,后重新起了个弗雷德里克·凡·弗尔蓬。② 后面可以看到的希波尔特的记述中,下关就有这样的人。当时处在这种风潮底部的人们的心理活动,虽然不能说和今天支撑着外来语泛滥的心理完全一样,但让人觉得它们是一脉相承的。而且,人名中也存在。有的不是让人起名,而是自己给自己起名。这可以说是一个历史连续的民族心理吧。

知道荷兰国家灭亡之后,兹弗仍然假装不知道,虽然没有了荷兰船

---

① 指当时从荷兰传入的医学——译者注。
② 兹弗《兹弗日本回想录》,第 181—183 页。

一月一次的入港,他依旧照例升起国旗,认真处理例行事务,撰写报告书。于是,到了 1817 年,港口出现两艘等待入港的船只,升起了示意的烽火。他写道:"此时在日本的我等荷兰人仅六人,其欢喜程度实难用笔纸书尽。那一瞬间,根本就没考虑会不会是其他国家的船只。"最后知道是荷兰船时,他记述说:"我们欣喜若狂,欢呼雀跃,我们献出全部的精神感谢把我们从最悲痛、忧愁的困境中拯救出来的神。"①他把位子让给随船来的布隆霍夫,于 1817 年 12 月 6 日离开了长崎港。

他写到,幕府褒奖他多年勤务,赏银五十枚,很多朋友也为他饯别。1819 年 10 月,他回到了祖国。

兹弗原来的上司瓦尔蒂纳尔接受拉菲尔兹之命,为夺取出岛商馆而来日本的事,上文已经提到了。那是 1813 年 7 月的事。当时,艾恩斯利医生同行。表面上他是商馆的医生,实际上他是个重要人物,当计划进展顺利,到了日本政府和他们进行交涉的阶段,他就被定为负责交涉的人选了。最初瓦尔蒂纳尔是首席谈判官,不久,地位发生逆转,由拉菲尔兹来主持事务了。②

第二年 1814 年,与应该成为新商馆馆长的卡萨同行的艾恩斯利没有来日,其理由兹弗没有讲。拉菲尔兹曾命令这位艾恩斯利,要他在上次逗留日本四个月的期间内尽可能多地获得有关日本的知识。虽然时间很短,但他似乎相当努力,关于日本人他有如下的见解。这是会长拉菲尔兹在巴达维亚学艺协会的集会上进行演讲时公开的。这里记载如下,这是当时的一种日本人观。

    我就日本人的性格稍稍讲几句。要说的也仅限于我认为是艾恩斯利逗留日本四个月间所亲眼见到的,而且他判断决不会错的内容。

    日本人多神经质,有臂力,在身心能力方面,比起一般亚洲人,很接近欧洲人。他们的容貌姿态很男性化,完全是欧洲式的。大

① 兹弗《兹弗日本回想录》,第 316—317 页。
② 兹弗《兹弗日本回想录》,第 16—17 页。

多数日本人身上都可看到细小的鞑靼人类型的眼睛，只有这点是欧洲人所没有的，而且，这是中国人和日本人之间唯一的相似之处。日本人的脸和欧洲人的一样，非常英俊，看上去非常健康，这样的人比欧洲人更多。不怎么从外部接受援助，可文明的程度很高。而中国人，至少就我们所知道的来讲，到目前为止一直是停滞不前的。然而，日本人具有一种只要给他一些小小的刺激就能够逐渐达到欧洲水准的性格。①

这里指出了两点：一点是日本人容貌英俊；一点是只要受到一点刺激日本人就会动起来。日本人被堂堂的欧洲人说成英俊且不逊色于欧洲人，是因为欧洲人对起坐站行的举止自信有致的样子抱有好感，这证明瘦小的身躯并不会成为妨碍。也就是说日本的礼仪习惯很了不起。这种礼仪习惯一旦崩溃，身材低矮的蒙古人种的日本人大概立刻就会失去这种赞誉。第二次世界大战中，英国和荷兰方面为识别日本士兵而发的小册子中，把日本人形容得甚为丑陋。② 身体不如人，是没有办法的，这个无法改变。但是，江户时代的日本人却显示出可以凭此变成容貌堂堂的人。

因为小小的刺激开始动起来的日本人，可以达到与欧洲同样文明程度的日本人——对观察如此透彻的艾恩斯利和把这个观点公开出来的拉菲尔兹他们两人，帕斯科·史密斯大加称赞，说他们两位贤人在遥远的过去，很好地判断出日本人的性格和能力，并预言了此后日本的进步。

中国人是停滞性的，日本人是活动性的，这样的对比以往也是有过的。依靠很少的刺激就动起来的日本人，这与锁国前被称为求知欲、好奇心旺盛的日本人正好形成一表一里。似乎也可以说他们用不同的语言评价了同一个侧面。艾恩斯利是个公正的观察者。

---

① 兹弗《兹弗日本回想录》，第4—5页。
② 石田英一郎《我的日本发现》，《自由》杂志1964年1月号。会田雄次《亚龙收容所》，《中公新书》，1962年。

P. F. 希波尔特

（Philipp Franz Balthasar von Siebold 1796—1866）
好奇心还有夸张的礼仪等，有时让外国人感到很麻烦。

逗留日本的目的

德国人希波尔特在日本是个远比岑贝尔格和兹弗更广为人知的人物。因为他不仅逗留期间长，而且医学领域的门生成名者很多，对日本的医学或者说洋学贡献甚大。而且，还有过"希波尔特事件"。

为了获得欧洲的知识，国民的兴趣和愿望非常大。作为幕府，也努力致力于兰学的发达与普及，加强翻译、测地，这已经是希波尔特可以在出岛以外的地方开设私塾的时代了。虽然是日本朝向开国已经大步前进的时候，但外国船只在沿海出现，造成了国民危机意识的加强。他所引起的事件就是在这个时候，"日本人之师"终于遭遇到了流放国外的无情体验。

他是个学者。1823 年 6 月 28 日从巴达维亚出航，8 月 8 日到达长崎，8 月 11 日登陆出岛，就任商馆医生，并承担研究日本的重任。少校外科医生德克特尔·冯·希波尔特带有综合研究日本以有助于日荷贸易的使命。正如他自己所说，宗教、风俗习惯、法律、政治、农业、收入与租税、地理、艺术、学问、语言、自然、药草等日本的所有领域的调查研究是他来日本的最大目的。

与他同船来到日本的出岛商馆馆长斯邱莱尔，在给长崎奉行（地方长官）的文书中写道："德克特尔·冯·希波尔特精通医术，尤其是外科手术、眼科学、妇科学、植物学、物理学、地理学,在日本荷兰两国都是享有盛名的医生。"①上面还记述说,让他长期逗留日本并致力于治疗和传授学问,也是为了报答荷兰在过去二百五十年间所受到的恩谊。他当时也只是二十七岁,考虑到荷兰政府加在他身上的任务和对他的期待,他应该已经是个响当当的学者了。

他于 1796 年 2 月 17 日出生在德国南部的维尔茨堡,1866 年 10 月 18 日在慕尼黑去世。他出生的家庭是德国医学界的名门望族。他在维尔茨堡大学专修医学,另外还修了植物学、动物学、地文学、人种学。一度曾开业当医生,二十六岁时,被任命为荷属东印度陆军医院少校外科医生,成了与肯普费尔、岑贝尔克一样的驻出岛医生。六年的逗留时间,比其他两人都长,日本的局势也安定,他本人也发挥至关重要的作用,这大大提高了他研究日本的成果。他的成果汇集成了下列三本书。

《日本植物志》(Flora Japonica,1835)

《日本动物志》(Fauna Japonica,1833—1850,五册)

《日本》(Nippon,1832—1851,二十册)

上面的《日本》,在昭和五十年(1975 年)由东京日荷学会监修、讲谈社出版了两卷本的原著。两卷合计 1428 页。从昭和五十二年(1977 年)起,它的日译本开始出版,雄松堂书店在昭和五十四年(1979 年)出版了完整的六卷本译本,图录三卷。该书店刊行的《异国丛书》中的《希波尔特参观江户幕府纪行》(吴秀三翻译),是《日本》的一部分翻译。并且,这本《希波尔特参观江户幕府纪行》的初版是在昭和三年(1928 年),昭和四十一年(1966 年),出版了它的改定重刻本。但是,以下的引文都是引自六卷本的新译本。

随同商馆馆长参观江户幕府旅行的希波尔特的主要目的,是在途中调查物产、工商业、文化程度、习惯等。但是,由于有种种制约,知道不能完成所想象的工作,所以,完成随行的任务后,他留在了江户,准备长期逗留,还订立计划,说可以的话他想去日本各地旅行。由于长崎奉

---

① 坂泽武雄《希波尔特》,吉川弘文馆,1963 年再版(1930 年初版),第 14 页。

行和二、三个住在江户地位很高的庇护者的帮忙,加上他以前的名声很好,人们从他这里得到的收益也应该会很大,所以,他认为对计划还是可以抱有希望的。他也向荷兰的印度政厅通报了情况,并申请要求资助。政厅同意他的请求,不仅详细指示了研究对象,还指令商馆馆长从金库里支出特别费用给希波尔特,同时,请商馆馆长全面支持他的研究计划顺利完成。他要求给他配一位助手和画家,政厅也是立刻答应,给他派来了药剂师比尤尔嘉和画家菲勒涅菲。在这样的优厚条件下,他开始了他的江户旅程。

而且,这是在他来日本过了两年多、有关日本的知识也积累到了相当程度的时候。他的抱负大概也大大地膨胀起来了吧。比起前人的江户幕府参觐旅行,虽然旅行团的规模缩小了,但还是可以说是相当豪华的队伍。事实上,还是享有特权和表示与大名同样身份的使节旅行。①

上面写到,据准备阶段的向导说,一般来讲,在最终出发的旅途的宿舍会受到热情的招待,日本从仆干活都很讲良心,会有与当地住民充满友情的相遇。听到这些,希波尔特也不得不由衷地发出赞美之词。可以认为这也是他后来的亲身体验。

> 在国界、郡界处,常有领主派遣的几名使者出来欢迎使节团……并且护送到国界处。吃午饭或住宿的店主人,身着礼服出来迎接外国客人,低低地低下头,按照这个国家的习惯,致欢迎词。即使在宿舍里面,我们也受到热情的欢迎,受到与这个国家的大名(各藩领主)同样的招待。说起来只有一点不同,那就是在简朴但布置得很干净的房间里有按照欧洲式样准备好的餐桌,这让我们大为吃惊(卧具、必要的家具、餐具等一道带去,一部分是先一步运过去——笔者)……与欧洲远隔千里……每天都像在自己家里一样。关于当地住民,一次也没有听说过有什么不规矩的事,只是好奇心还有夸张的礼仪等,有时让外国人感到很麻烦。②

---

① 希波尔特《日本》第二卷,中井晶夫、斋藤信译,雄松堂书店,1978 年,第 120 页。
② 希波尔特《日本》第二卷,第 123 页。

上文所引用的,是向导讲的从长崎到小仓的七天旅行期间的事,是参观江户幕府时的一般定例。在所通过的领地内的支出,是由那个领地的大名支付的,似乎所有地方都是这样的,好像是预先根据幕府的指令而做的。因为使节携带有献给将军的贵重物品,而且又是对日本很重要的允许贸易的荷兰人,而且,希波尔特在途中一旦有人求诊治病,他都进行诊疗。在这次往返江户期间,对日本人,他到底掌握了些什么呢?

希波尔特的日本人观

遇到特别注重礼仪礼貌、外观不凡的日本人那样的民族,使节团带着品味和欧洲的华丽进行活动,不单单是让他们历历在目地浮想自己的国家,毋庸置疑,最重要的是要以可以让他们接受的形式展现我们风俗洗练、科学和技术都很进步的事实。在除了我们荷兰人,任何其他外国人都不允许进入日本的情况下,则更是如此。[1]

在亚洲的任何国家,旅行这种事,恐怕没有一个国家像日本这样平常化。从自己的领地往来于江户的络绎不绝的大名队列、活跃的国内产业、步行参拜旅行都很盛行,作为货物集散地的大阪,买家和卖家从这个国家的各个地方纷至沓来。这一切都成了这个分散的岛国繁忙生活的原因。似乎就是依靠这个弥补了这个岛国的宁静和孤独。[2]

他对日本的道路、坐轿、马匹、驿站、旅馆、旅店、桥梁、船舶与航海术、港口、邮差、旅行装备等与交通相关的领域进行了详细的记述。这些记述本身就说明了国内产业和商业交易的繁荣,但上面的引文还特

---

① 希波尔特《日本》第二卷,第177—178页。
② 希波尔特《日本》第二卷,第178—179页。

意记述了一笔。而且,还说到,服装、随从、旅行用具、徽章纹饰、经过道路、一天的旅程、午饭、住宿、休息与娱乐的场所等都有与身份相应的规定。① 这种身份上的差别特别惹人关注。虽说是有教养、讲究礼法礼仪的民族,但我们还是知道了那种礼法礼仪确实是反映出了身份上的优劣。而且,还记述说,习惯上,亲戚朋友对出门旅行的人,要举行饯别宴,作为还礼,旅行者旅行回来后要送亲朋好友礼物。这是多么古老的习俗啊。

他写到,他先这样记述,这有助于理解今后在旅途上所能看见的很多东西。② 身份上的差异,作为已经逗留了两年多的他来讲,应该是很清楚的了,但他在来来往往江户的过程中,这种情况看得他讨厌,让他感到怎么还是老样子,他大概对由此而带来的形式主义很吃惊。我认为他所见到的最高规格的、顶级的形式主义,应该是在江户城内。

"身份越低,旅行越自在——这句话在任何国家恐怕都没有像在日本那样贴切。日本的达官贵人看上去似乎牢牢地受到家规、礼法礼仪的束缚。他们的自由意志早已完全不成问题。"③ 在拜谒将军的仪式上,使节还没见到将军就结束了。因为到了拜谒席上,必须低头跪拜。④ 掩隐在竹帘后的将军,恰似一个敬畏的对象那样,故意安排得让拜谒者不能直接看到将军的身影。拜谒名不副实,只不过是个形式而已。

他写到,巡回参拜旅行者很多,但当时的情形好像其中也夹杂着商人。他在《日本》里分三章记述了日本的宗教。我们摘录一些看看。

> 十六世纪中期,基督教传来,佛教遭到打击开始没落,但因基督教的挫折又再次兴盛起来。与神道、佛教相并列,作为第三宗教在佛教以前传来的有儒教。有教养的、身份比较高的人对它抱有

---

① 希波尔特《日本》第二卷,第 196 页。
② 希波尔特《日本》第二卷,第 197 页。
③ 希波尔特《日本》第二卷,第 196 页。
④ 希波尔特《日本》第三卷,斋藤信、金本正之译,雄松堂书店,1978 年,第 75 页。

敬意。一般无知的民众自古以来天生就执著于单纯的神道。日本人依靠儒教从无知的黑暗中走出来,从疯狂信仰的佛教欺瞒中被拯救出来。有教养的日本人虽然对神道表示敬意,但对佛教却采取毫不关心的态度。①

他说,这种见解是根据可以信赖的资料和日本人的报告及自己亲身的经历得出的。在使节团经过肥前国内陆地带时,有如下的一段记述:

> 这里僧侣与他处相比人数很多,但是,他们并不受到人们的尊敬。虽然盛大地祝贺基督教获胜,但仍受到轻视。还是古老的神道教受人尊敬,基督教早就没有留下任何遗韵。②

接着,说到肥前国国民。他自己说,他所说的适合于日本一般国民,实际也是如此。他写到,通过特定区域的住民谈论一般国民或很生动。

他认为肥前国住民具有勤劳、节俭、豪爽、心好、举止端庄等特点,这些特点他看做是日本国民一般特征的地方性表现。之所以这样说,是因为肥前国的上流阶层几乎与江户、大阪的上流阶层一样,他们大都在江户接受教育,相当数量的有钱有势的商人也是在大阪锻炼出来的,所以说在江户、大阪和地方之间出现了共同的情况。③ 这样一来,希波尔特才认为通过地方的住民谈论一般日本人是可能的。虽然是讲述肥前国的住民,而实际是在讲一般日本人,这样讲的理由就在这里。有种看法认为,他把目光注视到地方与中央之间的人员往来,上文所说的,是从参觐江户幕府的旅行中得到了一个方法论。他在旅行途中各地就

---

① 希波尔特《日本》第四卷,中井晶夫、妹尾寺雄、末木文美士、石山祯一译,雄松堂书店,1978年,第36—37页。
② 希波尔特《日本》第二卷,第278页。
③ 希波尔特《日本》第二卷,第277页。

日本人所记述的，都是他认为是地方住民所表现出来的这种共同面的记述，这一点不能忘记。我认为在他看来，这点是一个不能忽视的重要特点。

日本与自然

使节团到达了下关海峡。海峡的景色很美，那里为他提供了记述日本人另一个新特点的机会。

> 日本人从心底里喜爱沉浸在广袤的大自然中并欣赏它。即使裹着冬天的衣服，大自然具有足够的魅力让他们活跃的想象力狂热不已。而同时，他们即使在小旅行的高潮中也利用所有的机会，沉浸在宗教信仰或历史的回忆之中，不忘加深自然的喜悦。工作结束（罗盘测量），我们在位于小河畔的、令人心情舒畅的渔民小屋前坐了下来。还是早春时节，人们喜爱的梅花似乎已经开放，山椿花也已经绽放出硬实的花蕾。对面海水奔流的海峡的对岸，有个陡峭的海角，上面有座神社；右手突出的岩石山上，可以看见赤间关的城址和龟山八幡宫的神社大殿，还有紧挨在旁边的佛寺。如此美不胜收的自然景观包围着这些纪念物，有情调的日本人和朋友把酒交谊，我也情不自禁地品味起对大自然、祖国和朋友的心情。①

它显示了希波尔特把握住了被大自然拥抱并享受大自然的日本人，那种享受的心中还共栖着宗教信仰的日本人。热爱自然，任何国家的人都一样，他自己也为此时海峡的早春景色所感染。但是，写到有情调的日本人在梅花树旁把酒交谊的情景的句子里，他把握住了超出一般喜爱自然程度的日本人身上的某种东西，即日本人对自然的特殊态度。

---

① 希波尔特《日本》第二卷，第331页。

涉及到日本人自然观特殊性的，希波尔特大概是第一个人。我觉得至少在以往的外国人当中是没有的。对在鸣瀑塾教授西洋医学、为很多人治疗、在所有去过的地方都有熟人、朋友和门生的他来讲，了解日本人自然观的机会是很眷顾他的吧。

日本的商人

日本的商人，作为市民恐怕很受尊敬，但什么社会名望也没有，处于耕种土地的农民之下……我们在这里提请注意，带刀的权利可以给农民，但商人却没有。商人在自己带子荣誉侧（佩刀的一侧）一般只插扇子。依靠支付税金和不多的年金而准许使用姓，才获得名誉。但是，一旦这样做了，就要答应保卫国家，为了国家和国民具有重大的责任，即在紧急危难的时刻，要先垫付金钱。这样一来，他们成了将军、领主的御用商人。[①]

日本社会存在阶级制度，男女之间有明显差别，这些卡隆都说过了。但是，上文希波尔特有关商人的内容，部分是卡隆没有说过的。这就是通过成为御用商人而获得名誉，接触到了金钱的力量是无可争辩的事实，它预示了早晚商人的力量会在社会中得到上升。这段记述让人感到社会动向的抬头。"什么社会名望也没有"的商人有时也拯救领主和国家于危难之中的这种作用，和不允许佩刀的那种劣势象征一样，必须大加留意。卡隆的时代，商人大概就有了这种作用。但是，他没有指出来，希波尔特却指出了，他们之间有二百年的隔阂，这说明了时代的变化，即十七世纪和十九世纪的差距吧。同时，这也许与希波尔特接触的人很广有关系。他讲过在下关遇见很有钱的商人的事，那是萩藩的御用商人，过去曾在长崎找他看过病，是个每小时收益一个金币的大商人，与江户、大阪的富豪同样有钱。这只是一个例子，也许是因为有机会与这样的商人接触他才得以了

---

① 希波尔特《日本》第二卷，第 332—333 页。

解商人阶层的实际情况。以日本研究为其任务的他犀利敏锐的目光，在这种时候我们是不能忽视商人的。

资料收集与人际关系

门人、熟人从长门①及与长门相邻的周防②国陪着他们的朋友及患者，带着礼物和天然的珍贵物品来看我。与门人当中最有能力的那些人再见面，一切都是按照约定好的。他们离开荷兰老师身边后，各自回到家乡撰写学位论文，条件是在老师参觐江户幕府的途中亲手交给老师，而后获得堂堂的博士执照。题目是指定给他们的，而且研究对象几乎都是还不为人知的自然科学方面的问题，经常涉及有关日本及其邻国、属国的地理学、民族学、博物学领域。今天收到的论文里，就有如下标题的：

1. 河野小崎的"长门及周防国的地理统计性记述"。
2. 杉山宗立的"关于盐的制造"。
3. ［井本］文恭的"关于最常用的染料和布料的颜色"。
4. 高［野］长英的"关于鲸与捕鲸"。
5. "在日本应注意的疾病的记述"③。

看上去很多学洋学的人都去离长州雄藩较近的长崎游学。预先给这些人题目，约定好写论文，这是希波尔特想出的很巧妙的方法。上文写到给执照，正如当时的译者也指出的那样，也就是证明书之类的东西。即使是那样的东西，在当时的地方上讲还是可以提高名声和地位的，所以，有识者们肯定都来求希波尔特的亲笔签名。在希波尔特看来，这都是轻松的小事，都会答应吧。但作为交换，会让他们提供有关日本的资料。这似乎是相互求利的交易。他的巨著《日本》结果就这样

① 日本地名——译者注。
② 日本地名——译者注。
③ 希波尔特《日本》第二卷，第333—334页。

在很多日本人的帮助下，才得以完成，

从结果讲，恐怕谁也没有想到那些可以称做帮助者的门生就是对希波尔特著作的贡献者吧。因为对希波尔特来讲，搜集资料成了极其容易的事。尚且还是在锁国期间，与肯普费尔、岑贝尔格的时代有着巨大的差别。时代已经发生了很大的变化。搜集资料可以轻易到可笑的程度，结果，就像意外失足一样，发生了"希波尔特事件"。他所获得的东西本来就是有价值的东西，似乎另外还有什么企图，所以，也许不能说是什么意外失足。

在逗留下关期间，他想带领皮尤伽和二三个日本人出门去坛浦收集博物，这个意思得到当地警官的同意，但他又说："海峡再前面的测量才是我的目的。"①在所去的村头的渔民小屋里，器具早已预先送去了。让画家登与助在前景画上小屋，把海峡的景色素描下来，这期间，他记述说，他自己"进行罗盘测量，记录下从精通海峡情况的我国的冯·登·贝尔西（住在下关的荷兰包打听）那里听到的重要报告"。他进行了纬度、海峡宽度、水深、潮流等测量，并查清了岩礁的位置，这是在出发前在出岛就制定的计划。对警官关于他们进行作业的提问，他写道："假装什么也不知道，向他们说明这些事情只是我们没有恶意的好奇。"②他是小心翼翼地开展作业的。他很清楚是必须小心翼翼进行的作业。他自己写道：

> 国土的调查、国家、宗教制度、军备、其他有关政治关系及设施的研究，对外国人是严格禁止的。对国民也有严格的法律，严格禁止让外国人知道那些情况，而且，严格禁止以某种方式帮助外国人调查那些情况。③

尽管如此，他还是达到了目的。因为日本的朋友和熟人帮助了他。

---

① 希波尔特《日本》第二卷，第330页。
② 希波尔特《日本》第二卷，第316页。
③ 希波尔特《日本》第二卷，第316页。

大概是熟人、朋友、门生，甚至连警官也对为他们诊病治疗、传授知识的希波尔特放松了警惕吧。也就是说，他周围的日本人都很信赖他。

通过和有教养的欧洲人接触，扩展自己的政治见解范围，而且，也觉察自己的政府采取这些预防措施的褊狭的这些人，一般大多单纯遵守法律的形式，只要有可能，就对我们很宽大。如果没有这样的宽大，外国人要在日本进行学问的研究，那完全是不可能的。因为严格讲，外国人是被严格禁止与国土、国民接触的。①

负责警戒的警官以为很好地完成了那种任务，但那些有教养的人们常为希波尔特解释，似乎为了让他们安心，有时才放松警惕。在这方面，熟人、友人的帮助是很大的。可以说，由于这些国际事务通的增加，我们可以看到国家的动向和时局的变化。

结尾

参觐江户幕府的归途，航行在濑户内海时也进行了测量。船只停泊在上关的时候，他让当地的向导画出上关和海峡的图画，派出小船测量海峡的水深。于是，他记述说："欧洲的船舶在这里可以发现有利的停锚地，也可以进港。"②他对测量的兴趣几乎到了让人不可思议的地步。测量到底是为了什么呢？"日本人特有的求知欲和对自然珍奇物品的挚爱，经常在我努力达到某种秘密目的时起到了作用"③中的秘密目的，在其文脉中就是测量。警官也借口要看看器皿及搜集的天然物产来拜访他们，但正如他记述说"那恐怕是职业上的不放心吧"④一样。也许警官还是注意到了测量一事，希波尔特急忙隐藏好测量器具，排好

---

① 希波尔特《日本》第二卷，第 316—317 页。
② 希波尔特《日本》第三卷，第 148 页。
③ 希波尔特《日本》第二卷，第 330 页。
④ 希波尔特《日本》第二卷，第 329 页。

显微镜和其他理学计量用器具以代替测量器具。他到底为了什么抱有那么大的热情进行测量的呢?

从事洋学尤其是医学的传授和患者的诊断治疗的日本的恩人,在另一方面,又有理由被官员用警惕的目光注视着。同时受到感谢、亲善的目光和猜忌、怀疑的目光注视的希波尔特,看似巧妙地蒙混过后者的目光,在前者的保护下成功地结束了在日本的逗留。但是,在他离开日本的关键时候,天公不作美,终于让猜疑的目光把他逮住了。他过于得意了。

他在就参观幕府来往途中的住所所写的记述中,有下面一段内容。

他说,经过二百年太平生活的日本民族,对欧洲人来说,有很多东西值得深思:孩子们在家庭和学校受到良好教育,欧洲所存在的那些中途退学者在日本是没有的。日本人是经过很好培养的顺从的人。[①]留下日本的妻子和幼子而离去的厄运似乎没有让他抹去对日本的这些好印象。

---

① 希波尔特《日本》第二卷,第386页。

日本的文人们

此般乐土宇内不存，何慕外国之有？——桃西河

正如上文看到的那样，逗留日本的欧洲人中留下信函、著作的人，不管意图如何，的确是有各色各样的人，但多多少少都触及到了日本人。进入不同但发达的日本文明后，吃惊与称赞的同时，又感觉到愤怒，所以，可以说写下那些东西应该是理所当然的吧。那么，当时的日本人是处在怎样的状态？反顾自身又是怎样看自己的呢？我们翻一翻江户时代文人的论稿集一百零五卷的《日本随笔大成》（吉川弘文馆）。虽出生在我国却又把这个国家称做夷狄加以侮辱，这到底是怎么一回事？对儒者慷慨悲愤，说世上没有像日本这样的乐土，没有理由仰慕外国；有人称勇敢，说修文武、富国强兵则无所畏惧，取美洲、澳洲、船舶开通，亦可取苏门答腊。显现当时时势之一端，在不同的意义上都是意味深长。但是，很少有人冷静地集中性地讲过日本人诚朴老实、勇敢、善写字等，只散见过只言片语。因为是锁国的时候，所以也很自然。我从那些很少的论述中，按照我的口头翻译，摘录一些看看。

日本人欲实质，嫌华丽，故国家安泰。外衣裤裙称上下，腰间佩刀称大小，简单明了，不好辞藻华丽。宗庙茅草铺顶等皆很质朴。是在礼宁俭勿奢这一圣人之语前就已存在的教诲。就有敬、和、俭这种神明的教诲。

专门读书之徒单方面袒护清国，但彼国战国时君臣父子兄弟间伦理很乱，亦无男女之别。在我国，时机到了，则勇敢作战；和平时，则唱和歌，男女相睦，亦没有倾国之淫妇。《后汉书》也称赞此

国是仁义之国,是守道而治的君子国。

　　故,我国是质朴笃行的君子国。①

　　日本人的性格纯朴无瑕,日本是君子之国,非清国人所及。说话似乎口气很大,但都是有根据而说的。②

　　说出这些话的田宫仲宜,是当时知名的博识之人,似乎是个毫不逢迎时流、说话辛辣的人。从十八世纪到十九世纪,在他对当时人的轻薄、奢侈倾泻不满的言辞中,说出了上述的日本观。一句话,是一种把自己看得比邻国优秀的日本观。

　　上文把日本称做君子国,而没有称做神国。所谓神国,到底是谁在什么时候说出来的呢? 关于这点,《南岭子》里有如下的内容:

　　　　日本在天皇治国方面,万世不易。这点与清国不同。天皇在《万叶集》中称做"惟神",即是被奉为神的,而把国家称做神国,那要迟了很久。到了《三大实录》(858—887年,记述清和、阳成、光孝三帝时代的赐撰史书)之后,即在儒、佛教义盛行的时代背景下,出现了强调不是儒、佛国家的必要性。③

　　毫无疑问,因为在把天皇称做神,把国家称做神国的当时的人们的心里面,有一种崇拜天皇、赞美国家的心情,在这基础之上,按今天的话讲,还想加强作为国家的归属感。赞美国家之心,这在《风土记》④里就清清楚楚地表现出来了。远可上溯到八世纪前半期朝廷促成《风土记》编辑的心底里,就有赞美国土的意识。

　　因物产丰饶而具有神性的地方长官及天皇登上高处,瞭望国土的习俗,作为生产礼仪而固定了下来,有个广为人知的例子,舒明天皇登

---

　　① 田宫仲宜《东牖子》,《日本随笔大成》第一期第十九卷,吉川弘文馆,1976年,第115—116页,大意。
　　② 田宫仲宜《东牖子》,第135页。
　　③ 多田义俊《南岭子》,《日本随笔大成》第一期第十七卷,吉川弘文馆,1976年,第346页。
　　④ 《风土记》,吉野裕译,《东洋文库》145,平凡社,1969年。

上大和的香具山吟咏和歌，"瞭望国土，一派炊烟起，放眼大海……"那时的瞭望国土，是和赞美国家的心情联系在一起的。每逢天皇巡行，都要瞭望国土进行赞美，这种习惯产生了地名故事。这种事例在《风土记》里可以见到很多。这里援引两例如下。

> （天皇）眺望四方，所见之下，赐曰"此国丘陵、原野非常广大，见此丘（日冈）鹿①般。"据说，此地因此取名贺古②郡。每逢狩猎，就有一只鹿跑到山丘上鸣叫。其声曰比比③，故称日④冈。⑤ 景行天皇巡行之时，见此村河流蜿蜒曲折，赐曰"此河之曲⑥折甚为壮观"，故称"望理"⑦。⑧

这些地名由来的故事是各个不同地方住民的共有财产，很多场合是带有传说性的。并不是要让人们客观地了解哪怕是一点点地方的历史。大概是地方住民们假托作为神的天皇瞭望国土时的赞美心情来表达他们自己对故土的自豪心吧。《风土记》里没有就地方上住民的性质特点的记述，假定要是有的话，大概很多场合都一样，只是通过赞美国土表达对故土的自豪吧。我认为那就是这样的时代。以地方长官及天皇所进行的国土瞭望为主要内容的《风土记》中的赞美国土的心情，恐怕给后来有关国家和国民的记述带来很大的影响。

即使是十八世纪的文人们，在回顾自己的国家和国民时，大多在与邻国的比较中表现出自我赞美的倾向。再看个例子。

---

① 音"kako"——译者注。

② 音"kako"，同"鹿"——译者注。

③ 音"hi - hi"——译者注。

④ 音"hi"——译者注。

⑤ 《风土记》，第 49 页。

⑥ 音"magari"——译者注。

⑦ 音"magari"，同"曲"——译者注。

⑧ 《风土记》，第 51 页。

我国超越万国之上，是因为皇统不易，万世持续。民心忠孝而厚。那不是因为汉字的教导。①

有人说，大唐是兴起仁义礼乐的圣人国家，所以当然自称中国，有没有人不说自己的国家很优秀呢？韩国人也崇拜自己的国家，称作东华。②

日本土地不大不小，王之德政遍及四隅。土地肥美，五谷、金银、山海物产皆有余，也无遭周围侵犯之担心。此般乐土宇内不存，何慕外国之有？③

慕唐土而笑日本，贵天竺而谤我国之学者，是因学而出现之错误，彼等乃是浅薄之学者。④

这样，当时的人也和《风土记》时的人一样，自己赞美自己的国家，甚至还有人认为那是理所当然的。

尤其，在《静轩痴谈》中，静轩作为当时少有的合理主义人士，继赞颂言辞之后，指出了这个国家人的一个缺点。他说那就是模仿别人，他感叹说，遗憾的是，汉唐、天竺之教进来以后，我们为此失去了自己的传统，虽然生在皇国，吃这块土地上的粮食，穿这块土地上的布衣，但却忘记国恩，认为只有别人的好，可憎！可怜！而且，他还说，"本居士之所以激愤，乃有其道理"，幸好大唐、天竺没有夺取我国之心，假如有此之心，大概我国国土已成彼等之物了。真是大幸！弃大道奔小技，心为奇巧物件所摄，忘记磨砺忠义正直之心，此现状囿于时势亦是无奈。

当时，赞美自己国家很容易伴随排外思想，这种特点的自我赞美应该关注。这种情况存在于时代的一个方面。丰后国的儒家学者广濑旭

---

① 寺门静轩《静轩痴谈》，《日本随笔大成》第二期第二十卷，吉川弘文馆，1976年，第51页。

② 雨森芳洲《多波礼草》，《日本随笔大成》第二期第十九卷，吉川弘文馆，1976年，第189页，大意。

③ 桃西河《坐卧记》，《续日本随笔大成》第一卷，吉川弘文馆，1979年，第123页，大意。

④ 桃西河《坐卧记》，第117页，大意。

庄，在佩里来航之后不久，说现在最可担忧的就是外国。① 时代就是那样。他还狂妄地说，修文武，富国强兵，则不用担心。道理是由西征东，按照此理，日本应该夺取位于东方的国家。当时赞美国家的心伴随着贬低他国之心，进而发展到排斥他国之心，最终到攻占之心。在他来讲，赞美之心并没有单纯地就停止于此。

赞美国家，称圣人之国、神之国的时候，当然还意味着国民是好人的事实，又等于是间接地讲日本人，也有片断的评语说，国民纯朴老实、忠义心深厚、勇敢等。但是，如前面所讲的那样，几乎没有看到集中性展开日本人论的例子。稍稍语言多一点的有下面这个例子，它表达了伊势贞丈的记述。

> 汉土之人大多脑筋好，善诡辩，且残忍。天竺之人愚蠢、贪婪、无规无矩。日本人洁净、正直、纯朴且勇敢。各自性质不同，风俗也相异。我国自儒、佛、老庄之学进来以后，风俗始乱，其后因几多战乱，风俗发生变化，上古时代以来的日本人的性质被淹没了。儒教和佛教都是为了防止各自国民干坏事而创立的。日本没有可以防止的坏事发生，所以没有建立教化之道。没有这些毋宁说是我国的崇高之处。美慕他国，特意把它们伪称成天照大神的教诲，建立了神道，从一开始就没有那种必要。在汉土，臣民杀死天子。在日本，臣民善良，所以没有夺取天子之位的例子。天竺等同禽兽，不足以论。②

> 唐人甚惜死。日本人忠义勇敢，死法干净利落。即使过去看上去很胆小的人，如果事关主君，不问生死，都会采取正确的处理方法。因为这里是神国。这不是很崇高吗？③

---

① 广濑旭庄《九柱堂随笔》，《续日本随笔大成》第二卷，吉川弘文馆，1979 年，第 227 页。

② 平田笃胤《气吹舍笔丛》，《续日本随笔大成》第五卷，吉川弘文馆，1979 年，第 193—194 页。

③ 广濑旭庄《九柱堂随笔》，第 255 页。

如上所见,有人批判说,在儒、佛学者和文人当中有的人被那些教义感染,轻视自己的国家,批判的内容换句话说,实际就是静轩所说的只会模仿别人的特点。

　　概括性地来讲,可以举出两点:一是江户时代的文人们一般都赞扬日本人;二是批评日本人只会模仿别人。

锁国结束之后

R. 阿礼国

(Rutherford Alcock 1809—1897)
使自己谦卑的间接、迂回的说话方式的深处潜藏着非同寻常的
自尊，这是确实的。

来日之前的阿礼国

阿礼国是英国第一代驻日公使。他于 1859 年 6 月 4 日乘坐英舰桑普森号到达长崎港，比美国的佩里提督进入浦贺港晚了六年。他离开日本的四年后正好是明治初年。他在日本待了近四年，正是日本多灾多难的动荡时期。

在他来日本的前一年，英国特派使节爱尔金伯爵（Earl of Algin 1811—1863)来打日本，和幕府之间缔结了日英修好通商条约。阿礼国是根据这个条约来日的，身份是特命驻日全权大使。当时，他五十岁。此前的十五年，一直作为外交官待在中国。

这个时候，美国公使哈里斯已经在江户了。阿礼国以不能以上述使节身份与各国外交官对等交涉为由，决定等待本国政府的追认，自称英国公使。正如从这件事中也可以看见的那样，他是一个强有力的外交官。来到日本不久，他就开始在各国驻日外交官之间取得领导地位。英、法、美、荷联合舰队炮击下关强硬政策的推进者就是他。

他乘坐桑普森号从长崎港返航，6 月 26 日在品川海面停锚，7 月 6 日就在高轮的东禅寺设立了英国外交代表部，并挂出了国旗，不久就是在这里遭到江户武士浪人的夜间袭击。他到达江户正是开国派与攘夷

派抗争最激烈之时,外国人遭暗杀事件频频发生,对他来说,充满了危险。樱田门外之变就发生在第二年。在上海工作期间他失去了最爱的妻子,在日本,他是独身。

他原来是个医生。刚当上医生,就从军并被推选为奔赴葡萄牙的义勇派遣军军医。因此机缘,他在伊比利亚半岛前后待了十二年,或作为军医或作为外交交涉委员活跃在当地。从军过程中,他研究欲望强烈,以搜集的资料为基础撰写医学论文,还因此两度获得奖赏。他还擅长绘画。学生时游学巴黎,学习过法语、意大利语、美术、医学。逗留日本期间也是个很努力的人,过了三年才休假归国一次。此前的三年间记写日记不断,他依靠日记写出了《大君之都》两卷,出版是在他当时归国途中的 1863 年。他的努力程度简直让人吃惊。这一点,在爱尔金伯爵的秘书罗伦斯·奥利范特的身上也可以看到,结束仅三个星期的逗留,一回国就立刻开始准备出版,1859 年成功出版了两卷的书①。接下来,我们根据阿礼国上述书的内容,回顾一下他对面临问题的记述。

把握日本人的方法论

白天,在每个季节不同的时刻,骑马走在江户的街道及近郊,会看到街道及房屋不停地改变容貌表现出来,结果,骑马是学习"地理、政治、社会状况中他们的文明、做法、习惯"最开心、而且是吃苦最少的方法。不仅如此,就日本人的政治、社会状况而言,比起根据古老资料辑录者们所贡献出来的浩瀚无垠的书籍中所显示的成体系的方法,这种方法可以说是个赋予了生动真实观念的方法。②

前面,我们考察了锁国以前欧洲来日者和锁国期间出岛商馆馆员

---

① 罗伦斯·奥利范特《爱尔金伯爵遣中日史节录》二卷,伦敦,1859 年。
② 阿礼国《大君之都》上,山口光朔译,《岩波文库》,第 109 页。

们的日本论。前者记述的是作为新的精神价值传播者和日本人亲密交往所得到的日本人印象。虽说是印象，但似乎可以说是准确的特性把握。那些记述很生动，让人觉得那仿佛就是当时日本人的真实形象，有的很耐人寻味。而且，弗洛伊斯、罗德里格斯、卡隆等在各自的看法上，都有不同的个性。

锁国时代的日本论主要是出自出岛商馆馆员的记述，可以看到在更新侧面上的对日本人的把握，它是与此前所不曾见到过的日本动向相对应的内容。而且，出现了若干来自文明史观视角的观点。的确在锁国时代看到了与锁国以前所不同的日本人论。与世界的动向、人类灵智的进步和日本国内情势的变迁相对应，产生了外国人对日本人的新观点。

然而，在这位阿礼国身上，就对日本人的把握来讲，更可看到新的进展。我认为这要更多地归功于他在伊比利亚半岛、中国以及其他和日本不同的文化中生活过来的丰富经验，锻炼出他本来就很敏锐的观察不同文化的目光。当时正是日本面临动荡的时期，离"黑船"来到浦贺刚刚过了六年。上上下下正处于大骚动的关键时刻，他来到了日本。所以，要确立正确的方策，绝对需要正确把握时代前进的动向和日本人。为此，他观察的目光必须敏锐。在把握日本人方面，他表现出了在前人那里所未曾见到过的杰出的方法论。

他所谓的方法论，到底是什么呢？

上文里写道，骑马是观察的好方法。这听起来也许有点莫名其妙，但我从这里看到了杰出的方法论。要了解上层人士政治活动的性格，就应该知道庶民的生活。为此要扩大观察，那就没有东西胜过骑马了。马是当时最优良的交通工具，在现在来讲，就是乘汽车在城里转转之类的意思。据说，当时虽有武士官员随同，但并没有受到严格的制约。外表看似享受骑马的开心，而这实际是他有意识尝试的观察方法。

他的想法就是，眼下重要的事情——这应该是更重要的事情——就是要了解幕府的政策就应了解庶民的生活。也就是说，上与下不是异质的东西，存在联系上与下的基础，知晓下则了解上。这与本妮迪克特的要了解政府的政策必先了解民众的观点相通，哈恩也有这样的观点。关于这两人,我们后面再详细看,要给这三人共同持有的重要概念起个名字的话,那就是文化。位于同一个文化中的上与下,具有同一性质的层面。因此,可以通过了解下来了解上。因为上不能直接接触到,下则可以自由观察,所以说要知上可以从知下开始。这里面存在一个很高明的方法论。幕府末期的阿礼国和明治中期的哈恩,当然都没有使用文明这个词。但是,我认为他们已经拥有了相当于文明的概念。正因为如此,阿礼国才产生了兜风似的调查方法,而带着那样的心理进行理解日本人的尝试诞生了了不起的结果。

比起书这样的资料,更注重在实地通过自己的眼睛观察、搜集材料的活的方法,可以说有经验主义的支撑。他多么像个经验主义国家的人。

奈维松在他的《英国人》中说,英国人"对没有经过经验考察过的理论性学说感到疑惑"[①],这就是英国的习惯和传统,尤其是关于人文、社会科学领域的内容。这种经验第一主义在阿礼国身上是有的。在英国殖民地的英国人行政长官中,很多人成了学者,其根本理由大概在于这种传统吧。不论是就新加坡创建者、《爪哇历史》的作者拉菲尔兹来讲,还是就阿礼国来讲,他们都是那些典型的官员。

外国人经常受到当局警告,说庶民讨厌外国人,外出有危险,但阿礼国知道没那回事,这多亏了他的实地考察。村里的人到底是怎样的呢? 为了知道这些,他曾经借口攀登富士山就出门了,途中与村民们接触,这才知道村民不仅不讨厌他,反而对他极其和蔼热情。

> 经过道路和田间小道,只能被引入和自然相一致的境界。这里的自然,和其他地方虽是一样,但很神圣,比在其他许多好地方都要神圣得多。自然不管人心怎么。但是,另一方面,见到人们单纯的礼节与热情,这与他们统治者的欺骗、胡说形成了有趣的对照。[②]

---

① 奈维松《英国人》,石田宪次·泰译,南云堂,1965 年,第 100 页。
② 阿礼国《大君之都》上,第 92 页。

在与含糊不清、顾左右而言他的武士官员的交涉中，简直无可奈何，也吐出了下面引文中的话。对庶民的看法与对那些官员的看法形成鲜明对照，是根据自己的观察。作为排解忧愤地在大街上骑马观察，对他来说，是重要的实地调查方法。

> 在江户，这些武士阶层的人以及将军的官员，来来往往。只要没有这些人，江户恐怕是远东地区最令人开心的居住地之一。气候比好望角以东的任何一个国家都要好。[①]

在国民中间，倾向于持续了二百多年的锁国时代的心情，以一种惰性的形式留了下来。同时，人们一边仍在孤立状态下过着和平的生活，一边对外国船只和异国人抱有猜疑和恐惧心理。很多人希望就像把荷兰人封闭在出岛一样，把横滨也变成出岛，让所有的外国人住在那里，没有必要开国。他们给幕府施加压力，于是，出现了暗杀洋人的事件。但是，外国的代表逼迫缔结条约，将军以下的官吏们非常顾虑。负责和欧美外交官打交道的官吏们，采取暧昧的态度，讲话支吾不明，难免不被认为是矛盾迭出。虽然他理解这样的情况，但他对官吏的印象是非常地坏。他完全不知所措，最后愤慨之下，甚至说出"想把这种胡说列为日本人第一恶德"的话。但是，他没有把这种恶劣的印象强加到一般日本人身上。

日本人论

> 还有，让人觉得似乎得到了对外国人发怒、实施暴行的许可时的官吏或武士，暂且不说，一般上流阶层具有完全的沉着、冷静和自制，通常说话时对部下及仆佣使用那种柔和声音，所以，可以看

---

① 阿礼国《大君之都》上，第128页。

得出来他们良好的教养,这点使他们显得像个绅士。①

对不是官吏的武士如此佩服。如前所见,对庶民也感到充满魅力。这样一来,他对整个日本和日本人是感觉到魅力的。而且,接着上文之后,他还有下面的话:

> 而且,仅就我所见到的来看,比起佩里提督的手记,让人感觉到日本低阶层——不管是普通人还是官吏——很少存在卑怯的奴隶根性。在高阶层对待低阶层的做法上,官吏般的高傲怠慢要少得多。

佩里到底是在什么地方说的(大概是从佩里的《日本远征记》,《岩波文库》3,第181页以后不断就"敬畏臣服什么人"的日本人所记述的段落中获得的感受吧),这暂且不说,如果说这两人之间存在差异的话,那也许就是由于两人本国的文化差异造成的差异。阿礼国观察日本人很仔细。再引用一些他的话。

> 日本人以自己的国家和国民而自豪。重视自己的威严,在自己的习惯及礼仪所要求的一切被无视或拒绝的时候,会感到受到了侮辱性的、非常无礼的对待。因此,日本人是耿直、循规蹈矩的国民,这很自然。这里所说的"自然"的意思是,因为他们自己意识到对上面讲的那些事具有敏锐的感受性,所以他们特别注意去竭力避免让人生气或让人不愉快的事。②

对侮辱很敏感,保护自己名誉的愿望很强,这些特点我们之前介绍过的人都说过了,最近的泰勒格和兹弗也强调指出过。然而,确确实实可以说前人的记述中所没有的,是引文的后半部分。就是日本人自己

---

① 阿礼国《大君之都》上,第197页。
② 阿礼国《大君之都》上,第171页。

「日本人论」中的日本人(上)

意识到自己对侮辱、非礼很敏感，所以很注意不让别人不高兴这一点，这个观察很细微。这点对现在的日本人也是适合的。这种待人心理是与把自己放在对方位置思考的强烈倾向联系在一起的。笔者在《文化构造与语言》①里尝试过对这一点的考察。这里先停留于记下这一点，我们继续往前走。

　　　　使自己谦卑的间接、迂回的说话方式的深处潜藏着非同寻常的自尊，这是确实的。一面认为因为自己使用了敬语、称颂语，所以，对方的回答也应该是更加礼貌的用语，一面双方规规矩矩地遵守着那样的说话方式。②

　　虽然使用了让自己谦卑的说话方式，但日本人并不一定就是尊敬对方，往往要求对方谦让。结果，常常自尊心很强。因此，自己对对方对自己的说话方式很敏感，而自己又很留意不让对方不高兴。因为都是过了度的日常的心思，所以说，日本人是双方都拘禁难过、讲究形式的国民。能把握这种情况，是因为他很熟悉日语。本来就很关注语言并认为语言反映国民性的他，来日本之后马上就开始了日语学习。关于这些内容，文献三十二③里都有记述。他捕捉到了日本人的这种心理，并对敬语误用带来的一系列结果，提醒同国家的日语学习者注意。

　　他还说，不仅限于语言，站行举止也有很严格的礼仪形式，和外国人之间出现很多不愉快的问题，也是因为外国人做出违反日本人礼仪的事造成的。甚至有这样的一件事，葡萄牙的大司教会见将军的一位高官时，从车上下来时，没有低头并膝盖着地，而这就构成了流放外国人和迫害基督徒的原因。他写到这是多么愚蠢的形式。

　　他对官吏胡说八道很生气，他阐述了那种与上下身份相对应的刻

---

①　筑岛谦三《文化构造与语言》，芳贺绥编《日本语讲座》第三卷，大修馆书店，1976年。

②　阿礼国《大君之都》上，第172页。

③　指阿礼国所著《大君之都》——译者注。

板到令人感到难受程度的礼仪形式,以及与之结合在一起产生的待人心理的特殊性,谈到了日本政治结构,还谈论到对日本文明评价的问题。

幕府政策给国民带来的影响

他在下卷十二章如下写道:

> 建立在封建基础上的日本统治,有两个世袭元首。一个是依靠神权,另外一个是握有实权掌控政治。前者称天皇,上溯其先祖,可达于神。后者虽然是事实上的政权掌握者,但是,要就位还需要由天皇来任命,与诸国订立的条约成立与否,要由天皇认可。天皇虽然衰微,但仍是主权的持有者,将军不过是行政长官。封建诸侯虽然名义上服从将军,但实际上是反目的。因此,将军有理由建立完备的间谍网络。在将军的行政组织里,有管理它的统领,统领把间谍派到各大名身边,让他监视他们。因此,真正意义上的自治体在日本国内任何地方都没有出现。

他是这样判断的。而且,他还说:在这样的政治形式之下,社会上胡说扯谎开始有广大的市场,这是很自然的。欺骗之巧妙如何在日本人中扎下了根,只要和官吏稍稍接触一下,就会立刻明白。扯谎被揭穿,他们一点也不感到羞耻。他们很难认可对真实的爱。以间谍组织及揭发为工具的日本政府,由此在全体日本国民中间播下了互不信任的种子,相互的信赖被推翻了。为此,毫无顾忌地扯谎开始成了家常便饭。[①] 他愤怒地写到,他刚开始是针对官吏,到了这里,他认为这个缺点也扩大到了国民中间。的确,政府官员带给民众的影响,任何时代恐怕都是不能否定的。

---

① 阿礼国《大君之都》下,第 242 页。

文明化的问题

在阿礼国来讲,民众在知性上和道德上得到启发,这就是进步,是文明化。他说,只要还有间谍组织存在,它就是在不断阻止文明化。他的文明化意识很强,于是,他写下了下面的内容。这里只记录一些要点。[①]

在日本,父亲卖掉女儿法律上是认可的,纳妾也当做是合法的。但是,出生下来的孩子因为男女各半,所以,当然也就一夫一妻制,任何地方都应该那样的,但子女买卖和纳妾打破了这种基本法则。这个基本法则得不到遵守的程度越大,社会离文明就越远,他说。

虽然他没有使用自然法这个词,但自然法思想作为判断社会现象的基准好像已经在他的思想里扎下了根。一夫一妻制是依据自然法而来的,与它相反的制度乃至习惯,他认为日本依然存在。如后文所见,在他身上,基督教信仰构成了他对事物看法的基石。我认为这种信仰和自然法思想在他的观念内得到培养,成了他完成任务和评价社会现象的强有力的支柱。大概可以说也是文明史观的支柱吧。[②] 于是,他又如下直言:

> 就日本政府和处于它下属的主机关来讲,那里全然看不到使人变得高洁的东西,毋宁说违反道德和文明的东西倒是很多。政府决定性地压制着思想、言论、行动的自由。[③]

结果,他断定政府阻止着社会进步。关于民众,他又是怎样看的呢?

> 政府虽然是那样,但与政府无关,有没有人在除了宗教、哲学、

---

① 阿礼国《大君之都》下,第250—252页。
② 阿礼国《大君之都》下,第255页。
③ 阿礼国《大君之都》下,第253页。

文学、艺术之外，还培养人们在智性、道德方面的认识，矫正上述来自于政府的缺陷，这个问题很重要，我不了解这方面的情况，当然不好说什么了。从中国、印度、欧洲吸收了儒教、佛教、学问的情况，我很清楚。但是，虽然这一切都可以成为走向文明化的诱因，但即使是它们很发达，它们仍然不能成为人们是理想型的人的证据。在文学、艺术繁荣最盛的希腊、罗马，如果按照理想的宗教认识来看，那里的人们不是与野蛮人一样吗？在日本，艺术是不是培养起了国民的道德心、提高了国民素质，还是只唤起人们卑鄙下流的情欲、使国民堕落了呢？我觉得这两方面的情况都大有存在。但是，无论怎样起到好的作用，另外一方的负面作用会抵消好的一方，而且有可能比好作用发挥的威力更大。①

站在道义准则上的时候，日本人是好还是不好，这里我们不做断定，但他说，即使文学、艺术繁荣，仍然有可能是野蛮人，这不得不让我们感到清教多么严厉。而且，事实上，他也说了下面的话：

> 基督教建立了一个即使在古代国家中文化最繁荣的国家也没有看到过的准则。我们必须按照那个准则评价所有的文明和它所具有的要素，即法律、政治、教育、妇女的地位、阶级的相互关系、财产的保护、犯罪的防止、艺术、学问、商业及政治、社会、教会等制度。②

在他来讲，支撑道义准则的是基督教。称道义准则，还是称基督教建立起来的准则，在他来讲，两个东西没什么不一样。

看下卷十三章西洋文明和日本文明对比的部分，就会很清楚，他的文明批判的准则就是基督教产生的道义准则。他说，基督教是现实所不可缺少的，从起源上讲，西洋文明依靠基督教形成的、排斥野蛮卑鄙

---

① 阿礼国《大君之都》下，第253—256页，大意。
② 阿礼国《大君之都》下，第255页。

的动机和不重视世俗的荣达的新的行动原理,在基督教中表现出来了,他还批判了当时流行的"最大多数的最大幸福"的学说。

他抓住了与基督教不可分离的欧洲文明和日本本来文明之间深层次的差异,就两个文明接触的问题,他也做出了思考,并进行了如下阐述。

东西文明的接触

假如有欧洲人误以为东洋民族处于比较野蛮的状态,认为自己有义务把更高度的文明和福音的教义传给他们的话,那么,我希望他不要忘记,东洋制度是东洋人和东洋诸国固有的东西,是他们一面相互影响一面经过长时间成长发展起来的。他们即使不从外国带回树木嫁接,也可以得到与欧洲人同样的发展。了解这点的话,强加于人乃至违背他们意愿的态度,最好是收敛一点。[①]

这里清楚地表示出他具有一个作为总的生活习惯的文化概念。而且,他对接触异文化的观点,也可以说很现代,应该是很合适的。尽管他是个很有宗教倾向的人,但作为视野开阔的文明批评家,他是个对自己所属宗教团体也持有很严厉批判态度的人。

这样一来,比起以往回顾过的欧洲人,他的日本人论有着不一般的差距。这是为什么呢? 锁国前的欧洲人是传教士,和日本人交往亲密,没有那么多必要搜集政治方面的知识。有弗洛伊斯、罗德里格斯那样例外的传教士,他们留下了日本人论。正如我们看到的那样,按照对日本人的感觉印象的如实记述,可以认为几乎都传递了真实情况。

锁国时代主要是出岛商馆馆员撰写的东西,因为都是优秀的人,所以都主动进行研究。虽说是监禁状态下,他们仍然能够获得方便,弄到资料,虽然有局限,但也可以观察,并汇集成著作。他们也有机会接触到日本政治,但他们的立场与以前的传教士大不相同,可时代毕竟是锁

---

① 阿礼国《大君之都》下,第263页,大意。

国时代。

　　然而,阿礼国的情况不同,他是在日本开国不久的时候,他周围的情况与以前有天壤之别。当时已经有很多外国人住在日本。外国代表者和幕府之间、他们的代表之间,外交交涉已经出现火药味。幕府内部对内对外忙得不可开交。正是在这样的时刻,他来到了日本。正如看到的那样,他从一开始就对日本研究倾注了热情,立刻开始学习日语,在杰出的方法论下开始了日本研究。为了让自己作为外交官的工作成功,他了解了当地和那里的人,这也是英国外交官传统的独特方法。现在,要完成自己新的任务,需要本国政府的支援,但那还不够充分。他想出版令人兴味盎然的有关日本的著作,唤起英国国民的舆论,通过舆论督促推动政府。两卷本的巨著于是就出版了。

　　前面,我们知道了希波尔特对人与环境状况的研究在他的日本研究中大放异彩。阿礼国的情况完全可以说是同样的,但是,环境状况进一步发生了变化。这样,与希波尔特比较,在方法论上,在内容上,阿礼国的日本人论结果呈现出大不一样的差异。大概可以说他在日本人论的领域内是个新跃上高端的人物。

寄托在著作上的心愿

　　要了解日本人,就观察庶民吧! 他认为要了解幕府的政策最好是了解庶民的生活这一点,即依靠自己的那种经验主义,在这里,我们看到了他的这个最大特色。他接下来阐述的出版意图和方法论使可以让人们确切了解日本和日本人的两卷本巨著出版了。

　　这本著作由他自己的日常生活、大君(将军)的首都三年间发生的大事以及日本各阶层的生活习惯和各种不同的记录、说明所构成。他写道:“我对各个阶层间的关系特别感兴趣,旅行途中有很多机会了解这些。我认为我可以满足想了解日本人性格、日常生活、行为方式、习惯的读者。”①作为外交官的记录,记述的范围确实是很广。他

---

　　① 阿礼国《大君之都》上,前言,第12页。

x

想让本国的同胞知道与日本政府交涉很困难,制造舆论,由此推动政府,从而得到支持和援助。为此,必须让同胞读这本书;为此,又必须写得有趣。由于这样的情况,所以出版了两大卷。而且,他还有一个愿望。

他说,考虑日本帝国和英国的关系时,极其重要的是要获得在日本人中可以看到的非常亲密的家族关系(family relation)的有关知识。第二重要的是了解现在封建制度的真正特性,即了解农奴(serf)和领主(feudal chief)之间的关系,以及这两者与主权者和政府当局的关系。这些是了解他们政策的不可思议和他们活力的秘密的关键。只有全面即包括习惯性思考和行动原理,而不是只从表面了解这些后,才能够正确看透今后的动向。[1]

他说有关日本的知识中家族关系的知识最重要,这是非常耐人寻味的。我觉得这里也可以看到一个方法论,即好像是认为社会机构、政治机构的中心是家族。有关的语言我原样引用如下:

> 据说"形成国民性的是家族",那是真实的。但是,很遗憾,我没能观察到日本的家族内部情况。似乎是有些独特的好地方,那到底是什么呢?我只能根据了解到的仅有的内容推测,此外毫无办法。掌握住这一点,在了解日本的国际制度、文明和将来方面,远比政治、行政机构重要得多。[2]

这个基本看法很精辟。最后,他有一段话告诉人们他为了做出正确记述和判断是怎样地小心谨慎,在这里援引如下:

> 关于未知国家的第一印象不一定正确。对厌恶的东西会夸张;亲近起来之后,对有特征的东西的感觉又会迟钝起来;个人的兴趣和不全面的知识,又会使判断变得歪曲或狂乱。但是,我没有

---

[1] 阿礼国《大君之都》上,第22页。
[2] 阿礼国《大君之都》上,第20页。

因为惧怕这些从而限制自己对印象的记录。我决定一面根据后来得到的正确知识对前面写下的新鲜的第一印象进行修正，一面继续写下去。①

他把握住了真实吗？关于这一点，根据他合适的方法论和谨慎态度等，部分内容暂且不论，就总体的把握而言，大概可以判断他没有什么大错。

---

① 阿礼国《大君之都》上，第72页。

文　献

1. Chamberlain, B. H. Thing Japanese, 5th ed. 1905（1st ed. 1890）（高梨健吉译《日本事物志》两卷，平凡社，1969 年，原著第六版，1939年）

2. 村上直次郎《耶稣会会员通讯》上，《新异国丛书》1，雄松堂书店，1968 年

3. 弗洛伊斯著，冈田章雄译《日欧文化比较》，《大航海时代丛书》11，岩波书店，1965 年

4. 松田毅一、约森《弗洛伊斯的日本备忘录——日本和欧洲的风俗习惯之差异》，《中公新书》，1983 年

5. 罗德里格斯著，土井忠生等译《日本教会史》上·下，《大航海时代丛书》9、10，岩波书店，1967 年，1970 年

6. 希隆著，佐久间正、会田由译《日本王国记》，《大航海时代丛书》11，岩波书店，1965 年

7. 岩生成一译《庆元英国书函》，《异国丛书》，雄松堂书店，改定复刻版第二次印刷，1970 年

8. 卡隆著，幸田威友译《日本大王国志》，《东洋文库》90，平凡社，1967 年

9. 塞利斯著，村田坚固译《塞利斯日本渡航记》，《新异国丛书》6，雄松堂书店，1970 年

10. 威尔曼著，尾崎义译①《日本旅行记》②《日本王国略志》，《新异国丛书》6，雄松堂书店，1970 年

11. Engelbert Kamper，History of Japan，vols，3，Glasgow，1906 年

（复刻本 1971 年）

12. 肯普费尔著,吴秀三译《肯普费尔参觐江户幕府纪行》上·下,《异国丛书》,雄松堂书店,改订复刻版第二次印刷,1970 年

13. 小堀桂一郎《锁国思想——肯普费尔的世界史思想》,《中公新书》,1974 年

14. 岑贝尔格著,山田珠树译《岑贝尔格日本纪行》,《异国丛书》,雄松堂书店,改订复刻版第二次印刷,1970 年

15. 泰勤格著,沼田次郎译《日本风俗图志》(原本英语出版,1822 年),《新异国丛书》,雄松堂书店,1970 年

16. 兹弗著,斋藤阿贝译《兹弗日本回想录》(原本荷兰语出版,1833 年),《异国丛书》复刻本,雄松堂书店,1966 年

17. Stamford Raffles, Report on Japan, ed. M. Paske-Smith,新版,1971 年(卡尔宗出版社),初版,1929 年(神户)

18. 石田英一郎《我的日本发现》,《自由》杂志 1964 年 1 月号

19. 会田雄次《亚龙收容所》,《中公新书》,1962 年

20. M. Paske-Smith, Western Barbarians in Japan and Formosa in Tokugawa Days,1603—1868 Kobe,1930

21. 坂泽武雄《希波尔特》,吉川弘文馆,再版,1963 年(初版,1930 年)

22. 希波尔特著,①中井晶夫、斋藤信译《日本》第二卷②斋藤信、金本正之译《日本》第三卷③中井晶夫、妹尾寺雄、末木文美士、石山祯一译《日本》第四卷,雄松堂书店,1978 年

23. 田宫仲宜《东牖子》,《日本随笔大成》第一期第十九卷,吉川弘文馆,1976 年

24. 多田义俊《南岭子》,《日本随笔大成》第一期第十七卷,吉川弘文馆,1976 年

25. 吉野裕译《风土记》,《东洋文库》145,平凡社,1969 年

26. 寺门静轩《静轩痴谈》,《日本随笔大成》第二期第二十卷,吉川弘文馆,1976 年

27. 雨森芳洲《多波礼草》,《日本随笔大成》第二期第十九卷,吉川弘文馆,1976 年

28. 桃西河《坐卧记》,《续日本随笔大成》第一卷,吉川弘文馆,1979 年

29. 广濑旭庄《九柱堂随笔》,《续日本随笔大成》第二卷,吉川弘文馆,1979 年

30. 平田笃胤《气吹舍笔丛》,《续日本随笔大成》第五卷,吉川弘文馆,1979 年

31. 田宫仲宜著《愚杂俎》,《日本随笔大成》第三期第九卷,吉川弘文馆,1977 年

32. Alcock, The Capital of the Tycoon: a Narrative of a Three Years' Residence in Japan by sir Rutherford Alcock, K. C. B., Her Majesty's Envoy Extraordinary and Minister Plenipotentiary in Japan, two vols., London, 1863(山口光朔译《大君之都》三卷,《岩波文库》)

33. Laurence Oliphant, Narrative of the Earl of Elgin's Mission to China and Japan, two vols., London, 1859. 冈田章雄译(仅第二卷)《爱尔金伯爵遣中日史节录》,《新异国丛书》9, 雄松堂出版社,1968 年

34. 奈维松著,石田宪次・泰译《英国人》,南云堂,1965 年(Nevinson, W. H., The English, 1930)

35. 筑岛谦三《文化构造与语言》,芳贺绥编《日本语讲座》第三卷,大修馆书店,1976 年

明治时代

福泽渝吉

（Yukichi Fukuzawa 1835—1901）
在日本的各个方面都可以看到权力的不平衡，它渗透到所有的事务之中。

整体看法的重要性

攘夷派决心打开国门、反对幕府，活动频繁；同时又发生了樱田门外之变，以及东禅寺的英国代表部受到袭击，再加上生麦事件等，在这个动荡的年代中，外交团的领导者阿礼国为了拓展外交关系，从外部向幕府施加压力。与此相对，不久之后福泽渝吉作为日本人，在日本内部产生了很大影响。同时，他也强有力地推进着明治维新——走向文明开化的进程。1860 年他随着"咸临号"的遣美使节团一起去了美国，1861—1862 年间，他加入了这个使节团，并于 1867 年再次前往美国，先后三次访问了西方世界。以这些经历为基础，他于 1866—1869 年分卷出版了《西洋见闻》一书。这是他的第一本书，在幕府末期到明治维新时期发挥了启蒙者的作用。1872—1876 年他同样分卷出版了《劝学篇》，其中出现了"上天不造人上之人，亦不造人下之人"这样的语句。明治八年（1875 年），他又出版了《文明论概略》一书。

这本书认为要实现日本的独立，就必须吸收西方文明，进而提高素质，实现个人的独立，是一本在深层意义上的启蒙书籍。把它视做讨论日本人的书，乍一看好像不合适，但因为以下几个理由，又是可以的。

非但如此,它还是必不可少的一本书。

当时是一个需要启蒙书籍的时代,所以他接连出版了这些著作。这是因为妨碍个人自由、独立、平等的因素根深蒂固地存在于社会之中。儒教作为幕府的支柱被一直守护着,其信奉者在社会中拥有很大的势力。他不断发表文章针对这些儒者及其影响下的有识者进行论述,并通过这些文章清楚地描绘出一种倾向——那可以说是当时一般日本人的传统的倾向。

这并非他有意识地集中地展开日本人论,而是在他以较文明的观点撰写出的启蒙文章当中,鲜明地浮现出了当时的日本人的形态。让人感受到他是在动荡的时代稍稍平静、欧美文明被逐渐引入的时候,专心致志地写出了这本书。

> 文明之义既可作广义解,又可作狭义解。若作狭义解,即为徒以人力增加人类需求或增加衣食住等外表修饰;若作广义解,则指不仅限于追求衣食住之安乐,更指研智修德,把人类提高到高尚的境界。

> ……本来人类以交际为天性,与世隔绝不产生才智……文明即用以表示人类交际活动逐渐改进,向良好方向前进之势,意为与野蛮无法的独立相反,形成一个国家体制。

> ……文明恰似一个大剧场,制度、文学、商业及以下之部分(工业、战争、政法)犹如演员……文明恰似海洋……文明恰似仓库。①

> ……文明乃人类智德之进步。然则若此处有一智德兼备之人,可否称其为文明之人?然也,可称其文明之人。然而,其所居之国可否称文明之国?未必。文明不可以人而论,当从全国范围进行考察。②

---

① 福泽谕吉《文明论概略》,《岩波文库》,1949 年第九次印刷(1931 年第一次印刷,1875 年原版),第 45—46 页。

② 福泽谕吉《文明论概略》,第 59 页。

引用上面两段文字,是为了弄清楚他所说的文明究竟是什么。他认为"外部文明易取而内在文明难求"①,内在文明是精神上的文明,因此把握文明的精神层面才是最重要的。他将这种精神称做人民的风气,"若探得此风气所在之处,则天下事物无一不明,察论其利害得失也易如探囊取物"②。这是指:一旦把握住人民的风气,就能马上看出国内的每件事情是向着文明进步的方向还是违背文明进步的方向。这体现出了他观察社会现象时的视角。

为了说明这一点,他还进行了论述,主要内容如下:

要统计一国的山泽,就必须测量国内的每座山和每个沼泽,算出总和。仅看到偶然出现的大山或大沼泽,是不能判断出到底是山国还是泽国的。因此要把握全国人民的风气,了解智德的情况,就要"从其全体活动所表现出的社会一般现象进行考察,也可不把此智德称做个人智德,而称做国家智德"③。这是说要了解国家的智德,虽不能和测量山泽一样,但也要全面地观察智德的表现,以此进行考察。他还说到,国家智德的发展就像大风、河流一样,要看清楚其方向,就必须身处能够观察到其运动的地方,进入房屋之中则感受不到大风,仅注视堤边就看不到水的流动。中国自负为礼仪之邦,但从当前的社会状况来看并非如此,应被称做守礼仪的人居住的国家。这段话体现出了他的实证主义精神。也就是说,要了解森林就必须观察森林,不能只观察树木;要了解看不到的事物就必须以能看到的事物为线索进行观察。评判人的一生不能仅从其某个特定阶段出发。丰臣秀吉在作为藤吉郎、羽柴、太阁时,想法是不同的。学者们在评判他的一生时往往仅依据他担任太阁时的言行,这是不对的。从以上论述中可以进一步看出他的实证主义思想。但仅仅说实证主义还不够,其中还能看出观察整体的重要性。在各个部分组合起来形成一个整体时,就不能执著于观察每个部分而忽视整体。这本来是他在解释如何基于实证的思想来把握实际情

① 福泽谕吉《文明论概略》,第 24 页。
② 福泽谕吉《文明论概略》,第 59 页。
③ 福泽谕吉《文明论概略》,第 60 页。

况,结果却成了阐述他捕捉文明这个整体时的心得。于是,这也可以理解为他在论述观察文明的方法论。为了进行下面的论述,我觉得有必要叙述一下上述内容。

习惯不讨论

有人说,众议固然值得期待,但对于愚民来说行不通,因此必须于专制体制下等待时机。而等待的这段时期就是人民产生智慧的时期。但是,人民的智慧并非夏天的草木一样可以在一夜间出现。尽管也有人很早就拥有了智慧,但要在全社会体现出人民智慧的力量,就必须使其形成习惯。举个例子来说,现在政府年收入的约五分之一为华族和士族的生活费。这些钱当然来自农民和商人。如果废除这个制度,那么农民和商人就能从每年缴纳五俵米减少为缴纳四俵米。是否将自己拥有的财富交与他人,没有哪个农民或商人不清楚其中的得失吧。关键就在于大家集中在一起议论问题,不这样就无法产生能起作用的智慧。进行讨论的习惯在西方各国都存在,但在这里没有。习惯于息事宁人,该说的不说,无法出现争论,默默忍受再明白不过的不公平的损失,这是很奇怪的事。争利,就是争理。[①]

明知对自己不利,还默默忍受着的人民是愚钝的,正因为愚钝,该说的也不说。要摒弃这种愚钝、拥有智慧,就必须形成集体讨论的习惯。福泽认为,西方各国正是因为有这种集体讨论的习惯,才有超过个人才智的才智在起作用。他还作出诊断,认为日本正是没有集体讨论、进行众议的习惯,人民才没有智慧和勇气,盲从于政府。

今天,福泽的这个诊断是不是也可以用在我们身上呢? 该说的事情不能自由地说出来,这种现象现在依然很多。我们无法否认成人的社会中存在自我主张的缺失。"和大家一样就不害怕了"这种跟风或是

---

① 福泽谕吉《文明论概略》,第90—91页,大意。

随大流的言论、行为随处可见。但是在离开了群体后,遵循道理发表自己的意见或进行自我主张的现象在一般民众的生活中仍然很少,这是现实。在禁烟的电车中去提醒别人不要吸烟时,即使被别人骂道"滚下车",也不会有人来帮忙。这类事情已经司空见惯了。换句话说,不能认为"沉默、不出头"的现象在福泽的时代之后消失了。福泽对这个现象的诊断也适用于当今的日本人。

然而,认为上述现象源于缺少集体讨论,会让人一下子觉得无法认同。这是因为集体讨论就是指会议,而在当今开会已经成为习惯了。本来在政府、公司、学校等组织中,为了讲清道理而开会是很寻常的,不开会组织就无法存续。但是在一般民众的生活之中,为了说理而召开的会议很少。以会议为准线,可以把社会分成上述两部分。在组织中工作的人回到家里也是普通民众,既不是与"沉默、不出头"现象绝缘的人,也并非彻底脱离"和大家一样就不害怕了"的人。

于是,就会感到福泽把"该说话的时候不说"、也就是"沉默、不出头"的现象归咎于缺少集体讨论是不对的。如果这样的话,我们该到哪里去寻求它的原因呢? 我倒觉得,可以把它归结于日本人相互之间细腻的交往心理。这种心理具体来说就是体贴、难为情、害羞、客气、畏惧等。日本人在与人交往时有如此细致的心理运动,由畏缩的态度产生了"沉默、不出头"、"沉默是金"等想法,抽象地说就是消极的态度。福泽深切感受到"沉默、不出头"是日本人的弊病,是因为他去欧美旅行过。上文说过的①阿礼国则是从西欧来到日本,将日本人细致的交往心理视做日本人显著的特征。按现在流行的说法来讲,就是从比较文化的观点出发得出的一大发现。我曾经从语言的角度讨论过这个问题,②日语中"我"这个第一人称代词也可做第二人称代词使用,我认为这一少见现象与上述细致的交往心理有关。③ 顺便说一下,这种细致的交往心理本身没有善恶之分。我也并不打算将它作为"沉默、不出

---

① 指本书上卷——译者注。

② 筑岛谦三《文化构造与语言》,芳贺绥编《日本语讲座》第三卷,大修馆书店,1976 年。

③ 筑岛谦三《思考日本人——以心理比较的立场》,大日本图书,1977 年。

头"的必然原因。它容易转化为体贴之心，此时转化为善；它又容易产生"沉默、不出头"的现象，那时又转化为恶。拥有细致的体贴之心的同时，遵照道理进行自我主张、不让自己埋没在集团之中，也并非不可能。传统的日本式的交往心理本身不好也不坏，它绝不是日本人的缺点。

接下来，福泽认为即使不是智者，只要聚集起来进行讨论，就能像智者一样行动。集体讨论对社会的进步很重要。他主张利用过去的日本不存在的集体讨论的习惯给日本人带来智慧，但他却没有论述为什么西方有这种习惯，而传统的日本没有。日本果真能说没有这种习惯吗？他留下了这个问题。

接着，他又将日本与西方各国进行比较，猛烈抨击日本的劣根性。

> 将日本人的智慧与西洋人的智慧进行比较，会发现日本人在文学、技术、商业、工业等所有方面落后很多。人家有蒸汽机车，我们只有大板车；我们用日本刀，人家用手枪；人家发现了六十个元素，我们却在讲阴阳五行；我们将这里视做神州，人家将国土扩展到全世界，将国内修建一新。毕竟双方的智慧有天壤之别。日本需要的就是智慧。①

他说，文明就是人类智德的进步，然而对现在的日本来说，智慧比道德更加紧急，"学者们哪，你们千万不能忘记这一点"。他认为信奉儒教的学者们是非实用性的，他们遵从于夹杂着非科学思想的宗教式学问。福泽对此感到愤慨，因此多次呼吁"学者们哪"，笔风中带有责问的语气。

权力的不平衡

在日本的各个方面都可以看到权力的不平衡，它渗透到所有的事务（人际关系）之中。权力的不平衡也是民众的风气之一。学

① 福泽渝吉《文明论概略》，第119—120页，大意。

者们讲起权力，就容易只把它看做存在于政府与人民之间的事物，其实只要有人与人的关系，就存在着权力。打碎晶体后每个大大小小的碎片都显示着之前的本体的形状，同样我们考察一下日本全国，每个交际活动都显现出权力的不平衡。在男女关系之中，在父子关系之中，在长幼之间，在师徒之间，在贫富贵贱、新老资格、嫡系旁系之间都存在权力的不平衡。它也存在于大藩和小藩之间，存在于总寺分寺、总公司分公司之间，而官吏之间更为显著，一个人受到上级的压迫，又去压迫下级。名主①受到差役的压迫，固然让人同情，但当他回到村里之后，面对贫农，又像之前的差役一样趾高气扬。强制压迫的循环永无止境，这也真是奇观了。②

    他所叙述的是由上下等级产生的力量差距。他使用了让人感到夸张的权力这个词，是说本来权力的"权"是秤的意思。秤的一端由于力量强大而倾斜，这称做权力的不平衡。这并不只是统治者与被统治者之间的力量关系。只是在今天，上下等级并不一定伴随着强制压迫，因此"权力的不平衡"对现代人来说会感到稍许有些言重了，但它绝没有消失。无论是权力不平衡的场合还是单纯的上下等级关系的场合，两者的人际关系在语言上都与敬语、更确切地说是与由地位不同而产生的话语不同相联系的。但是，福泽提到了"御"这个词，却没有讨论敬语。

    他所说的权力的不平衡，也是在将日本与西方进行比较后，浮现在意识中的日本人的特征。虽然它也可以说是当今日本人的特征，但由于太接近日常生活，因此即使它会被有识之士作为话题来讨论，但对一般民众来说，就像吸入的空气一样平常。

    警察不显示权力，变得亲切了；政府待人接物也改善了；官民双方都很细心地避免出现侵犯人权的言论与行为；还出现了女性站长，并由赞美这种现象开始，女性快速进入社会上层。这些都让人感觉到社会

---

① 指小庄园主——译者注。
② 福泽渝吉《文明论概略》，第 162—163 页，大意。

在民主、平等方面进步很大。即便如此,福泽所说的权力的不平衡依旧扎根在社会之中。真正地服从于正确事理、倾听正确道理的现象在社会上还不多见,在长期的封建体制下被日本人熟悉的、有效运作的上级、下级的人际关系形态还是会在不经意间表现出来。道理以外的种种权力关系处于优先地位,这种现象常常出现。格雷戈里·克拉克曾说过在发生利害冲突时,日本人首先考虑的不是利益而是名誉。① 这倒也没什么问题,确实是存在的吧。但从整体上来说,只要"理"还没有成为社会的主人公,"权力的不平衡"就将持续。由几股力量一起推动来解决问题的这种构造存在于人们内心,正意味着"理"被隐藏、却存在着自古就有的"权力的不平衡"。在"理"销声匿迹的地方,旧习惯就会复活。他说道:"无登政府之位而忽改平生之心事之理,或曰身在政府恣意掌权即显平生之本色。"②这是说,政府要人并非一开始就处在其地位,而是从普通的"国人"晋升而来的,晋升之后就称做官吏,然而即使在成为官吏之后,之前的心理的倾向依然存在。他认为这种心理的倾向就是"国民的风气",是"文明的精神"③。用现代的话来说就是国民的性格特性。他花了五页的笔墨来力证此国民特性遍布在国民之间,将其称做"我国国民一般不可避免之流行疾病"④。接着,他又说到这就是西方与日本显著的区别。

这个流行疾病是如何产生的呢? 有人从自然条件中寻求其原因,然而福泽认为如果这种说法是正确的,就已经无可救药了。但他的论述也仅止于此,然后进行了下面的论述,仅为了显示出"事态的发展"。

权力不平衡的产生过程

很久以前,拥有杰出的体力与智力的人,同自己的亲戚、朋友一起

---

① 格雷戈里·克拉克《日本人——独特性的源泉》,村松增美译,SIMUL 出版会,1977年,第 48 页。

② 福泽谕吉《文明论概略》,第 164 页。

③ 福泽谕吉《文明论概略》,第 25 页。

④ 福泽谕吉《文明论概略》,第 164 页。

成为统治者,这恐怕就成为"上"、成为"主"、成为"内",而被统治的人就成为"下"、成为"客"、成为"外"。福泽将这种上下、主客、内外之别评价为"此二者乃日本人际交往中最显著之特征,恰可称为我文明之两种元素"①。这也就是他的推断,认为在日本,统治者与被统治者的区别是决定了人与人关系的原理。

在作出这个推断的同时,他还论述到,在统治者内部出现了王室,形成了多个统治集团,来对付被统治者——人民。王室存续的时间越长,人民就越服从于王室,结果全国的土地和人民都成为王室的私有物品。仁德天皇看到炊烟便说"朕已富",这就显示了他认为天下乃自己的私有物品。进入武士政权时代后,直到德川时代为止,统治者与被统治者的关系仍未发生质的变化。由于政府与人民这两个元素最为醒目,因此学者们只从这两个元素出发,将日本的历史看做王室的历史、政府的历史。这是他们的疏忽。他认为:决定了这人与人关系的原理同时存在于统治者及其拥有的被统治者之中,也就是说古代的原理在历史中没有发生变化,它依旧阻止着文明的进步。他说只有抛弃只偏重统治者的史观,将统治者与被统治者的关系看做一个整体,才能够发现产生于其中的特质——权力的不平衡不仅仅存在于统治的领域——统治者与被统治者之间,还存在于所有的人类集团中,贯穿于个人与个人的交往之中。这才是全国人民的风气。福泽在他的时代发现了权力的不平衡,将其称做古代之物,这非常有意思。

其次,他将统治者和被统治者分别划分出内部和外部。如果这两个元素的区别是决定了权力的不平衡这种人与人关系的原理的源头,那么这一原理中是否也结合了决定人与人关系的另一个"内·外"的原理呢?

最终他提出了存在于日本人身上的上下意识和内外意识,并认为它们作为古代的事物,都通过历史保留了下来,是在决定人与人关系方面发挥了重要作用的、存在于日本人身上的一大原理,也是阻碍进步的事物。他并未使用"原理"这一用语,但因为这不是简单的附属性的、能

---

① 福泽渝吉《文明论概略》,第 156 页。

够用形容词来表现的事物，而是其本身就是约束着人与人关系的意识乃至精神，因此我将其称做"原理"。

本以为福泽既然谈到了权力的偏重，就会顺便谈一谈敬语，但他却没有提到。唯一的例外是提到了"御"这个词，我在前面已经说过了。他在进行了有关武家时代之前的王室时代中的统治者与被统治者的论述之后，马上写道："直至后世仍有'御国'、'御田地'、'御百姓'等称呼，此'御'字乃尊敬政府之语，意为全日本之田地及人民身体均为政府私有物品。"①即"御国"这个词是对政府说"你的国家"的。但在小学馆的《日本国语大辞典》里没有这个用法的例子。

虽然不是敬语，但他还谈到了一个和语言有关的例子。"沿袭古代，有'国家'一词。此'家'非指人民之家，乃掌权者之家族或家名之意，因而国即为家，家即为国，甚至以富政府而高呼国益。"②

他说《易经》和圣德太子的十七条宪法里均有这个词，战国大名也将自己的领地称做"国家"。这些词是将国比作家，再将家和国放在一起来表示"国家"这个意思的吧。可是福泽对"国家"这个词做出了前文中的解释。被统治者是使统治者的家——也就是全国——富裕的手段，是奴隶，而不是家族成员。在将国看做家这一点上没什么不同，但却意味着这仅仅是统治者的国、统治者的家。在这种政治形态下正存在着权力的不平衡，并能在任何人与人的关系中看到它。福泽认为只要还存在这种不平衡，"无论天下是乱世是治世，文明绝无法进步"③，找出治疗此病症的方法正是政治家的任务，而自己只是描述出"病情"而已。

权力的不平衡妨碍国家独立

他说到，日本曾经没有和外国的交往，是个独立国家，但那只是偶

---

① 福泽渝吉《文明论概略》，第166页。
② 福泽渝吉《文明论概略》，第186—187页。
③ 福泽渝吉《文明论概略》，第190页。

然获得了独立,就像没有遭遇过风暴的房屋一样。而现在日本必须在大风暴之中依然屹立不倒,这就需要文明,需要智慧的进化。他认为当前日本的独立才是目的,文明是达到这个目的的手段。虽然也存在并非国家独立所必需的文明,但对现在的日本来说重要的是能保护国家独立的文明。① 在权力不平衡这种病症的状态下,广大国民的智慧无法进步。必须将病治好,但这是一个难题。"欲求欧罗巴之文明,需先难后易,应先改革人心,次及政令,终至有形之物,从此顺序,则事虽难行但实无妨碍,乃可达目的之路。顺序颠倒则事虽似易行,其路旋即阻塞……"②

日本的文明落后于西方的文明。落后文明就要受先进文明所制。他在想到这点的一瞬间,就开始思考怎样才能保全国家的独立。引导着他的笔墨去写《文明论概略》的,正是"本国独立"这四个字。

他作为文明批评家,提到了日本的过去和现在,预想了将来,从教育国民的角度进行了论述。这正是一本国民启蒙的书。

我很深切地感受到,也许他预料到了当时会受到广泛的反驳,因此就像在拿出勇气斥责反对者一样,精神抖擞地写下了很多词句。他是在充分咀嚼了欧美的知识、思想之后写下此书的。为了让人们为日本国的现状感到焦虑,他倾注心血,揭露出日本落后于西方的现实。

福泽与阿礼国

在提到他的问题意识的时候,自然就想将他和阿礼国进行比较。因为在这两个几乎生活在同时代的日本的人之间,有着许多共通之处。

福泽比阿礼国年轻二十六岁,这几乎是父子之间的差距。阿礼国五十岁来到日本时,他才二十四岁;在他 1860 年乘着"咸临号"前往美国时,阿礼国正在江户。简单总结一下,他们有如下的共通之处:

首先,两人都是文明批评家。福泽将智德的进步看做文明开化,但

---

① 福泽渝吉《文明论概略》,第 232 页。
② 福泽渝吉《文明论概略》,第 27 页。

是认为对日本来说更重要的是智而不是德。阿礼国则更重视德,并把基于基督教精神的道德进步看做真正的文明开化。

福泽把权力的不平衡看做是日本人无处不在的特征。他所说的权力的不平衡指日本人之间是不平等的,总是存在优劣之分,劣的一方要受优的一方所制。结局就是日本人身上存在身份等级意识。阿礼国则谈到日本人中存在严格的上下等级,以及与其相伴的严格的礼仪,于是有很强的互相挂虑的心理。此时他采取的视角是将日本的国民视做一个整体,从超越阶层的全局层面上来观察日本人,认为想知道幕府的行为方式,就要观察庶民生活中的习惯行动,无论上还是下,总之都是日本人,拥有同样的性格。福泽也说道:"从人们交际至大之处到至细之处,不平衡无所不在……"①两人都严厉批判了当时的统治者——幕府。

打开国门后的日本允许自由地观察及发表意见,因此两人都倾吐出了真实的想法。阿礼国是为了完成自己的任务,福泽是为了促使日本人实现精神上的文明开化。尽管阿礼国的书是由英国人为了英国人的利益而出版的,但他身上也有着对日本人走向文明的热切希望。这又是一个可以指出的共通之处。

---

① 福泽谕吉《文明论概略》,第 186 页。

E. 贝尔兹

(Erwin von Bälz 1849—1913)
这是因为日本人天性热心，常常互相帮助，但大多数情况下这只限于熟人之间。

受聘用的外国人贝尔兹

阿礼国是 1864 年 12 月 24 日离开日本的，之后四年左右就进入了明治时期。1868 年本为庆应四年，当年 9 月 8 日改元，是为明治元年。日本人在创立沼津军校的同时，开始引进西方的外部文明（技术、制度）。全国上下追赶先进国家的热情高涨，政府制定了聘用外国人的制度，从欧美聘用了很多外国教师。贝尔兹就是其中一人。

明治九年（1876 年）六月七日他到达横滨，在东京大学医学部的前身东京医学校担任生理学兼内科医学教师，签约任期是两年，当时他二十六岁。

他为创建东京大学医学部而努力，并致力于其发展，贡献很大。他还担任宫内省侍医，为板垣退助和岩仓具视等诸多重要人物进行过诊疗。

他也曾列席过宪法发布的仪式，经历过日清①、日俄战争。他通过与最高级政治家的交友了解到了日本的国际关系中的微妙之处。他的

---

① "中日甲午战争"的日方称法，以下均译为"日清战争"——译者注。

日记①中记录了这些内容，加入了他的感想，并被出版。这本日记记述了明治时期的日本前进中的某些侧面，同时也告诉了我们他所认识到的当时的日本人的面貌。

他娶了一个日本女性，用他的话来说，在日本的生活是没有后悔的日子。他带着妻子、从横滨挥别日本的时候已是明治三十八年（1905年）六月十日了。他在日本度过了长达二十九年的时光。当他在德国得知，对他来说"在日本最好的知己之一"的伊藤博文在哈尔滨遇刺（明治四十二年[1909年]十月二十六日）后，马上在报纸上发表了悼念伊藤公的文章；约三年后得知明治天皇去世时也写了类似的文章，使德国人了解了天皇在日本的地位、明治大帝的性格及其生活的一部分。第二年的 8 月 31 日，贝尔兹自己也长眠在了德国。

他很细心地记了日记。日记中对政治、教育、社会、外交以及其他重大事件的记述，让人读起来兴致勃勃。而且其落笔自由，酣畅淋漓。比如说关于日俄战争，他从战争的开端写起，栩栩如生地记载了战况、国内形势、国民的日常生活等等。正是由于这个原因，当时第一部的日译版没有被出版，倒是第二部上、下册的译文先被出版，而且被当局删除了其中一部分。②

例如其中写到报纸和政论家主张开战，但政府保持冷静，海陆军似乎都认为即使获得胜利，损失也和得利差不多；③虽然很难相信日本在议和中的让步，但他们也使出了全力吧④等等，这些都很引人注目。这是因为和一般的日本人不同，它谈到了政府内的实际状况。

他写了如下的话：

> 想理解异国国民的人，必须努力习惯于该国国民相同的思维方式和视角，在此基础上解释其看法及习俗。他需要学习其语言，

① 贝尔兹《贝尔兹日记》四卷，菅沼龙太郎译，《岩波文库》，1961 年第九次印刷（1951 年第一次印刷）。

② 贝尔兹《贝尔兹日记》第一部（上），译者前言。

③ 贝尔兹《贝尔兹日记》第一部（下），1903 年 9 月 15 日，第 127 页。

④ 贝尔兹《贝尔兹日记》第二部（下），1905 年 8 月 29 日，第 183 页。

自由地与该国的人们直接交往，排除一切偏见，客观地批判其国情与国民。于是，这样做之后，他就会感受到在长期与异国文化进行接触之中，自身也发生了一种独特的变化。越是研究，他就越会在批判时变得小心、变得谨慎。他会领悟到认识的困难，以及正确进行批判的困难。他会明白认为异国国民的生活和风俗习惯中存在很多可笑之处的人，是在嘲笑一些自己根本没有理解的事物，因此结局只能使自己成为他人的笑柄。①

他在说到理解异国文化、理解异国国民的困难性的同时，也谈到学会语言、直接与人接触是必不可少的。他还提到在长期进行这种接触后，自身也会发生某种变化。这一点很有趣。两个人持续进行接触、相互理解很深之后，互相之间渐渐感受不到丝毫的排斥感，各自产生某种变化，这种体验说起来应该每个人都会注意到吧。也就是说两人之间会产生在相互接触之前没有的某种东西，这就是能够触动人们细微之处的语言。没有这个某种东西，也就不会有相互的理解。熟练掌握日语、对日本人有着较深的文化理解的外国人身上会体现出一些与日本人相似之处，这就是贝尔兹说的自身发生了某种变化吧。

从他的良苦用心来看，可以推测出他对于日本人的观察和见解并非表面认识。在接触了这个问题之后，下面再来探讨一下他是如何看待日本人的。在此之前，先举出下面的一段话，看一看他是怎样看待当时的形势的。这是他抵达日本几个月后以书简形式写下的东西。

令人想念的朋友们！
······
大家应该是这样认为的吧——即日本国民在不到十年之前，还处在拥有封建制度以及教育、修道院、行会等组织、和我们中世纪的骑士时代一样的文化状态之中，却一步从昨天跳入今天，飞越了我们欧洲文化发展所需要的足足五百年时间，试图马上而且是

---

① 贝尔兹《贝尔兹日记》第一部（上），第101—102页。

一次性地将十九世纪的所有成果吸收成为自己的东西。于是这便是一场真实的、惊人的文化上的大"革命"——因为既然是根本性的变革，就不能说是"改良"。而我则为成为见证人、目睹这极有趣的试验而感到幸运。①

贝尔兹认为，日本按照富国强兵的政策和福泽所倡导的政策、像洪水一样接收西洋文明，正处在文化革命的极盛期。他睁大了惊讶的眼睛，把它看做一次非常有趣的实验。

贝尔兹看到的日本人

我听到有人说很多医生专门从事注射治疗结核病，而且其中的多数人都将自己的药剂视做"秘密"……这和一个讲科学的医生是不相称的。

……医生到底是为了什么才学习的呢？是为了治疗患病的人们！病人请来医生，并不是因为医生刻苦学习、掌握很多知识，而是为了使医生应用这些知识，帮助病人。②

这是他在明治三十五年（1902 年）四月二日的第一届日本医学大会上演讲的概要，是从他的记载中引用出来的。他把这段话称做一种"遗言"。"日本的医学进步了，医生也增加了。但是，却出现了这些被欧洲人知道后将使日本的医生名声扫地的事情。医生是为了治病才存在的，因此必须重视实际的经验。医生不能过于强调学术，而视这些经验为等闲之物。医学是学问，同时也是技术；这一点无论如何都不可忘记"等等论述出现在上述引文的上下文中。下面也是他指出的重要的一点：

"我希望大家不要误认为我轻视医生的学问。我本人也常常发表

---

① 贝尔兹《贝尔兹日记》第一部（上），1886 年 10 月 25 日，第 24—25 页。
② 贝尔兹《贝尔兹日记》第一部（下），第 64、68 页。

学术性的东西。但是，我想大声提醒的是，解决纯学术性的问题或疑问，那是研究所的工作，不适合临床教学。年轻的学生本来就很偏爱理论性的知识，这是很危险的。"

他还说到，医生是为了拯救病人的，而不能是其他性质的人。科学也是完全为人类服务的，这样的想法才是支撑着科学的精神。在欧洲，长期的传统养成了这种精神。日本不能仅仅接受科学产出的果实，还必须吸取这种精神。虽然这很困难，但应该朝着它去努力。希望各位能通过与外国教师的接触学会它。他甚至把这些对日本医生的要求和期望称做"遗言"。之后又过了三年，他离开了日本。

他强烈地提出这些要求，正是因为这些非常必要。于是我们可以从中提炼出他的日本人观。

他还一针见血、直言不讳地说了下面一段话。这是他在明治十二年（1879 年）四月六日星期天，骑马朝着河畔的向岛去赏花时说的：

> 在顶多不过四米宽的河堤上攒动的人群，简直让人不相信自己的眼睛。我们虽然骑着马，却只能像人力车一样缓慢地前进，即使这样我们已经很满足了……因为我们能够充分享受四周的风景。啊，这是多么美丽的景色啊……而且，各种人混杂在一起向前行进的这一切，是多么肃静而井井有条啊！既无粗暴的行为，又无醉汉的高声呼喊——举止端庄已经渗入到这些国民的骨髓里了。①

这时的日本人还没有发生变化，被他称赞为彬彬有礼。可是他也说了下面一番话。福泽暗示到这是之前见过的外国人从来没有说过的话。

> 现在日本北部、特别是青森县正受到饥馑的袭击。一方面外国人募集了很多资金输送过去，另一方面日本人个人却不去想办

---

① 贝尔兹《贝尔兹日记》第一部（上），1879 年 4 月 6 日，第 56 页。

法。我猜测也许是日本人不觉得饥馑是什么大问题,而且对外人的伸手相助感到少许的不快。但是,应该没有感到难受的理由。稍晚一些,日本的报纸也募集到了资金,但是捐款寥寥无几。这是很不可思议的——这是因为日本人天性热心,常常互相帮助,但大多数情况下这只限于熟人之间。①

人们都说日本人天性热心。的确,日本人互相体贴,很热心。可是就像"哪来的家伙"之类词汇一样,日本人对于毫无关系的人,强烈倾向于不关心。在帮助他人而牺牲自己利益的现象之中,更普遍的是对熟人的关心。总而言之热心是针对熟人而非针对陌生人的。这一点引起了我的注意,我曾经在拙著②中提到过这个问题。对日本人来说,区分熟人和陌生人的重要性是不可否认的。介绍信会产生效果,携带介绍信也渐渐成为习惯,这一事实正是其真实写照。想获取利益首先要成为熟人,没有人会为了某个目的直接去拜访不认识的人,通过某个人的介绍而成为熟人是首先要做的。日本人面对熟人无法采取不热情的态度,但似乎在面对陌生人时,则有"旅行在外无相识"的心理在作怪。贝尔兹在明治时代就尖锐地指出:日本人的热心只是对熟人的热心。

这是发生在三菱重工爆炸事件③时的事。在某个重伤者身旁聚集了好几个人照料他,但另一个重伤者却没有人帮助。目击到这个场景的外国特派员觉得很不可思议。事后,他了解到受照料的伤者原来和那几个人是同一家公司的。日本人对待熟人和陌生人的态度的差别让这名特派员感到意外。④ 贝尔兹和这名特派员都受到了同样的现象的冲击。受到冲击是因为他们的祖国不是这样。在我们的社会中,人们在面对上述情形的时候,恐怕会很自然地采取这样的处理方式,而且觉得先照顾熟人是理所当然的吧。但是,如果在贝尔兹或特派员的国家,

① 贝尔兹《贝尔兹日记》第一部(下),1903 年 3 月 16 日,第 92 页。
② 筑岛谦三《拉夫卡迪奥·哈恩的日本观——对正确理解的尝试》,劲草书房,1964 年(1977 年增补版,1984 年新装版),第十五章。
③ 1974 年——日文原书编辑部注。
④ 山本七平《空气的研究》,《文艺春秋》1975 年 9 月特刊。

人们恐怕会分成几部分,使其他的重伤者也能得到照料。在面对紧急状况时,日本人没有这么做,这一点很重要。在面对紧急状况时,从个人的角度来看,采取的行动很符合个人的特征;从比较文化的视角来看,则很符合其国民的特征。

在上述事件中外国人对日本人的行为感到意外,由此可以肯定,这种行为方式对他们来说并非理所当然的,而是日本式的,从中可以看出日本人对待他人的意识的特殊性。

关于熟人、陌生人的区别,除了上面提到的拙著以外,我还有一次继续进行思考的机会。① 从中我摘取了下面一段话。相互成为熟人,既意味着拥有相互扶持的关系,又意味着相互成为行动的制约者。正因为如此"旅行在外无相识"这个谚语现在依然在使用。此外,在看到买票的队列中全是陌生人时便插队占先的情况频繁出现。如果有熟人在的话是绝对不会也不能这么做的。虽然这不能说只是日本人的特点,但贝尔兹说到的、上面的外国特派员觉得不可思议的这一点与福泽所说的权力的不平衡一样,是日本人身上存在的顽疾。

对于为了私利而将药物视做秘密的行为进行批判的贝尔兹虽然没有谈到这个行为与对陌生人不热心之间的联系,但在缺乏对他人的体贴关心这一点上,两者是有联系的。

在通过宪法尽可能广泛地限制了出版的自由之后,政府在第二个月就强行向超过五份的帝都(即东京)的报纸下达了暂时停刊的命令。这是因为这些报纸赞美了暗杀文化部森部长的凶手。不仅如此,在一首诗里竟然还含有对西野预定的第二目标——芳川氏幸存下来的遗憾。在上野的西野墓前也出现了宛如朝圣般的情景,特别是其中有很多学生、演员、艺妓,这不是个好现象。总而言之这显示出这个国家还没有到达采取议会制度的时机。在应当由国民本身来制定法律的这个时期,他们赞美暗杀者——尽管无论

---

① 筑岛谦三《思考日本人——以心理比较的立场》,第五章。

对于森的行为持有怎样的观点，这都太随意了。①

以上是他在 2 月 11 日制定、公布宪法的一个多月之后的日记。贝尔兹指责到，报纸由于称赞违法行为而被停止发行，这不是报社自己限制了出版的自由吗？在必须由国民自己制定法律的时期，国民和报纸却赞美法律的侵犯者，两者之间的矛盾非常尖锐，这说明日本还没有运用议会制度的资格。事实上，他在制定宪法时就提出意见，认为至少早了二十年，并因此使日本社会感到不快。在明治三十三年（1900 年）他写到，现在"中立的观察者"几乎没有不赞成这个意见的了。②

然而，尽管现在报纸不会再赞美违反法律的人，但因贪污或因在选举中作弊而入狱的人依旧当选的例子并不少见，让人感到社会对违法分子的回避感不强的例子也很平常。在这一点上，现代与贝尔兹所处的明治时代相比，也不过是五十步笑百步而已。与技术的进步相比，人的进步实在太过缓慢。在技术进步、贸易发展之前，不能忽视这缓慢的脚步。在自由的环境下政治、经济、社会均实现了纯洁而正确的发展，国家成为乐土，并且自豪地与各个大国为伍，此时他们是不是会回顾一下将巨额经费投入武器、舰船上而压缩经济生活的愚蠢的行为呢？要想由此为走向和平之路作出贡献，是不是该在此时向战争的牺牲者作出最终的、真正的补偿呢？因为这才是"不会重复过错"的方法吧。在核武器被部署，使人感到前所未有的可怕的局面正在临近的当今，这恐怕是空谈吧。但是我觉得日本为世界和平作出贡献的路只有这一条，而能做到这一点的国家恐怕也只有日本。与过度强化直接的本国防卫相比，按照上述方法为防止世界大战而积极前进才是最理想的吧。这最终也是保全本国的道路。当然这个论断是建立在各个大国本身不是充满着野心与粗暴的国家这一基础之上的。

要使日本按上述的步调前进，就必须实现官民一致的思想的大转变。现在面对这个危机，我们能做到的，也只有发表这些意见了。

① 贝尔兹《贝尔兹日记》第一部（上），1889 年 3 月 19 日，第 114 页。
② 贝尔兹《贝尔兹日记》第一部（下），1900 年 4 月 17 日，第 16 页。

当这个乍看起来像是空谈的国家的进步实现的时候,日本也许就是世界上最强大的国家、最高的领袖了吧。要成为这样的国家,日本人首先必须克服贝尔兹所提到的自身的缺点,还必须为了克服缺点而认识缺点。

贝尔兹还顺便记载到,虽然政府很冷静,但报纸和政论家主张开战,[1]《时事》及《东京时事》这样有名的报纸以及写到战争临近[2]的记者们进行集会并决定向政府进言不要错过时机,[3]日本的报纸还主张应合并台湾、满洲和清朝的一个州,与此相比俄罗斯算什么。[4] 他的记载显示了当时报纸的论调。现在我也希望报纸能够冷静地、理智地开展明智的辩论,以阻止世界走向可怕的局面。

日本人很冷静、很彬彬有礼,这些是日本带给当时的外国人最深刻的印象。再补充一些带给人印象的具体的场面吧。

曾经有个报道说联合舰队正在和波罗的海舰队进行会战,但是没有更详细的描述。政府沉默了。此时贝尔兹说了下面的话:"日本人在面临着历史上的一个重大危机时,依旧如此镇静,这让每个外国人都感到钦佩。"[5]当出现了奉天会战日本获得胜利的报道时,贝尔兹正在沼津的皇室别宫之中,这里的游行队伍也很肃静而且有序,日本的下一代国民身上已经种下了纪律与爱国心,那已经成为了他们身体的一部分。贝尔兹对此感到钦佩,并记载了下来。[6] 再向前追溯,明治三十三年(1900 年)五月东宫成婚典礼的那天,他在为了庆贺而装饰一新的街道中看见了聚集的人群,并这样描述他们:"今天我又一次承认,在这样的大众集会时的日本人,与我们思念的祖国的人们相比,的确非常有

---

① 贝尔兹《贝尔兹日记》第一部(下),1903 年 9 月 15 日,第 127 页。
② 贝尔兹《贝尔兹日记》第一部(下),1903 年 9 月 15 日,第 131—132 页。
③ 贝尔兹《贝尔兹日记》第一部(下),1903 年 11 月 13 日,第 137 页。
④ 贝尔兹《贝尔兹日记》第一部(上),1894 年 11 月 30 日,第 141 页。
⑤ 贝尔兹《贝尔兹日记》第二部(下),1905 年 5 月 28 日,第 165 页。
⑥ 贝尔兹《贝尔兹日记》第二部(下),第 138 页。

礼貌。"①

　　据说他曾因为说日本会在与俄国的战争中获得胜利而受到自己同胞的嘲笑,说他只不过是偏袒日本而已。他说,对于这些明显轻视日本而夸奖俄国的德国海军与政府官员来说,日本获胜的消息是一次教训。可以说,他的预言实现是因为他非常了解日本,而他的同胞不了解日本、有着先入为主的想法吧。如果不了解到所有的日本人都有着强烈的爱国心,就连不正经的女人和狱中的囚犯都购买战争债券,为国家捐款,②不了解到凭借政府的政策,神道将所有日本人联合成了一个整体,③不了解到从万叶的时代开始日本人就强调对皇室及君主的忠诚,④应该是无法作出正确的预言的。在他之前从未有人使用过忠义心、爱国心等词,贝尔兹第一次使用了它们。我们这个年岁的人们会这么想象:毕竟从明治的中期开始国内的情况发生了很大的转变,昭和时代的氛围也就是其直接的延续。明治三十六年(1903 年)末,有个印度人问他为何在亚洲只有日本实现了独立自主,他作出了如下的回答,他的回答中也显现出当时的日本人的精神。

　　　　日本人(吸取了上千年间构筑的荣誉的武士传统这一点先不谈)与喜欢割据的印度人不同,有着显著的全体一心的国民感情,而且整个国家都是这样。在这样的国民身上,有着显著的能够理解国家危急存亡时刻的天性,因此在这些情况下,哪怕只是匹夫,也能够克制自己以及全家的所有欲望。

　　　　还有更重要的就是那些通过自我觉醒而建设了新日本的、一部分有力的政治家们极有远见的施政……开始有组织、合理地将西方的成果灌输进理解迅速、拥有吸收力的国民的思想之中。⑤

---

①　贝尔兹《贝尔兹日记》第一部(下),1900 年 5 月 10 日,第 20 页。
②　贝尔兹《贝尔兹日记》第二部(上),1904 年 8 月 31 日,第 150 页。
③　贝尔兹《贝尔兹日记》第二部(下),1905 年 3 月 17 日,第 124 页。
④　贝尔兹《贝尔兹日记》第一部(下),1902 年 3 月 26 日,第 61 页。
⑤　贝尔兹《贝尔兹日记》第一部(下),1903 年 12 月 27 日,第 148—149 页。

日本的动向

在忍耐力很强的母亲身边学习自制力与礼貌,在学校被教育礼仪与爱国心,这样成长起来的日本人对外会怎样引导国家呢? 他们的对外意识又如何呢? 贝尔兹也曾直截了当地回答过上面的问题。他记载了在日俄终于开战的明治三十七年(1904 年)一月十九日,与枢密顾问官伊东巳代治会面时的情况。在末尾他写了这样的内容:

> 当我说到对比俄国咄咄逼人的态度,总觉得日本的态度是不是太过克制了的时候,他说:"不错,请您仔细想一想,对我方来说最重要的,是通过忍耐和克制,来向列强展示我们日本人追求和平、并不追求战争这一事实。"稍微顿了顿之后,他又接着说:"不用说,我们最根本的弱点,在于我们是黄种人。如果我们和您一样是白种人,那么在我们向着那无比贪婪的俄国大叫一声'住手'之后,全世界想必都不会吝啬给我们欢呼的声援吧。"
>
> 在这尖锐的话语之中,含有许多事实。但在另一方面,日本人决不能忘记的是,日本人想成为黄种人的领袖。东亚霸主的地位,从没有离开过大多数日本人的脑中。[1]

他还记载到日军向着奉天持续进攻,库罗帕特金将军不得不退却,损失很大。清政府提出仲裁的建议却遭到俄国严厉拒绝,俄国坚持强硬的态度,扬言即使库罗帕特金撤退到哈尔滨也决不结束战争。在他写道"库罗帕特金已经尽力了,他的部下作战也很勇敢,但他们无论是能力、智力还是魄力都比不上日本军队"之后,又马上写道:"英国大使馆的卡宾斯认为如果日本获胜,将会在那里产生值得忧虑的军国主义,也就是和普鲁士一样的贵族政治和军治独裁。"[2]道出了英国人关于日

---

[1] 贝尔兹《贝尔兹日记》第一部(下),1904 年 1 月 19 日,第 161—162 页。

[2] 贝尔兹《贝尔兹日记》第二部(上),1904 年 10 月 16 日,第 206 页。

本的动向的预测。这与他作出的预测"没有离开过大多数日本人的脑中"是相同的。

而在此十年前，他还记载了如下内容：

> 据"某大政党总裁"对记者所说，在眼前的平壤之战击败清军后，不与之讲和，而一定要攻克北京，完全征服清国。还有诸如欧洲各国正在衰落，在即将到来的二十世纪将变得疲敝等等。"那时他们的后继者，将是我们的子孙吧！"①

他在日清战争激战正酣之时听到了这样的言论，此后军国主义也日渐高涨，使他渐渐看出了日本的动向，同时对日本人性格的把握也成为做出预测的一个支柱，最终他预测日本将获胜以及战争结束后将力图成为东亚的霸主。这两个预言都言中了。我想，对于从明治初期就在日本生活的他来说，预测出获胜后的日本将向什么方向前进是很容易的吧。下文将提到 L. 哈恩预见到了太平洋战争，关于贝尔兹我们也可以说类似的话。社会中是倾向于军事的想法占据主流，还是倾向于非军事的想法占领导地位，这对于生活在当时的人来说是很容易判断的，并非是一定要通过调查才能了解到。顺便说一下，以政府为中心的社会领导层如果在将民众心理引向军事方向或非军事方向时进行巧妙的操纵，那么就会出现微妙的效果。这完全是可能的。

接下来，他又写道："如果战争以有利的方式结束，那么恐怕战争结束后，平时也能看到军部出现在正面舞台上，封建时代的武士道精神将再度统治日本。这或许是件好事。"②他似乎认为由武士道精神统治的时候，社会将变得幸福，也就是说他也是个在当时很常见的赞美武士道的人，而且他认为军人是武士道精神的所有者。于是，对他来说，军人是很宝贵的存在。

---

① 贝尔兹《贝尔兹日记》第一部（上），1894 年 8 月 31 日，第 140 页。
② 贝尔兹《贝尔兹日记》第二部（下），1904 年 10 月 30 日，第 19 页。

日本的女性

贝尔兹似乎与东京府知事松田打过交道,并夸奖了他。他还评论道松田夫人是这个国家最具知性的妇女之一。在她丈夫松田去世之时,贝尔兹写下了有关她的内容:

> 尽管眼中充满了泪水,但她仍不忘保持身份,丝毫不显得心慌意乱。不仅如此,在丈夫看着她的时候(生病之时),为了不让眼泪使丈夫明白他的命运,她强忍着露出了微笑!我真希望我们欧洲的女性,在这一点上能以日本的女性为榜样,不要让哭肿了的眼睛或抽泣清楚地告诉病重的亲人自身的命运。①

每次贝尔兹回家时都会扑到他怀里的可爱的三岁女儿乌塔,在 2 月 28 日,也就是没过几天就要到女孩节的时候病死了。她仅仅在病床上躺了两个晚上。关于此时的母亲,也就是自己的妻子汉娜,他这样记载道:

> 汉娜的态度就像罗马的女性一样。只有汉娜在女儿生病的时候没有哭泣,声音也没有颤抖。但是,我明白她的内心是什么感受……在汉娜冷静的外表背后隐藏着怎样的感情,我是很清楚的。正因为如此,我才非常在意最后的瞬间。果然,压抑已久的内心的感情,终于在那个瞬间爆发,成为决堤的洪水,所有感情汇聚成可怕的暴风雨向她袭去……
>
> 当女儿万事俱休,呼吸和心跳都停止的时候,汉娜紧紧地抱住那个幼小的身体,仿佛要用自己的体温使她苏醒……而且,还将自己的气息从孩子的口中送入肺部。"恢复气息吧!哪怕一瞬间也

---

① 贝尔兹《贝尔兹日记》第一部(上),1882 年 7 月 6 日,第 96 页。

好,只要一瞬间!"①

贝尔兹写下的这十页左右,可以说是很难得见到的悲情文章。但是,这里不是讨论文章,而是要讨论贝尔兹在这里写到的日本妇女的自制这一点。

贝尔兹试图通过花子夫人,下文提到的哈恩试图通过节子夫人,给予温柔、忍耐、节制、忠诚、彬彬有礼的日本女性以无上的赞美。这两位夫人也都是典型的明治时期的日本女性。

西班牙人阿比拉·希隆称赞日本女性富有同情心、彬彬有礼、贤淑而美丽。贝尔兹甚至说到德国的女性应当向日本的女性学习。在希隆之后三百年,哈恩更加细致集中地称赞了日本的女性。

贝尔兹被懂礼貌、有自制力的日本儿童所吸引,他认为正是有这样的母亲才有这样的儿童。他虽没有详细谈到教育,但将母子简洁明了地结合在一起,产生了这样的想法。

对于法律的态度不成熟;仅对熟人热心是不够的;医生不能忘了本分;以及被我省略掉的关于"贿赂"的论述等等,贝尔兹揭示出了此前从未被论述过的日本人的几个侧面。进入明治时代之后,文明开化的浪潮涌向作为君主立宪制国家开始腾飞的日本。在这样的环境之中,他发挥了作为外国人的作用,将在日本人身上隐含的某个方面挖掘了出来。

在来到东方之前,明治九年(1876 年)一月一日他记载道"在天资聪颖、充满求知欲的国民之中传播、加强西洋文化,在职责内配合这项工作,是自己的天职"②,同时这个夙愿即将实现,自己非常满足。他满怀着希望来到日本之后,担任医学教授、为各界人士进行治疗、担任皇室的御医、创设医学部、协助建设温泉治疗设施、与政府合作等等,度过了繁忙的岁月。他也曾因为任职的医学部出现了忽视外国教师的倾向

---

① 贝尔兹《贝尔兹日记》第一部(上),1896 年 2 月 28 日,第 146—147 页。
② 贝尔兹《贝尔兹日记》第一部(上),第 13 页。

而提出辞职，但在明治三十五年（1902 年）六月六日的日记中写道："今天，我来到日本已经二十六年了！自己几乎在这个国家度过了半辈子，但我没有后悔过。诚然，也遇到过很多恼火的事情，但是从整体上看，我对自己的命运感到非常满足。"①

然后在 6 月 10 日，他记下了："今天我就要结束在东京大学 26 年的教师生涯了。恰好在二十六年前的 6 月 10 日……我做了就职演说……"②3 年之后，恰好又是 6 月 10 日，他离开了横滨。

"横滨的街道，接下来是山手，然后是本牧，我走过了所有给我留下了无限回忆和思念的地方。"③

① 贝尔兹《贝尔兹日记》第一部（下），第 73 页。
② 贝尔兹《贝尔兹日记》第一部（下），第 74 页。
③ 贝尔兹《贝尔兹日记》第二部（下），1905 年 6 月 10 日，第 177 页。

三宅雪岭

（Seturei Miyake 1860—1945）

日本人哪，要在真、善、美的世界中分别为世界作出贡献，要成为能够作出贡献的日本人。

对西洋崇拜者的反击

福泽在《文明论概略》中谈到，所谓文明开化，就是指一个国家向着文明国家进步的开化的过程。这在当时成为了固定用语。不言而喻，这实际上指的就是当时接受西方文明的欧化过程。而在欧化主义中，也出现了主张不加批判、不加限制地接受西方文明的人。于是，很自然地也出现了反对这种肤浅的欧化主义的人。三宅雪岭就是其中反击最有力的人之一。他以稳健的国粹主义者的立场建立了"政教社"，以杂志《日本人》为阵地展开论战。

我在这里举出的《真善美的日本人》①，就是一本强调了他的主张的著作，中心思想是：虽然西方文明国家是先进国家，但日本人一点也没有必要在西方人面前卑躬屈膝。因为日本民族是个优秀的民族，已经拥有了出色的文化，并且从现在开始有能力为世界的进步作出贡献。我们应该努力向西方学习，取长补短。

这与下文中出现的长谷川如是闲写下启蒙著作《日本的性格》来批评昭和十年左右的日本主义言论很相似。当然三宅是在相反的方向，

---

① 三宅雪岭《真善美的日本人》，生松敬三编，富山房《百科文库》8，1977 年。

144

为了反击西洋崇拜者的过火行为而出版了这本著作。

这本书中夹杂着丰富的艰深的汉字词汇，文辞优美，比明治八年（1875年）出版的福泽的《文明论概略》读起来较为艰涩。它共分为以下五个部分：一、日本人的本质；二、日本人的能力；三、日本人的任务（一）；四、日本人的任务（二）；五、日本人的任务（三）。

这本书的要点如下文所示。我们也可以通过这本书来窥探明治二十年代（1887—1896年）的时代思潮。这里使用的著作是富山房刊版。

《真善美的日本人》与《假恶丑的日本人》

就身材来说，白人比日本人魁梧很多。但是魁梧并不意味着人种优秀，人种是否优秀是由智力决定的。而在智力方面，日本人非常优秀。崇拜外国人的行为是不必要的迷信。

来回顾一下过去吧。德川家康般优秀的政治家是西方所没有的。马琴的作品被翻译成欧洲的语言之后，会让他们大吃一惊吧。能够与紫式部匹敌的才女，欧洲又有几人？日本人属于曾经席卷整个亚洲的蒙古人种，是一个优秀的民族。在留学欧洲的日本人中，取得好成绩的不在少数。在闭关锁国之中日本人从西方吸收了各种各样的东西，打开国门之后更是学到了很多。但是就智力而言，不比西方的人差。

那么，日本人利用优秀的智力进行学术研究的固有领域在哪里呢？两千余年来日本人都没有离开过国土，也没有与其他民族进行融合，而是单纯地发展起来的，因此对其社会的研究一定能对社会进化理论的形成起到作用。日本人应该能很好地完成有关日本的近邻——中国、印度的研究，可以在这一点上为世界作贡献。我们为了使学术向前发展，应该更努力地建设图书馆与博物馆。

优秀的日本人应当认识到自已能够作出出色的智慧贡献，在模仿西方时应该更高明一些。要达到这个目的，首先要保证国家的安全，不能总是无所事事。1851年的万国博览会虽然被视做永远的和平的象征，但已经在各国之间预告了战争的到来。

现在已经没有了安南国（现在的越南），也没有了缅甸，军事扩张的必要性自然也已变得清晰。虽然军备容易被人认为是浪费，但目下为了国家的安泰，这是迫不得已的事情。因此，就必须富国、发展生产。万幸的是日本能够增加自己的物质力量，也有着地下资源。

日本是个美丽的国家，气候温和、风物纯洁，因此日本人富含美的感觉也是很自然的吧。刀剑甲胄、佛像、建筑、绘画中有很多优秀的作品，这其中的共通之处就是潇洒轻松。外来的佛像和能乐①中用到的从隋唐传来的面具，在进入日本之后都倾向了日本的特征——潇洒轻松，"潇洒轻松可以说是国人的一个特质吧"。

他写到，外国人看到中国人留着辫子、守着传统服饰、不改变旧的习惯时，表面上笑笑，心底里或许感到害怕；而他们看到日本人戴着高帽穿着洋装，打扮得很奇怪的时候，表面上是称赞，心底里是瞧不起的吧。

出色的智慧、潇洒轻松的感觉、显著的模仿性，他举出了这三个日本人的特性。从西方和南方接受异文化，由此锤炼本国文化，在其中磨炼出智慧……模仿与智力以这样的方式密切关联。也不能否认日本的地理位置有利于异文化的传入。地理位置决定了日本的风土，风土又培养了人们潇洒轻松的感觉。

这样一来，我们就能发现，智慧、潇洒轻松、模仿、地理、风土之间是不可分离的。也可以说这片土地受到了上天的恩赐吧。

三宅在"日本人"三个字之前加上了"真善美"三个字，由此来鞭策、激励日本人："日本人哪，要在真、善、美的世界中分别为世界作出贡献，要成为能够作出贡献的日本人。"在真的世界中发挥出色的智慧；善在于守护正义，为此要追求国家间权利的平等、要发展生产以增强国力；日本资源丰富，是个美丽的国家，是个拥有众多美的作品的国家，具有优秀的美的感觉的日本人能够为美的世界作出贡献，这是很明显的。他的文章的意图就是说明日本人在各个世界中的任务。于是，从在此

---

① "能乐"为日本传统艺术——译者注。

意图下写成的文章中，我挑出了他在日本人身上发现的特性。不言而喻，这些全部是日本人的长处。

但是，他又写了一本题为《假恶丑的日本人》①的著作。上一部作品出版于明治二十四年（1891年）三月，这部作品出版于同年五月。据凡例所说，这两本著作之间没有联系。

在以《假》为题的部分中，他叙述了如下内容：这是一个立志求学、拥有智慧的人无法充分施展才能的社会。封建制度虽已被打破，但毕竟为时尚短，旧的阶级制度的弊端还没有消失。教育界教职员的待遇是按照政府官员等级来制定的。大学教授只是由内阁总理大臣任命，极少由天皇任命，授予学位也是由文部大臣来进行。理论和实际很难并进，社会上也有着对学术冷淡的倾向。学者也有罪过，空追求官阶的提升也是很平常的。还有，迎接并重用没有实力的外国教师的例子很多，这也让人叹息。

在《恶》的部分中，他又宣扬了下面的思想：缺德的商人利用交通之便赚取暴利。他们与官吏勾结，构筑万贯家产。在这个拥有文明国家外观的国度中，受到最大恩惠的，就是为数众多的商人，使国家腐败的也正是这些商人。就算是文化人，被感染的也不在少数。于是，让人感到国家正在失去活力。商人们哪，希望你们能以过去士族的风度来从事商业。

在《丑》的部分中，他说到，所谓美术，是指人们在内心燃起旺盛的美的观念，并在外部将其纯粹地通过视觉、触觉的方式表现出来，这就是绘画，就是雕刻。现在的创作者们并没有真正地感动，只不过是迎合着欣赏它们的人的要求来麻利地涂上彩色，或是雕刻木材，弹动钢琴。欣赏的人们也装出一副感动的表情，仿佛美术、音乐的思想很丰富。美术家要想真正发挥美的精髓，就必须使自己的生活变得充满美术性。

政治上有许多缺点，说出来恐怕会犯忌，因此只是忍耐着。要紧的

---

① 三宅雪岭《假恶丑的日本人》，生松敬三编，富山房《百科文库》8，1977年。

是,这些缺点带来的影响是巨大的,但是要纠正它们并不困难。三宅在凡例里写下了上面的话。意思就是,之后所说的假、恶、丑都是政治带来的坏影响。因此,它们是能够通过政治来克服的。

在《真善美的日本人中》提到真、善、美,是因为它们是日本人永恒的特性;而上文中的假、恶、丑则是由政治形态带来的暂时性的现象。三宅说两本书之间没有联系,在这个意义上正是可以说得通的。

新渡户稻造

（Inazo Nitobe 1862—1933）
理性并且讲道德的日本，是由武士道直接或间接产生的。

日本人的爱国心与接受西方文明的热情

读贝尔兹的文章，感受到他是一个隐藏着热情的知识分子。他对日本人群在赏花、庆祝战胜的时候依旧保持着冷静感到钦佩，是不是因为在日本人身上看到了自己所喜好的冷静而产生了快乐的共鸣呢？作为知识分子，他用明确的表达方式冷静地指出了日本人的缺陷，预测了日本的动向。作为自然科学家、杰出的临床医师，他是个非常客观的人。他并没有怎么谈到日本人的爱国心，但他也记载道："在日本的下一代国民身上已经种下了纪律与爱国心，那已经成为了他们身体的一部分。"①这也就是说日本人有着很强的爱国心。他以自己独有的克制的、理智的表现方法，表达出了强烈的情绪。

明治时代生活在日本的外国人一般都会非常感叹于日本人的爱国心和接受西方文明的热情与能力。举个叫戴亚（H. Dyer）的人做例子。他是东京帝国大学工学部的前身——工学室的教师，思考了日本人为何如此热衷于引进西方文明，并做出判断，认为这是由日本的武士道精神决定的。他在著作《大日本》②中表达了这个看法，而对他的看法起

① 贝尔兹《贝尔兹日记》第二部（下），1905 年 3 月 26 日，138 页。
② 戴亚《大日本》，伦敦，1904。

了很大影响的，是新渡户的著作《武士道》①。

日本引入西方文明的洪流，走上强国之路，是武士道精神所致。当时的西方人一致这么认为，恐怕是由于戴亚的大作，而对其产生影响的又是新渡户的这本著作。新渡户认为武士道对日本人性格的形成产生了决定性的影响，写下了《武士道》，此时他三十八岁。最初将它译成日文的，是樱井鸥村，并在明治四十一年（1908年）出版。下面介绍一下这本书的主要内容。

武士道的道德条目

听天由命的平静感觉与服从；面对危险、困难时的沉着；轻视生而亲近死的心，这都是佛教给武士道带来的。

对君主的忠诚；崇拜祖先；孝敬父母，这些是神道教带来的。

而儒教中的君臣、父子、夫妇、长幼、朋友之道，也就是五常之道，从性质上来讲很容易与神道教的贡献相结合。

走这些应走的路称做"义"，特别是身份不同的人之间的"义"称做情义。但它又未必与爱相关联。它只是被创造出的一种理性行为，并被赋予了权威。

为了行"义"而必需的精神称做"勇"。也只有这样，"勇"才成为德，而不会是匹夫之勇。仅仅有"义"和"勇"还不够，"仁"也是必要的。"仁"才是统治者最高的必要条件，没有人能不仁而得天下，这就是"武士之情"的由来。武士不能仅凭借武力四处杀伐，因此优雅的风度受到奖励，也有武士开始写诗做歌。名句"忽闻黄莺声，武士起身立"正代表了它所处的时代。武士尊重美，看重下面要提到的"名"，自然也尊重礼节。"礼"是对人的，因此与"仁"很接近。恭维对方的行为代表了谦虚，它和"仁"又成为真正的礼仪的动机。这是很纯粹的动机，一旦它变得不纯的话，行礼就成为单纯的排场与显示身份的行为。这样一来，"殷

---

① 新渡户稻造《武士道》，费城，1899。

勤郑重的礼节作为日本人显著的特性，引起外国观光者的注意"①。

武士道要求武士拥有男人应有的勇气。在武士被要求勇气时，不表现出勇气而做出的不守信的行为是卑劣的。与卑劣相反，拿出勇气报答他人的信赖，这称为"诚"，其中也包含了正直。所谓"武士的一言"就是指坚持"诚"的原则。习惯了正直的武士们，在封建社会崩溃后，试图实现生活的自立时，马上就被商人们抓住了弱点。

坚持"诚"可以维护"名"，卑劣则会丢人。失去"名"就是受到耻辱，受到耻辱后必须雪耻以恢复"名"。恢复"名"的手段，有复仇，也有剖腹。

"会被笑话"、"有损体面"、"不觉得丢人吗"，这些都是当时用来告诉小孩子"名"的重要性的话。

所谓"名"，是与家族自觉性相结合的自我认识。武士道作为封建时代武士的道德，其中无论是"名"还是"耻"，都是非常特殊的。正因为如此，无论是复仇还是剖腹，雪耻的方法也实在是很特殊的。

以上就是新渡户举出的义、勇、仁、礼、诚、名等武士道中包含的道德条目。上面非常简单地写出了他对于各个条目的意义及条目间相互联系的解释。"名"，用现在的话来讲就是名誉，而且是对外的、社会上的名誉。他将名誉这种心理的活动用"名"这种具体的事物来表现，这很有趣。

"仁"可以带来名誉，守"礼"同样可以带来名誉，表现出"勇"也是一样的。于是，"名"是和其他的条目有直接关联的最基本的一条，因此我想不应该与其他几条并列在一起。

新渡户在各个章节分别论述了以上几个条目之后，又设了一章，用来论述"忠义"。在其开头，他写道："封建道德之中，其他的道德都是与其他伦理体系或其他阶级的人们共通的，但只有这种道德——对上级的服从及忠诚——表现出鲜明的特色。我知道在人格上的忠诚是存在

---

① 新渡户稻造《武士道》，矢内原忠雄译，《岩波文库》，1974 年第十五次印刷(1938 年第一次印刷)，第 58 页。

于所有种类或所有环境下的人与人之间的道德上的联系——偷盗团伙的成员也对大哥忠诚。但是，忠诚得到最高的重视，也只存在于武士名誉的制度之中。"①义、勇、仁、礼、诚、名并非武士阶级所固有的道德条目，而是与其他阶级共通的，但只有忠义和它们不一样。"它与封建诸道德相结合，成为一个拥有均衡美的牌坊的重要基石。"②

他说到，忠义与武士名誉的制度相结合，虽然被包含在"义"之中，但又是"义"之中非常特殊的一项。但是，虽然他因此新开一章来论述忠义，但却将忠义的典型例子——"四十七义士"放在了《义》一章而非《忠义》一章，这又是为什么呢？这里留下了疑问。

武士道与日本人性格的形成

这是新渡户就有关武士道在日本人性格形成的过程中产生的影响进行论述的文字。

> 照耀着武士阶级的伦理体系由来已久，于是从大众之中吸引了追随者……道德的传染力并不输于罪恶……无论哪个社会阶级，都无法拒绝道德感化的传播力。③
>
> 武士成为整个民族的美好理想，民谣中唱道"花数樱花，人数武士"。武士阶级被禁止从事商业活动，因此没有直接对商业产生帮助。但是所有人的行动，所有的思想，都不能避免在一定程度上受到武士道的刺激。理性并且讲道德的日本，是由武士道直接或间接产生的。④
>
> 过去的日本是受武士所赐。他们不仅是国民之花，更是国民之根。一切上天的美好恩赐都是通过他们流传到人间。从社会的

---

① 新渡户稻造《武士道》，第 78 页。
② 新渡户稻造《武士道》，第 77 页。
③ 新渡户稻造《武士道》，第 127 页。
④ 新渡户稻造《武士道》，第 129 页。

角度来说,他们虽然摆出超然于民众的态度,但又对此树立了道义的标准,并作为自己的模范来指挥着民众。我认为武士道中存在对内以及对外的教导。后者是福利主义,谋求社会的安定幸福;前者是纯粹道德,强调为了道德而履行道德。①

他认为:虽然武士道本来是针对男人的教导,但也并非与女性无缘。对于不隶属于某个领主的女性来说,也有与男性的忠义相当的行为,那就是对丈夫进行自我牺牲。他还说到,因为女性为了丈夫、家庭或家族而舍弃自身、进行自我否定,就认为她们是奴隶,这是不对的。

武士道的精神影响到普通国民,进而成为所有国民的伦理模范。芳贺矢一也在自己的著作《国民性十论》②中写了下面的话:

> 虽然武士道是武士所遵守的,并不涉及到町人以下,但不知不觉之间,武士道扩展到所有国民——无论武士还是町人,男性还是女性——之中。③

最后,我们再来看一看新渡户对"这种封建道德将来会怎样"这一问题的思考。

武士道的将来

> 真可悲啊,武士的道德! 真可悲啊,武士的骄傲! 以钲鼓之音被世人所接受的道德,它的命运,是与"将军、大王的离去"一起消失。④

武士道作为一个独立的伦理体系也许会消失,但它的力量不

---

① 新渡户稻造《武士道》,第 128 页。
② 芳贺矢一《国民性十论》,富山房,1927 年第二十四版。
③ 芳贺矢一《国民性十论》,第 27 页。
④ 新渡户稻造《武士道》,第 145 页。

会从人间消亡的吧。它对于武勇及文德的教导作为体系也许面临着毁灭，但它的光明及荣光能够越过废墟，长期流传下去吧。①

露丝·本妮迪克特（下文中叙述）将西方的文化称做"罪感文化"，与此相对地将日本文化称做"耻感文化"。日本人害怕丢人，于是极力避免诸如被他人说"要不要脸"之类的事情。可是，现在能听到叹息声，如"要脸的人减少了"，"'仁'和'诚'的观念衰落了"，"利欲熏心、贪污的事件越来越多"，"社会成为了沙漠"等等。会有不少的人认为这个"现在"与武士道等很久以前的精神已经无缘了吧。

但是，《武士道》的作者写了上面的一段话。从《武士道》出版算起，今年（昭和五十九年，1984 年）已经是第八十四年了。面对上面所说的国内状况，新渡户的言论还妥当吗？ 能不能说义、勇、仁、礼、诚、名等古老的精神已经消失了呢？

我们只要将理想的道德中的一条——"仁"重新表述为关爱之心，再来进行观察就可以了。日本人和以前一样，重视相互关爱，是拥有体贴之心的国民。鼓起勇气说出该说的话，这份勇气谁会不赞赏呢？ 不懂礼节的人增加了，但这只是表面的变化，对它的叹息声则是深深扎根于社会之中的传统的声音。无论从哪一点看来，现在都是符合理想规范的道德条目的。当时，新渡户认为作为伦理体系的武士道也许会消失。的确，支撑着这个体系的武士阶级已经不存在了，伦理体系也确实消失了。但是，他也说了"它的力量不会从人间消亡的吧"，这句话在现在也说得通。只要它作为理想的规范依旧存在价值，就不会失去生命力。这种说法也是符合我们生活中的实际感受的。而且下面的这些内容也是不能忽视的。武士道的条目中的"名"也好，"礼"也好，早在十六世纪就是当时日本人的特性，吸引了沙勿略的目光。罗德里格斯也讲到了文武两道。武士道的各个条目的历史可以追溯到很久之前，并非突然出现在武士道之中的。在昭和五十二年（1977 年）出版的《日本人——独特性的源泉》这本书中，作者 G. 克拉克举出了下面的事例，来

① 新渡户稻造《武士道》，第 149 页。

强调日本人对名誉的重视。

　　日本的出租车司机当然也想在带一个客人的时候多赚些钱，因此在看到车少客多的时候，就想要带愿意付高于计价器显示金额的客人，他们中很少有人富有同情心。但是，在这样的司机之中，仍然残留着武士的气质，常常会让欧美的同行们吃惊。他们绝对不要求小费，甚至有的司机，给他小费反而要生气，也极少见到有人在找零时做手脚。相对利益来说更看重名誉，这就是日本。
　　企业也是一样。比竞争对手拥有更高的市场占有率是与威信相关的，因此企业为了这个目标而努力。当然要是能赚钱就再好不过了，但此时赚钱是放在第二位的。
　　解释日本人行动的关键就在于名誉。[1]

最后，我再补充一句。三宅雪岭和新渡户稻造似乎都认为武士重视名礼的生活方式很有价值，甚至对其抱有憧憬之情。

---

① 　格雷戈里·克拉克《日本人——独特性的源泉》，第48页，大意。

L. 哈恩（小泉八云）

(Lafcadio Hearn 1850—1904)
日本教育的目标……并非是把个人教导成为独立的行动者，
而是教导他们共同行动。

哈恩来日与当时的日本

哈恩的父亲是驻希腊英国守军中的一名爱尔兰人军医，母亲则是一位希腊妇女。哈恩回到本国后，在十九岁的时候赴美。到四十岁为止，他一边主要以报社的采访记者、文艺记者的身份从事繁忙的工作，一边坚持文学研究，在写作上投入了大量精力，这为他到达日本后从事写作活动和担任文学教授打下了基础。

哈恩抵达横滨是明治二十三年(1890 年)春天，当时日本正处于明治后期。1889 年宪法颁布，1890 年制定颁布了教育诏书，日本渐渐成为近代国家，国运处于上升时期。在很多意义上都可以说哈恩是挑了个好时候来到了日本。他看到的听到的全是新奇的东西，社会正在变革。对于文学家和文明批评家来说，这真是一个让人双目灼灼闪光的时代。

在担任松江中学英语教师的一年两个月时间里，哈恩在充满日本古老神道氛围的出云度过了一段他从未体验过的平静且充满愉悦的生活。松江的人们热情地迎接了他，他还在那里与小泉家的节子结了婚。然而，松江的寒冷使他不得不南下。

移居熊本之后，哈恩任教于一所官办高中。这所学校是旧制第五高等学校的前身，当时的校长是嘉纳治五郎。无论是学校还是熊本这座城市都和松江有很大区别，这立刻让哈恩感到失望。然而从研究日本的角度来看，熊本正是他出成果的地方。不到三年，哈恩转向神户，在一家西方背景的英文报刊当了大约一年的记者。

接着他有机会担任了东京帝国大学的英国文学讲师。他在这里讲授的内容后来作为文学论、文学史论等出版了。从明治二十九年（1896年）秋到明治三十六年（1903年）三月，他在这个职位上做了六年七个月。他在法律上改姓小泉也是在神户的时期。

在东大担任讲师接近尾声时，他开始创作那本有名的《日本——一种解释的尝试》①。在将最后的校样送往美国后，他就去世了，没能在活着的时候看到那本书出版。这本书论述了日本人在日常生活中自由受到限制。每章都有不同的题目，归根到底是为了清楚地说明日本缺乏自由的现实及其原因。有关这些请参考拙著②。

他的著作《日本》中有论述日本的新旧共存、旧的美丽与强大、缺乏自由等文章。我在下面引用了一些，这些是我由原著（1907年4月版）翻译而来。

强制下的微笑

这是个令人惊奇的神话之国，在三十多年前还没有发生表面上的变化。能够来到这里，直接看到那些现在的我们很难见到的生活状况，这样的人是很幸福的。在那里，所到之处人人举止文雅，人群文静地微笑着，忍耐力很强，看不到凄惨和挣扎。在没有受到外国影响而发生变化的、与世隔绝的土地上，依旧保留着过去充满魅力的生活状态，真是令人吃惊。然而，普通的旅行者往往不明白这究竟意味着什么吧。人们都很有礼貌，没有吵架的人，大家

---

① 哈恩《日本——一种解释的尝试》，纽约，1904年。
② 筑岛谦三《拉夫卡迪奥·哈恩的日本观——对正确理解的尝试》，劲草书房，1964年（1977年增补版，1984年新装版）。

都在微笑,苦痛和悲伤都不表现出来,警察无事可做。看到这样的状态,你一定会做出判断,认为那里的人在道德上都很优秀吧。但是,如果是优秀的社会学者,也许会从中看出不一样的东西,甚至会觉得可怕。也就是说,他们会感到,这个社会是在强大的强制性基础上形成的,而且一定在数千年间不断地被施加了这种强制。①

贝尔兹叙述了对日本人的印象,感叹日本人的文静和彬彬有礼。哈恩虽然也同样对日本人文静的一面印象深刻,却不认为仅仅如此,而是注意到了带来这一切的强制。在熊本的大家族生活中,哈恩深刻地体会到在家庭安静的气氛中,虽然大家都在微笑,但实际上却没有舒适的心情。这样的经历也带给了他观察心灵的能力,看到了贝尔兹没能看透的东西吧。在熊本与松江不同的是,家庭之外也给哈恩提供了一个机会,让他可以看到日本人的另一面。"跟日本的文化人一起待一个小时以上我就会感到不快。在一开始的有魅力的礼仪结束后对方立刻变得像冰一样"②。这是他在明治二十八年(1895年)三月写给张伯伦的信中的话。当时他已经离开熊本约半年,是从神户寄出去的。

关于上文中所说的强制,哈恩说到,在一个受到众人的意志约束的社会里,是难以培养个性的,竞争也会受到抑制。极度强调这些的社会里的人在思想上、感情上与西方没有共通性,其心理上的距离就像星星和星星之间一样遥远。但是,他也说到,这并不是要否定日本人生活的美,只是不希望因这种隐藏的魅力而失去理智。他还认为在受到强制的社会中存在有魅力的美,要同时承认日本人的优点和缺点。始终称赞优点,彻底地阐明缺点,这就是哈恩一贯不变的日本观的基本内容。

而且,哈恩指出,在新的日本之中,依然存在家庭、地区、氏族的成规,并左右着人民的生活。那些成规与对祖先的崇拜有关,它们比新设立的法律更有力,人们的思维、行动都依据旧有的规矩,"上有政策,下有对策"这句谚语正表达了国民对于急于求成的修正法律行为的感情。

---

① 哈恩《日本——一种解释的尝试》,纽约,1907年,第418—419页。
② 毕斯兰德编《生活和信札》第二卷,1922年,第329页。

哈恩阐述了日本个人自由的欠缺：个人在理论上是自由的，但在实际上并非如此，地区的意见依然在强迫人们顺从传统；年轻人没有婚姻自由，这与明治维新前相比没有变化；得不到家族的承认就不能进行财产投资；社会的单位不是个人而是家庭等等。他的论述很具说服力。

在宪法刚刚确立、近代法刚开始实行的日本，哈恩所说的旧日本的规范仍然拥有强大的力量，这是很自然的。然而，当时的日本上层人士为隆隆国力不断发展而骄傲，自以为已同过去隔绝、历史从现在才开始，并沉浸在这种想法中。与此相反，哈恩大大唤起了人们对新日本中依旧存活着的旧日本所拥有的强大力量的注意。正如我前面说的，他捕捉到了旧日本有魅力的一面，同时也指出了旧日本的缺点。他一直都看到旧日本拥有上述两面性。那些美好的值得称赞的侧面，是在过去封建社会中培育起来的优点，与新日本带来的法律权利的主张等毫无关系。

他之所以能够完成对日本人如此深入的研究——这些研究日本人和外国人之前都没有尝试过——是由于他在松江被旧日本的氛围所包围，在熊本、神户、东京生活期间经历了日本式的家庭生活，并感到苦恼，热衷于对日本古代传说进行现代创作，由此深化了他对日本的理解。不过，我们也不能忽略他在来到日本之前就掌握了研究异文化的能力。这一点我在拙著中尝试着进行了考察。①

哈恩来日前曾倾倒于 H. 斯宾塞的哲学，学习了宗教与社会的关系，我们不能否定这些知识的支撑作用。我想，他在日本社会中找到了可以最显著地适用其理论的例子。

关于上文说到的日本人受到的强制，他这样论述：

> 普通人处于三种强制之下。1. 尊长的意志，可以说是从上而来的强制；2. 由伙伴或地位相同的人的共同意志施加的、来源于周围的强制；3. 由地位低于自己的人的一般感情产生的从下而来的强制，这个从下而来的强制是极其可怕的。

① 筑岛谦三《拉夫卡迪奥·哈恩的日本观——对正确理解的尝试》，第九章。

个人去抵抗第一种强制——权威造成的强制——是难以想象的。因为尊长是氏族和阶级的代表，也就是说是某种代表了大多数人力量的存在，仅凭一个人去跟团体对抗是不可能的事。要抵抗不正之风需要获取充分的支持，那时候抵抗就不是个人的抵抗了。

对第二种强制——地域的强制——的抵抗意味着身败名裂，因为将失去作为社会成员的权利。

对第三种强制——下面的人的共同感情造成的强制——的抵抗会在不同的情况下——从一瞬间的困惑到突然的死亡——引发几乎所有的事件。

这三种强制在某种程度上来说是任何形态的社会中都可以看到的。但是，在日本社会，由于被继承的倾向和传统的感情，这个力量是惊人的。①

上面列举了自上、自四周、自下而来的三种强制，这是他在同一本书第十八章《前代的遗物》中写到的。此外，他还添加了说明：个人受到了这种强制，因为作为个人，实在是弱小的存在，所以除了作为集团中的一员而行动外，没有其他能保障自身安全的办法。由于第一种强制，个人被迫对尊长服从；由于第二种强制，个人不能自由竞争；由于第三种强制，个人要迎合下面的人，这样一来，就无法跨越旧的规范。

但是，尊长也不能无限制地强加限制。如果超越了界限，下面的人，例如农民会揭竿而起，工商界也会组成强有力的联盟来反抗压迫。他说现在也有类似的事情发生，并举了个例子：学生起争端，校长与教师等必须承担责任，这样一来尊长的日常的强制就得到缓和。在家里，主人也不能将自己的意志过度强加给佣人和共同居住的人。在接下来的第十九章《现代的压迫》中他举出了具体的例子，来论述旧时代的遗留物在现代仍继续存在并发挥着它的作用。这里列举的事例很有意思。描述日常生活中的自由和强制的确是他的风格，完全不是抽象的

---

① 哈恩《日本——一种解释的尝试》，第427—428页。

论证。

旧时代的遗留物正在排挤"近代",用力拉扯着社会,他对于这种状况的描述,时常让我们感到对我们来说已经过时了。书里举了人力车夫的例子,那时人力车夫之间不许互相比快,这就是个横向强制的例子,但现在已经没有人力车了。以前曾有过的佣人现在也没有了。另外,诸如进入官场并获得成功的少数例子都是由于得到了派阀、党派的援助,而不是以个人之力;在工商界出人头地是一般人不能指望的等等例子,在现在也是不妥当的。然而,虽然他举的具体例子有些已经不适用了,但不能说现在就不存在这三种强制了。这是用不着举例的。很多场合下道理是讲不通的,这不是个道理做主的社会。在我们的社会,想自由地发言就会受到种种阻碍,因此说话要婉转、谨慎,要留给对方揣测的余地。只不过这种说话的方式与传达事实、道理是不矛盾的。也就是说,谨慎的、让对方揣测的这种日本传统的说话方式本身绝对不能说是缺点,只能说是传统性的东西。这种说话方式绝没有妨碍阐明道理,又可以婉转地、谨慎地将想法毫无顾忌地表述出来。相反有些场合下还可以说这是优秀的日本式的发言方式。我想说明一下这一点。

考虑他人,考虑自己,于是要说的话说不出口时,这就成为了说话人没有自由的证据,因为这表明他受到了强制。在道理做主的时候发言应该是自由的。这不是言论自由角度上的自由问题,而是通过身边的浅显之处来考虑强制、自由问题,从中可以知晓哈恩思想的深度。这是过去没有的创见之一。

对孩子的教育

在了解了大人的世界的强制之后,由于孩子总是要长大成人的,因此接下来就必然应该考虑孩子的问题了。究竟哈恩有没有考虑到这一点呢?接下来的第二十章的题目是"政府教育",读到这里我大吃一惊。他从一开始就考虑到了这一点,真切地论述了今天的问题。

日本的教育整体上采用了新的制度和科目,然而实行的是与西方几乎完全相反的传统教育方式。我们在孩子还是幼儿时，就开始在道德训练下，由"不许这样！"的训斥来压抑孩子。欧美的老师很严格，认为个人的义务，例如"必须要这么做"、"不许这么做"这些作为义务的行为，应该尽早地教给孩子。但不久我们对孩子就不再严格了。我们教导长大的孩子，自己的将来要取决于自己的能力和努力。之后我们也会在必要时给孩子以提醒和警告，但大体上他们自己的事情必须自己做。当他们终于长大之后，如果成为有理想、努力的学生，就会和老师渐渐亲近，处得好的还可以跟老师成为朋友，遇到了困难会征求老师的意见。他们一边接受精神上、道德上的训练，一边时常地被期待去竞争，并且被要求去竞争。不久，对他们的训练会有所松弛，随之而来竞争变得更加必要。这样，他们的孩童时代结束，成为大人。西方教育的目标是培养个人的能力和性格，即培养独立的强有力的人。

然而，日本的教育——表面状况姑且不论——大体上采取了跟我们相反的方法，现在也是如此。他们的目标并非是把个人教导成为独立的行动者，而是教导他们共同行动。也就是说，教育是为了让个人在严格的社会组织中占据恰当的位置。我们西方人受到强制是在孩童时代开始，越来越松；而远东的强制开始得迟，但越来越强。而且，这不是父母或老师直接施加的强制——这一事实，就像我们不久会看到的那样，将使结果产生很大的差异。不仅仅是上学之前——上学是六岁——之后日本的孩子比起西方的孩子来说也自由得多。当然也有例外，但一般只要不危害到他人，日本的孩子可以随心所欲地生活。有保护但没有束缚，会受到提醒但不会被勉强。总之，正如一句日本谚语——"七八岁的孩子惹人嫌"（从生下来就算一岁是日本的风俗）——所说的那样，对于孩子的顽皮放任自流。如非绝对必要就不予惩罚。只要不是非常粗暴的阶层，就不会做鞭打之类的事情……对孩子完全地容忍成为道德上的惯例。虽然孩子进入学校之后就开始接受训育，但一开始程度很轻，几乎不能称为训育。教师与其说是师长不如说像兄长一样。处罚也仅限于在大家面前给予忠告的程度。

......各班选出性格好而又有才能的一两名学生,让他们以班长的名义管理全班。要下一些无趣的命令的时候,就委托班长去做。(这样的小事很值得一说。因为它告诉我们:意见的训育,即大家的意志造成的压迫是如何在学校生活的早期就开始的,而这种做法与日本民族的道德传统是完全一致的。)这种压迫会随着年级的升高而慢慢增加,随着进入高一级的学校而增强......试图践踏这种意见的老师甚至会被赶出去......危害班级感情的学生会立刻受到排挤,陷入完全孤立的状态。①

关于强制的记述延伸到了大学,但引用就到此为止。大学的事情也罢,上文中叙述的事情也罢,一模一样的情景现在都看不到了。国际化在各方面不断发展,社会的变化也很大,这是很正常的事。但是,就像我前面说过的,在一般社会里并不能说哈恩所说的强制已经消失了,其实在学校里也是一样。

对孩子温柔,不打孩子,这一点从十六世纪到现在没有变化。

弗洛伊斯这么说,十七世纪初卡隆也这么说,十八世纪后期岑贝尔格说"不打孩子,而且孩子很听话,所以也没必要打",十九世纪中期阿礼国称日本的孩子自由奔放,甚至可称做"自然之子"。到哈恩为止的三百年间,有关日本儿童的说法一直都没有变。现在这一点也没有变,对孩子不严格常常成为问题。

在后面将提到的露丝·本妮迪克特的《菊花与刀》②中,日本人对孩子的宽容成为她把握日本的关键。本妮迪克特引用了哈恩论述日本集团性和党派性的内容,对哈恩的引用也只此一处。哈恩认为日本人对待孩子的态度跟西方人完全相反,这一点本妮迪克特没有涉及,但她这方面的知识是从哈恩那里得来的。

深知日本人的文豪哈恩这里的叙述实在是很巧妙。读了《日本》的

---

① 哈恩《日本——一种解释的尝试》,第460—463页。
② 露丝·本妮迪克特《菊花与刀》,长谷川松治译,社会思想社,1948年。

本妮迪克特不可能没有被这些所吸引。可以想象,她受到了哈恩很大的影响,其中有些内容对《菊花与刀》的完成起了决定性的作用。

其次,上文引用的是与学生中的强制有关的记载,那同时也是有关日本人形成集团性的过程的鲜明阐述。日本人的集团性在现在已经被普遍认为是日本人的特征之一,"跟大家在一起就不害怕"这句最近流行的话直接说明了这一点。上文提过的克拉克认为名誉心是解读日本人行动的关键,把集团主义看做日本人的特性进行了考察。顺带说一句,他认为"(对于孩子来说)与个人主义相比,集团主义大概是自然掌握的东西吧"①。之所以能够这样说,是由于这一特性能够在社会中发挥重要且有效的作用,他认为这才是一般的社会吧。

关于集团性,哈恩已经指出了。他在《日本》的第二十一章《产业的危机》中说到,为了与西方竞争,日本人不得不依靠集团来思考、依靠集团来行动。这是一个长期的历史性现象,所以不是能够轻易丢掉的,要放弃它必须付出异常的努力。

哈恩说,且不论是否正在付出这种努力,而且尽管据克拉克所说"日本人在本质上是非常保守的国民",日本社会依然能够很容易地实现近代化,是由于新制度立足于传统的集团主义价值观之上。② 在今天,集团主义非但没有消亡,日本人还处于回归它的方向,集团主义流淌在日本人的血液之中。③

对于集团性的评价,同为英国人的哈恩和克拉克意见迥然不同,然而两人都一致认为集团性是日本人的特征。克拉克写道:"在学校、社团、大学之中,集团主义的价值观依然像以前一样处于支配地位……不如说,与战前相比,今天的集团主义变得更加根深蒂固了。"④由于对集团性的评价不同,因此哈恩指出必须努力消灭集团性,而克拉克则没有

---

① 格雷戈里·克拉克《日本人——独特性的源泉》,第 198 页。
② 格雷戈里·克拉克《日本人——独特性的源泉》,第 218 页。
③ 格雷戈里·克拉克《日本人——独特性的源泉》,第 236 页。
④ 格雷戈里·克拉克《日本人——独特性的源泉》,第 255 页。

164

「日本人论」中的日本人(下)

特别说到这一点。这是我们日本人今后必须考虑的大问题。

关于大学生，哈恩作为一位授业解惑的教师，同他们长期接触，因此对他们十分了解，同时也发现了一些问题。

大学的学生

这个大学，对于很多学生来说，仿佛是将他们引往某种政治场所的机器一般。他们不用学习就可以出人头地，可以上的课他们也不打算去上。我想说，日本教育的未来将会是很黯淡的。更明确地说，学习的精神已经死去。没有心脏了什么都无济于事。我想说的正是，心脏早就停止了跳动。我想勇敢地提出疑问：是否有办法唤回心脏的跳动？我不知道。不会没有的吧？[1]

这是写给松江的挚友西田千太郎的信。日期是明治三十一年（1898年）十二月十八日，即哈恩来到东大后的第三年。他非常疼爱学生，经常鼓励他们，深受学生的爱戴。就是这样的他却写出了非常严厉的话。"不用学习就可以出人头地"这一情况继续下去的话，肯定是日本的教育前途黯淡。但是，在责备学生不学习之前，或许应该先反思一下制度。为什么采用那样的制度，这是一个问题。回顾一下前文中哈恩对娇纵儿童的描述，采用这样的制度与这种娇纵不是没有关系的吧？日本的成人无论是对儿童，还是对长大了的大学生，都做不到严格对待，而这与制度的制定是有关系的。或许日本成人对待幼小孩童的温柔的方式经过了长期的历史积累，超过了我们的预想，对日本人的性格、行为类型有很大影响。受到这个影响而形成的性格、行为类型反过来更使其对待孩童的温柔方式无法改变。当这变成如同空气一样感觉不到的日常行为之后，甚至就感觉不到需要发生变化，这或许就是现实。哈恩的时代自不必说，就连成为《菊花与刀》研究对象的那个时代的日本人也是如此，随着孩子一天天长大，强制的严酷性也会慢慢增

---

① 市川《一些新信件与作品》，研究社，1925年，第174页。

强。不注意太过日常的事情，发现不了问题。这一点过去和现在是一样的。

娇纵幼小的孩童，然后随着孩子年龄的增长对他们越来越严格这种日本式教育方式，同与之相反的西洋式教育方式相比，哪一种更好，哈恩没有谈到。先严格地教育孩子懂得自律，再慢慢放宽他们的自由，这样能培养孩子的独立性，因而这种方式比较好。基于上述想法的教育方法好像很有道理。但是，先放任自流，然后逐渐严格的这一做法，对于理解力和体力都有所增长的那个年岁的孩子来说，并非不能接受的做法，也能较快地使他们记住，因此似乎可以说这样做对于大人来说也是既轻松又有效率的。但是，实际上，自由散漫惯了的孩子往往缺乏自制力且容易冲动，对于教育他们的大人一方来说，无论如何不能说是件轻松的事。我还是觉得认为只有在自由中学会自制并养成习惯的孩子才能成长为独立的人这一想法是比较合理的，也可以说是更为实际的。虽然头脑中可以做出这样的判断，但是日本人却做不到这一点。三百年的墙壁不可能那么简单就被破坏掉，这正如同哈恩所说的一样。对儿童教育的关心与知识虽然越来越多，但这一点还是没有改变。从自由奔放到强制，再从强制到形成集团，哈恩描述的这一社会动态发展的图形，依旧存在于现实之中。克拉克所说的"今天的日本人回归集团主义"，就是一个佐证。

哈恩的国民性研究

关于哈恩的方法论的详细介绍我放在拙著①里，在此仅简单提一下作为总结。

要正确理解一个国家的社会状态，必须对那个国家的宗教有很深的了解。长期生活在日本人中的哈恩深切地感受到，在日本，生活中的各个方面都与宗教有着密切的联系。

国民性并非暴露在外部的东西。因此，要把握住它必须掌握一定

---

① 筑岛谦三《拉夫卡迪奥·哈恩的日本观——对正确理解的尝试》。

的方法。哈恩看到它隐藏在宗教的历史中,隐藏在与宗教共同发展的社会中,隐藏在老百姓的小手工品——毽球板上的绘画、毛巾上的花纹、纸糊的小狗等等之中,还隐藏在日常用语、谚语、俚语、庭院等等之中,并仔细观察了他们。套装越来越多地被人们穿在身上,但这些人,即便经过了明治维新也丝毫没有变化。他自己站在这样的角度进行了观察,试图捕捉日本人根本性的特质。总而言之,就是观察平民。

　　另一点受到注目的是,哈恩认为日本民族虽然是个明显的混血民族,但作为一个有特色的统一体它拥有自己的文化(虽然他没使用"文化"这个术语),因此日本人具有一致的国民性。

芳贺矢一

（Yaichi Haga　1867—1927）

西洋社会的单位是个人，因此他们的国家是由个人组织起来的。但在我们这里，国家是家的集合。

不存在作为个体的日本人

国文学家、旧制第一高中及东京大学教授芳贺矢一，以教育国民为目的，在明治四十四年（1911 年）十二月出版了《国民性十论》。这本书在大正十年（1921 年）五月就已经出到了第二十一版，现在我手头的则是昭和二年（1927 年）的第二十四版。尽管它并非一般的读者所喜好的文学著作，但仍然如此热销，是因为它是一本面向时势的著作，也是一本很好地履行自上而下的教化国民政策的书。

在日本连续赢得日清、日俄两场战争、国民的自豪感越发高涨的时代之中，作者大概是想告诉国民日本的优点和长处，并由此增强他们的自信吧。

首先，作者在第一章写到的是《忠君爱国》。日本的天皇、皇室与国民的关系，在外国是没有类似的例子的，因而日本的国体与外国不同，国民对国家的意识是特殊的，君臣是不同的人种，天皇一族千古不变等等，他通过历史的、东西方的比较，揭示出以上这些内容。他的论述中频繁出现了神话，也有作为历史的事实而举出的内容（如作为君臣是不同人种的根据），还出现了一些并非作为史实、而是用来表现上古时代的人们平和的心性的例子。

168

芳贺说到,武士道在武士政权时代表现出主仆之道,其根源来自于对皇室的忠诚。这个看法是新渡户的《武士道》中所没有的。芳贺认为对皇室的忠诚是早就存在的,它到了武士政权时代便转移到了主君与掌门人的身上。接着,他还解释道就像柿本人磨吕的短歌"大君乃神灵,身居云端驱雷霆"表现的一样,天皇是受到供奉的,在上古时代就已经有固定的君臣之分。但是,他虽然论述了继承皇位的人与位于其下对其服从的人们拥有不同的血统,却以神话作为论述的根据。而且尽管作出了上述论断,他仍然认为皇族对于人民来说是正宗,是宗主。他的论述的中心思想就是:从上古时代开始,皇族与人民就是连绵不断的,也有着固定的上下之分,并非单纯的统治者与被统治者的关系,相互之间是和睦的,同时人民也以真心对待皇室。他认为这个"真心"就是"忠"。

芳贺还说到,即使是武士政权时代,将军执掌天下,人民也没有忘记在将军之上还有天子。福泽认为在长达七百年的武士政权之中,对国民来说天皇等于不存在,存在的只有将军,因此恢复王权是不妥的。这里就是合理的实证主义者福泽与信奉教化国民主义的芳贺之间的不同,也是文明开化的社会与教化思想的社会的不同。

为了理解这本书,首先要在脑中形成概念,即当时正是一个以忠君爱国的精神进行教化的时代。

在接下来的第二章《崇敬祖先重视家名》中出现了这样的话:"西洋社会的单位是个人,因此他们的国家是由个人组织起来的。但在我们这里,国家是家的集合。"

他告诉我们,直到昭和二十年(1945年)为止,日本都是这样一个国家,一个被称做家族制度的国家。也就是说,日本是以"家"为中心,而不是个人本位的社会。个人作为"家"的一员,将不脱离或不打算脱离"家"看做规范。"家"里有户主,他可以保证"家"的安全发展。户主既是用来祭祀祖先的神龛的继承者,也是其守护者。在由"家"集合而成的乡或村里,有着祭祀祖先的神社,被祭祀的神是祖先,这与西方的神不一样。天皇在颁布宣战、讲和的敕诏时要去太庙接受上天的启示,政府要人在前往海外或由海外归来时要去参拜贤所、神宫,这些都仅仅是出于对祖先的崇敬,而不具有宗教的意义。日本的神并非宗教意义上的神。这一切现象都源于日本是个以"家"为中心的社会。日本在立宪政体下还保留了诸多古代的神祇政治,这在社会进化史上是一个特例。

立法者完全不采取个人主义立场,而是为了加入家族主义的思想煞费苦心,这从日本传统社会的形态来看是很自然的。家族主义是不可能与个人主义混杂在一起的。这样一来家本位很自然地产生了重视"家"的思想,不污家名也成为了武士道的精神。这些是第二章的中心思想。

他在第一章和第二章,通过联系社会成立史,清楚地揭示出日本人国民性中最基础的部分。也就是说,日本人中不存在个人,而存在与死者的关联,存在对天皇的亲睦及忠义之心。总之,日本人是存在于同"家"、国或天皇的关联之中的人民,绝对不存在仅仅作为个人的情况,也就是不存在作为个体的日本人。

日本人的性格

接着,他用了八章来一一描述日本人的性格。值得注意的是,尽管他确实是在描述从日本人个体上看出的特性,但在观察时从来没有将个体从国家社会中割离出来。这也就是:尽管在观察小孩子,但不将其看做离开了父母、家庭的个体。脱离父母、家庭、国家来观察个体就是偏离教化主义;站在科学的立场上,则意味着从更高的层面来进行观察,换句话说,就是在抽象的层面上来观察个人。但是芳贺是站在具体的、而且是教化主义的立场上来看待个体的。

在第三章《现实的·实际的》中,他讲到日本人的生活是以现实世界为中心,不思考与现实处于不同层面的来世;在以农业为主的生活中人们最关心的是每年的收成,不思考死后的事情;精神不是非物质的抽象而是透镜;福祸都来自于善神、恶神的行为;佛教在传入以后也带有现世性倾向,僧侣的任务是延命消灾,所谓的迷信也是为了乞求今世的幸福等等。像以上所说的，他主要从宗教方面来论述日本人是非常现实、实际的，在他们身上看不到超现实的想法与行动。

我想，从整体来讲上述内容是可以肯定的。日本人常常被人说到不善于抽象思维，因而历史上哲学的世界极度贫乏。芳贺简洁地涉及到各个方面，将这一点论述得浅显易懂。日本人正因为极度的现实、实际，才大量吸收了西洋文明，目的是通过取长补短来实现国家的强大，进而增进人民今世的幸福。我想本章的这一中心思想也是正确的。

第四章《爱草木、喜自然》的主要内容是温和的气候、美丽的大自然理所当然地产生了亲近花鸟风月的文化。虽然没有特别新颖的论述，但内容非常丰富，论述精妙，非常有说服力。

第五章的《乐观幽默》的内容像是上一章的继续。

他讲到，本居宣长的短歌"敷岛大和心，人问之为何，遥视朝阳处，馨香满山樱"表现出日本人乐观的性格，童话樱花老爷爷，川柳、狂歌之类也都是乐观性的产物。接着他又补充了一些内容，如在另一方面日本人守护名誉之心极强、花钱大方的风气的好处等等。

随意戏弄他人来取乐，但被人戏弄的话马上就进入争吵，这种火暴脾气现在也存在于日本人身上吧，由于戏弄而产生的吵架是常常出现的情景。这些的确显示出了日本人乐观而且自尊心强的特征。

他使用的材料全部是从文献中摘取出来的，这也符合一个国文学者的做法。我并非想否定他的观点，但他确实没有尝试通过对社会进行观察来提取材料。

第六章《潇洒淡泊》恐怕与上一章《乐观幽默》没有什么太大的差别。因为"不执著于一件事"就是"乐观"，而本章标题的这四个字的意思是"对什么事都看得很淡"。

由于日本人看得淡，因此主张"本来无一物"的禅宗，在镰仓时代之后受到广泛欢迎，又反过来对日本人的性格产生了很大影响。食物清淡、装饰单纯、音乐单调，日本人不喜欢杂乱，而喜欢简朴、单调，这一点在神道中体现得最为明显。佛教的造型美术则多显华丽。

日本固有的事物均单纯、朴素，与外来的事物形成鲜明的对比。这一对比也受到了哈恩和下文提到的陶特的关注。他们二人都给予固有事物以最高的称赞。

第七章《细致精巧》中提到日本人拥有细腻的感觉。其实这一点现在也常常被看做日本人的显著特征。他举出了丰富的例子，来说明由于这种细腻的感觉，日本人在"小"上发挥了自己的才智。山低而美、河流不长也不宽、农夫在狭小的田地里干活。他举出了这些例子，来说明细腻的感觉是风土带给日本人的特色。我觉得，发挥着细腻的感觉的人类自身也大多体格较小，这一点恐怕和风土一样，与细腻的感觉的产生并非没有关系吧。

第八章《清静洁白》中记载到日本人是爱好清洁的人民。这不仅仅指身体的清洁，关于以神道教为基础的精神上的纯洁，他也谈了很多。

他认为日本人爱好入浴的习惯来源于神道，过去的人们认为身体与心灵的清洁并非不同的事物，认为身体干净了，心灵也会纯净。他还说在海中洗净身体就是一个例子。同时，他还作出推论，认为妇女身上不洁事物较多导致了男尊女卑。这个想法很有趣。

第九章《礼节礼法》中论述了日本人的礼节礼法的优点。而礼节和礼法从很久以前开始就不断受到西方人的指责。

在本章的开头，他就通过对比，讲到了日本人复杂的寒暄用语。与西方人见面后简单的寒暄相比，日本人要低头好几次。虽然可以说复杂的寒暄是由日本封建时代的上下级间严格的区分自然而然产生的，但是他认为在那之前，"日本人一开始就不存在西洋人的平等主义。这与崇尚清静的风气一样，来源于对神的尊敬"[1]。芳贺以德川时代的信件的写法、敬语、人称代词、小笠原流的礼法等各种礼仪形态为例，认为压抑感情、从容自若的态度不仅存在于男性，也扩展到女性，在家庭里也存在礼节等等。他为日本人重视礼节感到自豪，并想给予称赞。

但是，他又感到叹息，因为各个藩国都产生了各自的礼仪习惯，东西的风俗混杂在一起，又经过了明治维新的混乱时代，上流社会也已不在乎礼仪，于是"今日之日本乃混乱之世，一切礼仪礼法皆大乱"[2]。接

---

[1] 芳贺矢一《国民性十论》，第208—209页。
[2] 芳贺矢一《国民性十论》，第277页。

着他又讲到,明治维新这场大变革几乎废除了一切旧的礼法,现在必须稍稍建立有条理的礼法了。上述叹息与愿望,或许也存在于当今的国民之中。在迎来国际化时代这一从所未有的新时代后,必须要思考:符合时代要求的日本人的礼仪应该是什么样的。同样的问题似乎也出现在作者所处的时代。这就是他的思路。

在这里我又联想到,在幕府统治之下,来到日本的西方人异口同声地对日本人的彬彬有礼感到钦佩。尽管体格比不上西方人,但日本人通过遵守礼法使西方人感到威风凛凛。回想起来,这是一件好事吧。

在最后的第十章《温和宽容》中,作者记述到,日本人过去就对不同人种的人拥有宽容,对动物也不残酷,神话、童话中也很少有残酷的故事,他们认为战争时也应该对敌人有慈悲之心等等。他试图通过这些记述来说明日本人本来就绝不是残酷的民族。

当时在德国出现了针对日本的"黄祸论",因此整个欧洲都出现了"警戒日本"的气氛。芳贺似乎将此事放在心上,写下了这一章。本章的一开头,他就写道:

> 由于西洋人对日本人的误解太甚,因此最近时时听闻"黄祸论"一说。这是由于看到了日本人在日清战争、义和团运动、日俄战争中所表现出的勇武,以及看到了我国军队的强大,因此认为日本人好战,不久恐怕就会侵略到欧洲,白种人会像曾经受制于成吉思汗的统治一样,再度被黄种人的势力所压倒。这完全是杞人忧天,其根源在于人种歧视。[1]

"黄祸论"是德国皇帝威廉二世在 1895 年,即日清战争的末期提出的,因为日本的对外扩张开始妨碍西方列强在亚洲的侵略活动。"黄祸论"意味着属于黄种人的日本人对欧洲列强来说是灾祸,芳贺认为它产生于日本的武力对欧洲列强权益的威胁。于是他写下了这一章,似乎是为了告诉自己日本人不会那么简单地诉诸武力。他说武士道的精神

---

[1] 芳贺矢一《国民性十论》,第 230 页。

是在受辱时才拿起刀,不意气用事则是柔道的内容,日本人也不会虐待动物。在这里,与其说他是在积极地论述温和、宽容,倒不如说是以消极的形态在发表主张。我感到他喜欢举出反证,这样一来往往就会演变成无休止的争论。这一章是他写的十章之中最没有说服力的一章。我并不是说日本人不是温和宽容的,我也和芳贺一样觉得日本人是拥有体贴之心的温和的民族。只是说他的论述很不充分。

对日本人来说,与他人协力进行农耕是最重要的,至少合作者不能互相关系不好。日本人得益于美丽的自然、温暖的气候、适合植物生长的土壤,只要耐心劳动就必然有收获。日本的农民对共同劳动的家畜和善,对农作物照顾细致,他们不应该是充满战争性的粗暴的人吧。只要当政者不是特别无道的暴君,就一定能获得平稳的生活。更重要的是,礼节让日本被称做守礼之邦,它不仅仅存在于武士之中,也成为农民的日常规范。他们对家畜、农作物充满耐心和关心,形成了适合他们的礼节,因此在对待他人时,只要没有特别的条件,就会采取忍耐、温和、宽容的态度吧。一方面很粗暴,另一方面又很温和,这种分裂在一般情况下并非战斗性的,反倒可以说是协调的。并非战斗性、而是温和、协调的这一特征,归根结底是由风土、伦理决定并产生的。武士和工、商人在受到上述风土、伦理的规范这一点上没有差别,这样的话即使国民被分为四等,但从整个民族的角度来说都是温和的。尽管伦理也决定了日本人在名誉受到伤害时立刻变得富含攻击性这一侧面,但在平时日本人还是个温和的民族。这个性格现在也还被继承着吧。

过渡期的构造

在花了十章的笔墨来描述了日本人的性格之后,作者又接着论述,认为上述日本人的特性均来自于古代的习俗——对神的尊敬,这些特性综合起来就是武士道,儒教和佛教也都拥有使日本走上强国之路的优点。同时他也提出疑问:东西文明在日本不断混合,日本人的国民性能够保持到何时,又会怎样变化,是否该发生变化。他也写下了如下的回答。

清淡的菜肴向浓厚的西餐让出了一步，武士道气质在向商人气质转变，文学、音乐、绘画、建筑、语言等各方面都在发生变化。在这个过渡的时期，日本既然已经登上世界舞台，就必须改变该改变的，保护该保护的。只要有这样的思想准备，前途就是光明的。

芳贺对日本人国民性进行的研究展示出了日本人的长处，将展示出的十项长处结晶后就成为武士道。但是，其内涵正在改变，也不得不改变。"保留原有的长处，吸收新进的优点"这一结论也非常公正妥当。

他向自己提出了问题：国民性会如何变化，是否该发生变化。但是他并没有给出具体的答案。在当时，回答这个问题恐怕并不容易，而且对他来说时机也没有成熟吧。

正因为芳贺所说的"过渡期"是一个剧烈变化的时期，因此无法简单作出回答。但他的意图也许在于将变化看做是无可奈何的事，告诉日本人民武士道中应当发扬的优点，同时增强他们作为国民的自信心，以及让他们做好此后日本进行国际性扩张的心理准备吧。

即使变化是无可奈何的，也要遵守武士道，可以从中获得救援。我感觉到这些是芳贺的基本思想。

据芳贺所说，武士道的源头是对神的崇拜。但他也认为即使这种崇拜消失了，作为文化中心的武士道这种精神也依然不能消失，这是说得通的。他还说，即使上文中提到的结晶体——武士道本身解体了，但结晶的成分，例如细腻的感觉、对自然的爱好等等，依旧会作为习惯而保留下来。

这本书在明治末期充分发挥了它的作用。即使现在读起来，也会发现其中写出的大部分优点现在也依然是优点，这是一篇展示优点的模范文章。

大町桂月

（Keietsu Omachi 1869—1925）

将武与诗合二为一的日本人，精通小技巧，长于应用之才。

从明治二十八年的文章来看

大町是个具有很强国粹主义倾向的美文家，留下了许多作品，有《桂月全集》十三卷①。在他大量的评论中，有《日本的国民与国家》（明治二十八年，即 1895 年）、《日本作为美术国家的国民气质》（明治三十六年，即 1903 年）、《日本国民的气质》（明治四十一年，即 1908 年）这三篇文章。下面我们通过这三篇文章来看一看他的日本人观。

吾人与其贺我三军在支那②连战连胜，不如先贺我国民如此一心。国民若对内一心、充实国力，则极易对外扩张。此前锱铢必较的我日本人民，在征伐支那中上下一心。缺乏国家观念之人，也由此深感国民一心之必要。然征伐支那并非永久持续之事。我军一朝攻陷燕京、缔结城下之盟后，不知我国民再以何一心。贪眠于东太平洋之春的我日本人民今已觉醒，立于世界之舞台上。成东洋之霸王者，惟吾国也。应凌驾英法、压倒德俄、雄飞于地球之上

---

① 大町桂月《桂月全集》，全十三卷，与文社，1922—1923 年。
② "支那"即是对中国的蔑称——译者注。

176

国更有其谁！①

　　国民的心因日清战争而结合在一起，这很让人开心，"就通过战争来继续维持这种结合吧！""大举兴兵成为东方霸主，高唱称霸世界吧！"桂月喊出了蛮勇之声。写下这篇文章时，他二十六岁。血气方刚的他在当时写下这样的文字，并非不可思议。三宅雪岭在很久之前就站在国民主义——以能干的日本民族为自豪——的立场上出版了杂志《日本人》，写出了《真善美的日本人》。它带给了年轻人非常大的影响，桂月正是顺应了这股思潮。顺应了思潮并非是说他是个机会主义者，恐怕他是在认真思考之后赞同这股思潮。德富苏峰赞美与自由民权主义相关联的平民主义，与此相比桂月更倾向于三宅等人的国民主义，更将它推向不断强化的方向。他们这个流派的论调渐渐占据了主要地位，成为一股国民性思潮，支持着日本从日俄战争到日中战争②、最后走向太平洋战争期间的国策与国家的脚步。

　　桂月认为皇室是国民的正统，提倡敬神、尊王、爱国。在这次世界大战结束之前，这是国内的主要思潮，在教育机构以及国家活动中进行的讲话、演讲都没有偏离过这个主流思想。下面我们来看看他在明治三十六年（1903 年）写下的文章。

从明治三十六年的文章来看

　　　将武与诗合二为一的日本人，精通小技巧，长于应用之才。擅长为事业奔走，不擅静坐思索。富有常识且机敏的代价，是缺乏想象力。易燃起热情，也易冷却。缺乏狂热分子。轻松诙谐，好开玩笑，不大认真。伶俐而不多疑，因此无大烦闷、大不平。只是由于以活动为主，因而追逐利益，缺少主义。这样，不好沉思、不富想象、缺乏狂热、不认真、无大烦闷、无大不平、缺少主义之性格虽便于活动，

---

① 大町桂月《桂月全集》第八卷，第 501 页。
② 抗日战争的日方称呼，以下统一译为日中战争——译者注。

但无法产生诗人。故文学往往仅为娱乐之具，而无人生之意义。①

这是说日本人实干、勤奋、容易狂热又容易冷却、乐观、没有哲学、想象力贫乏，因此大哲学家、大文豪很少。桂月在当时就一一指出了这些直到今天都常常被人说起的内容。

武士如果仅仅依靠武力就会变得粗暴，因此应该附庸风雅以作为自身的修养。就像前文中见到的一样，这一点在罗德里格斯的时代就作为"文武两道"被提出。只是那时的"文武"中的"文"指的是风雅而非思索。在武士政权社会中，武士处于模范的地位，上述意义的"文武两道"成为上流人群的生活标准；再加上主张"无念无想"的禅宗拥有很大的影响力，思索"理"的精神受到压制，因此本来就诙谐乐观的日本人形成了心中不存在疑问、躲避烦闷与不平、聚在一起便相互打趣取乐的性格。桂月认为日本人缺乏思索，而芳贺矢一认为日本人是现实的、实际的，这两者之间是相通的。

桂月的话中尤其受到注目的是"好开玩笑，不大认真"这个说法。

虽然认真，但又羞于表达，日本人不就是这样的吗？日本人存在很强的害羞的心理。就算心里想着"这些菜是我亲手做的，能让对方满意，应该会吃得津津有味"，也绝对不会对作为接受者的客人表示出这些，而是谦虚地说"我做了这些菜，不知道合不合您口味"、"如果您觉得好吃就太棒了"等等。"害羞"与"谦虚"同时发挥着作用。

羞于表现出自己的认真，在得到名誉时开心又羞于表达、因而进行压抑，这就是日本人的心理。开玩笑也大多是因为如此吧。人们通过打趣来转移注意力，在其心灵深处似乎存在着"害羞"。我觉得对于桂月上面所说的话，必须添加这样的注释。只是，他指出了事实，这一点非常了不起。笔者早先就对"害羞的心理"很感兴趣，金田一春彦也写过关于这种心理的有趣文章，②这里就不再深加讨论了。

他的话中还出现了"追逐利益、缺少主义"的说法。不追逐利益、殉

---

① 大町桂月《桂月全集》第 8 卷，第 495 页。
② 金田一春彦《日本人的语言表达》，讲坛社《现代新书》，1975 年。

葬于主义，这不正是武士道的精髓吗？桂月说出上面的话，恐怕是暗中表达出对"武士道已废"的叹息之情。

而他的"好开玩笑，不认真"的说法似乎也暗示着武士道的衰退。

明治三十六年与明治四十一年之间的矛盾

但是，从他在明治四十一年（1908 年）发表的《日本国民的气质》中的论述来看，上文所说的武士道的衰退并没有进入他的思考范围。知耻、勇于行义、轻视死亡、爱好清洁、孝敬父兄、忠于君主、了解美学、风雅、意志坚强、乐于冒险，[①]以上十点都是桂月所认为的日本人的特性。

前文出现的明治三十六年（1903 年）的文章主要指出了武士道正在日本范围内衰退的事实及其缺点；而上面的明治四十一年（1908 年）的文章又指出日本存在武士道的事实及其优点。也就是说两者是互相矛盾的。这可以怎样解释呢？

这应该是桂月在行文上的不同吧。前者写于日本获得明治二十八年（1895 年）的日清战争胜利八年后，国民骄于国势强盛，他对此感到厌恶；后者写于日本艰难获得明治三十八年（1905 年）的日俄战争胜利仅仅三年之后，他被国民所打动，行文也受到影响。

---

① 大町桂月《桂月全集》第 8 卷，第 600 页。

大正时代

夏目漱石

（Souseki Natsume 1867—1916）

我在拥有了"自我本位"这个词后，变得强大了很多，产生了无所畏惧的气魄。

漱石其人

漱石演讲时开场白都很长。一般都是诸如"我本来是打算推掉的，但还是接下了这个任务"、"他们强行叫我来，我虽然同意了，但是没做什么准备"、"准备不足，不能让各位满意"，或者就是"经常接到演讲的邀请，但都给我回掉了，总觉得很烦"等等。这部分让人感到他虽然是在摆架子，但在这个习惯的基础上才能说下去。或许也会有人觉得这正是老东京人的优点。

即使不在开场白当中，也会出现"花了很多时间来讲这些无聊的事情，给大家添麻烦了。其实我就是为了消磨时间才说这些的"[1]、"坦白地说，即使拒绝这次演讲，也不会严重到我被免职的地步，因此我躺在东京、以'有事'或是'健康不允许'等等借口就可以推掉。但为了诸位、或者是为了公司——这么说的话马上就看起来像是伪善了。不管动机中含有人情还是好意的成分，我既然来了，总还有几分善人的面孔……"[2]还有"把这些例子一一举出来会比较好，但我不打算一一列举。

---

① 夏目漱石《夏目漱石全集》第六卷，朋文堂新社，1967 年，第 365 页。
② 夏目漱石《夏目漱石全集》第六卷，第 354 页。

虽然把例子省掉就没意思了，但可以早点结束。所以我打算就这么没意思着早点结束"①等等。这是很目中无人的说话方式，也是上对下的说话语气。

特别是看到他以开玩笑的口气说出"大家好，我是夏目老师"②、"在教速水君的那个时候，我并不伟大，或者并不知道自己伟大，总之是这两者之一"③等等的时候，我更觉得这是因为他确立了在文坛的地位。

这些都是他在英国留学之后的事情。想来在还不是著名作家的时候，老东京夏目的个性也许就如此锐气十足、口齿伶俐、锋芒毕露。出身于牛込名主之家的他，在这个上下等级制度森严的社会中被植入了"立于他人之上"的性格吧。如果不是这样，就算成了著名人士，也无法想象充满智慧的他会渐渐采用上面的说话方式。虽说家势衰退，但他仍是处于民众之上的、当时最高的知识分子。细腻、敏锐又不服输，像上面说的一样被灌输了处于社会上层的意识，并很自然地以这种潜在意识来对待周围人的他，去了英国。踏上英国的国土，那里没有人把他看做上层的人，也没有人会理解他老东京人的优点。也就是说，他进入了一个完全不同的生活圈里。

导致他讨厌英国及英国人、蛰居在宿舍、不安于一个地方、最终神经衰弱的各种原因之中，最大的恐怕就是上述环境的不同。因为那里没有以自己为中心聚集在一起的手下人，换句话说他的周围没有尊敬他的人。于是他的心情越来越差。现在也有人在国内精力十足、到了国外垂头丧气。漱石是不是也有与此稍稍相似的心境的变化呢？

就连有骨气、聪敏的明治人夏目漱石到了英国之后，都遇到了上面所说的情况，心情无法平静。他和妻子的通信并不和睦。在其最深处，是不是他心境不安定，影响了和妻子的沟通呢？在那个时代是没有进入异文化后所受的"文化冲击"等概念和术语的，人们从来没有把与文

① 夏目漱石《夏目漱石全集》第六卷，第369页。
② 夏目漱石《夏目漱石全集》第六卷，第233页。
③ 夏目漱石《夏目漱石全集》第六卷，第365页。

化有关的、人的问题看做是问题。说到底,他在伦敦期间心绪不宁的原因究竟在何处这一问题的答案,就是他身上所存在的文化的问题吧。我感到这是一个文化心理学上的问题。

是不是可以直截了当地说他缺乏对异文化的适应性呢? 于是在这个没有适应的、心情不愉快的居住期间,他渐渐地讨厌起英国人及其社会了吧。他没有喜欢上英国,这是感情问题。作为感情来说是这样的。但是,他的理性所发挥的作用也是不可忽视的。

看了他好几个演讲之后,我们已经很清楚地明白他是怎样一个拥有顽固的理性的人了。没有让他从感情上喜欢上的英国社会,在作为文明批评家的他理性的眼睛里,是一个高等的社会。这一点在后面还要更详细地分析,在那之前我们先来考察一下他健康的理性。

漱石的理性

明治三十八年(1905 年)三月,他在明治大学以"伦敦的娱乐"为题做了演讲,是介绍过去的伦敦各种演出的情况,也是对以熊、牛、狗和老虎为对象的残酷的游戏以及人们之间的粗暴斗争做的介绍。"没有秩序,混乱不堪,让人听不下去。但是,认为这样也很有趣的人,就请认为很有趣吧",用这样的即兴台词所串起的这场演讲似乎想告诉人们:这并非仅仅是唠叨过去的伦敦罕见的娱乐活动,而像召开动物保护大会来宠爱动物,事实上也确实如此。他希望能够在听众脑海里留下些东西,以此为目标做了这样一场演讲。

在明治四十一年(1908 年)二月,他在东京青年会馆中做的"创作家的态度"的演讲中,出现了这样的话:"绘画的历史无穷无尽,我认为可以说西洋的绘画史只是其中一支,日本的风俗画的历史也只不过是其中一支。这虽然仅仅使用绘画来做例子,但又未必仅限于绘画方面。"[1]他在这场长长的演讲中展开了非常有理论性的论述。我在这里想说的就是,无论是在之前的演讲还是这场演讲中,漱石都仅仅认为对

---

① 夏目漱石《夏目漱石全集》第六卷,第 280 页。

方伟大、对方先进,但我们不能因此错误地下判断。在做了后一场演讲很长时间之后,他又论述过"孝",认为由于"孝"这一情操是与父母和子女的关系密切相关的,因此如果其关系发生变化,"孝"的情操也会发生变化,不应该以某个时期的"孝"作为绝对的标准。过去和现在不一样,日本与西方不一样。这里他论述了针对各个时代和不同的地区、分别从实际出发得出见解的必要性。

他说,"尽管你是城里人"、"尽管你是老婆"、"尽管你是孩子"等等,在这种"尽管你是……"很流行的社会之中,人们确信现实中存在一定的理想事物,只要不被斥责道"尽管你是……",自己就是理想的老婆、理想的孩子、理想的城里人。他说,实际上不可能是这样,希望现在的日本文学赤裸裸地表现出这个现实。说到底,这也是一个阐述了采用相对的眼光来看问题的重要性的例子。他举出了好几个事例来进行说明:认为"应该……样",以一种看法、想法来施压的行为是错误的。也就是说在健全的、从实际出发看问题的方式中,可以看出夏目漱石的理性是健康的,而不是奇怪的歪理。

他在明治四十四年(1911年)长野县议会议事院所做的"教育与文艺"的演讲,也与上述内容有联系。他说道:"回顾这四十余年的历史,过去我们从理想出发进行教育,现在正渐渐转变为从事实出发进行教育。"①过去的教育中贯穿着"忠"、"孝",但现在的教育是在认为存在不忠不孝的人的基础上进行的。从实际的事实出发,就是二元的教育;从"应该……"的理想出发,就是一元的教育。现实的世界是二元的,社会在不断变化。把变化着的事物看做是变化着的,实事求是地去把握,这一点很重要。如果以文学理论中的浪漫主义与自然主义来打比方,仅仅依靠"子曰……"等圣人的德育的教育思想,相当于教育中的浪漫主义,它行不通已经是很明显的了;只揭示人性弱点的自然主义也有弊端。因此尽管在不同的时间和场合下有偏向浪漫主义或是偏向自然主义的区别,但两者兼顾的新浪漫主义的立场是比较好的。以上就是他这次演讲的主要内容,从中可以看出他理性中的中庸。

---

① 夏目漱石《夏目漱石全集》第六卷,第315页。

同样在明治四十四年（1911 年）八月、在和歌山进行的以"现代日本的开化"为题的演讲中，他说到，西方的开化是从内部产生的，日本是顺着从西方传来的浪潮进行开化，也就是从外部产生的开化。"尽管自己还是个抽烟也不知其味的小孩子，却抽着烟，装出十分美味的样子，神气活现。只能说不勉强这么做就无法维持下去的日本人是非常悲惨的国民。"①他使用了上面的比喻，来论述日本人的悲惨。在他所说的"似乎随处可以听见'在战争之后日本已成为一等强国'的傲慢的声音"②这样的时代，控诉日本人的悲惨性应该是需要勇气的，而且还可能招致反感。接下来他又说了"我在诸位面前恬不知耻地揭露出这些苦涩的现实，虽然只有一个小时，也带给了幸福的诸位哪怕一个小时的不愉快的感觉，我觉得心情很沉重……"这样道歉的话。其实这次演讲也是想揭露出走上外部开化之路、无止境地顺应着西方潮流的日本的现状，从而给听众留下些什么。这是一次为了社会、为了国家进行的演讲。

以上都是在结束留学生活到明治末年之间的演讲。当然，这些并不是全部。从以上这几个例子可以明显看出，演讲的内容都与当时的社会状况相对应，采用了中庸的立场。

终于进入了大正时代，对他来说已经是晚年了。但我所说的"为了社会为了国家的演讲"的色彩在他的演讲中变得更加浓厚了。它们既是比较文化论性质的，同时也是文明批评性质的。于是，从中可以看出他的日本人观。

漱石的日本人观

大正二年（1913 年）十二月，漱石在第一高中做了题为"模仿与独立"的演讲。他说自己参观了文部省举办的文艺展览，里面全都是些没意思的东西，虽然画得不错但缺少了些什么。他们没有自己给自己画

---

① 夏目漱石《夏目漱石全集》第六卷，第 339 页。
② 夏目漱石《夏目漱石全集》第六卷，第 340 页。

像。从以上经历开始,他又讲到了日本人多进行模仿、没有不进行模仿的国民、日本人在每个领域都只在进行模仿。这太丢人了。演讲的主要内容就是希望日本人能够独立。

> 各位之间常常谈起诱惑这个现象。尽管感受到诱惑、想与他人步调一致地前进,但无奈我不能顺从于它……我虽然想与诸位一起行动,但总是不能做到,因而无可奈何。这称做"独立"。不用说,这当然不是体质上的一种需求,而是精神上的——积极的内心需求。人们有时是在道德上发现了这种需求,有时是在艺术上发现的。说到精神方面——这个,我要举几个老掉牙的例子……①

然后他以亲鸾上人在做好了受迫害的心理准备后进行改革的事迹为例,说道:"这就是独立的人。"然后他又联系到以下的内容:

> 从今日日本之现状来看,对于我们该注重哪方面这个问题,我认为,应注重"独立"这一方面,并在此认识的基础上前进。我们日本人民作为喜好模仿他人的国民,自己宽容了自己。事实也是这样:过去那些只模仿支那的人们,现在又仅仅在模仿西洋。这是为什么呢?因为西洋比日本稍稍先进些,所以才在各个方面被日本模仿……然而想想看,不仅仅模仿他人,而是应该自己产生真正的创新、真正的独立的时代,可以到来了。而且,也应该到来了。

在前文提到的和歌山的演讲中,针对日本仅仅是外部开化这一点,他曾说:"该说是可怜还是可悲呢? 我确实陷入了无言的窘境。"②吐露了相当悲观的论点。但进入大正年间后其程度略有降低,应该说对于自己所认识到的事实进行控诉的结果,是他倾向于激励。他似乎是在面对着年轻的第一高中的学生们,激励他们"不要输给西洋"、"要了解

---

① 夏目漱石《夏目漱石全集》第六卷,第 370 页。
② 夏目漱石《夏目漱石全集》第六卷,第 340 页。

自身的力量,走独立的道路"。

"自我本位"与"党派性"

大正三年(1914 年)十一月二十五日他在学习院高等科进行的演讲"我的个人主义",是他关于当下面临的问题所做的最值得注目的一次演讲。

> 说起来,我是个西洋人怎么说就怎么盲从,并借此逞威风的人
> ……并非说他人的坏话,我现在就是这样。比如我读到一个西洋
> 人对同为西洋人所作的甲作品做出的评价后,就完全不考虑这个
> 评价是否妥当,不论自己是否理解,都会胡乱谈到这个评价……然
> 而身在那个时代之中,大家也都赞赏它。
> 可是,无论怎么被别人夸奖,由于原本就是狐假虎威,所以我
> 的内心是不安的,因为我只是轻轻松松地披上孔雀的羽毛在洋洋
> 得意……
> 好比说,西洋人说"这首诗很不错"、"韵律很好"等等,这只是
> 以西方人的眼光来看的,并不能成为我的参考对象,只要我不这么
> 认为,最终不该再转售出去。既然我是一个独立的日本人,而不是
> 国人的奴婢,我就必须作为日本国民的一员,拥有这种程度的认
> 识,而且从尊重全世界共通的"正直"这一道义的角度来看,我也不
> 能放弃我的意见。
> 但是,我的专业是英国文学。当本地的评论家的意见与我的
> 想法不一致时,一般情况下我总会感到寒碜。于是,我必须去思考
> 这种矛盾到底来自何处。我想,风俗、人情、习惯,再往大了说国民
> 的性格都一定是产生矛盾的原因。[①]

他并没有把自己的事情束之高阁,而是认为可以给包括了自己的

---

① 夏目漱石《夏目漱石全集》第六卷,第 385 页。

行为在内的日本人盲从于西方、进行模仿的行为打上终止符了，应该坚持自身的想法。虽然，他所说的这些都是理所当然的。但是，当自己与西方当地人的评论不一致时会觉得寒碜，这时不能说着"原来如此"而调整自己、迎合西方。"这样的差异是从哪里来的呢？"漱石在这里碰到了今天所说的文化问题。他认为使日本与西方产生矛盾对立的，是风俗、人情、习惯等等，这些在今天来讲就是文化。他遇到了因文化不同而对作品产生了不同评价的现象。于是由于评论不同，他内心不安，产生了"为什么会这样"的疑问，从而涉及到了文学以外的领域。这让人感到，他不愧是将来的大文豪，在这里就能看出他的非凡之处。他的留学生活最有价值的收获就在于此。

接下来，他又详细解释了自己在留学时涉足文学之外的领域——也就是涉足英国文化之中，不断加深见解并最终形成了以"自我本位"这四个字所显示的思想的过程。

然后，我为了巩固自己有关文艺的立足点——说是为了巩固还不如说是为了新的建设，开始阅读与文艺完全无关的书籍了。用一句话来说，我终于想到了"自我本位"这四个字，并且为了证实"自我本位"，开始埋头进行科学的研究和哲学上的思索。现在时代不同了，只要是头脑稍微聪明的人，都应该能很好地理解这些内容。但当时不仅我自身还很幼稚，社会也没有发展到这个程度，所以我的做法实在是迫不得已的。

我在拥有了"自我本位"这个词后，变得强大了很多，产生了"他们算什么"的气魄。向之前迷失了方向的我指示道"必须站在这里，必须沿着这条路这样走下去"的，正是"自我本位"这四个字。

坦白地说，我从这四个字开始踏上了新的旅程。于是我觉得现在像这样仅仅跟在他人后头大惊小怪是非常不安的，因此想到如果充分地在他们面前摆出"无需冒充西洋人"这一不可动摇的理由，自己也许很愉快，别人或许也很高兴。于是，我打算通过著书和其他手段，来实现这一目标，把它作为自己一生的事业。

这时，我的不安已经烟消云散了，我以轻松的心情来眺望阴郁

190

的伦敦。打个比方，我就像是在懊恼了多年之后，终于用自己的鹤嘴锹挖到了矿藏。①

当他住在伦敦的一间小屋中陷入无穷烦恼、因身边没有围绕着自己的人们而感到孤独、不断对研究英国文学的意义产生疑问的时候，某一天"自我本位"这四个字就像晴天霹雳一样出现在他的脑海之中。准确地说，是这四个字所表示的概念通过他留学期间的心灵经历而涌现了出来。他认为这正是日本人没有而英国人拥有的，是比较两国国民的关键。我们可以想象他当时的震惊及喜悦。我想，"鹤嘴锹挖到了矿藏"这个比喻，正显示了他当时那种突如其来的欢喜之情。"自我本位"这四个字，恰当地表示出了两国国民之间最大的差异，用在当前也是妥当的吧。

与"自我本位"相对立的、用来表示日本人特性的词语，用漱石的话说，就是"党派性"。

作为决定文学的条件之一，漱石谈到了今天所说的"文化"。我认为他大致把握住了这个当时还没有名称的重要概念。植根于英国文化之下的英国人的特性之一就是"自我本位"；类似的，植根于日本文化之下的国民特性就是日本人的党派性。他的杰出之处在于把英国人的自我本位与日本人的党派性放在了对立的位置上。当他抓住了这个不来到英国留学恐怕就无法发现的对立之时，也就感到打开了走向英国文学研究的道路了吧。同时，在伦敦的生活也一下子变得明亮起来。

我想，在英国人身上发现了"自我本位"这件事让漱石茅塞顿开。接着他又在日本人身上发现了与此相对立的"党派性"。然而，"自我本位"对日本人来说也是值得追求的拥有更高价值的人生态度。不然，他不会说出"我在拥有了'自我本位'这个词后，变得强大了很多，产生了'他们算什么'的气魄"这样的话。当然，他也希望一般的日本人都能有同样的感受，因为这是应当取代"党派性"的、在文明层面上更高的价值。他还说道："我在当时收获的'自我本位'这个思想现在依然存在，

---

① 夏目漱石《夏目漱石全集》第六卷，第385—386页。

不，应该说随着时间的流逝变得越来越强。"①说这话时，他已经回国十一年了。他在强调"自我本位"的重要性时，已经不仅仅局限于文学这个领域。他与在东大的前任者——拉夫卡迪奥·哈恩（小泉八云）一样，把目光投向社会，成为了一个拥有比较文化与文明批评视角的人。这是离开日本、居住在英国的经历给他的恩赐。

哈恩在来到日本之后从随笔、游记、改编等文学的田野转向了日本人论的方向。漱石也是在来到英国之后把注意力从文学研究转移到英国文化及英国人身上，树立了比较文化论方面的问题意识，最终指出了与日本人论关系很深的重要的一点。内容如下：

众所周知，英吉利是个非常尊重自由的国家。一方面，它极度热爱自由；另一方面，又没有比英吉利更井然有序的国家了。说实在话，我并不喜欢英吉利。然而讨厌归讨厌，以上却都是事实，所以只好讲给大家听。恐怕世界上没有第二个那么自由又那么有秩序的国家了吧，日本什么的到底是无法与它相提并论的。然而，英国人并非仅仅是自由的。为了在热爱自身的自由的同时也尊重他人的自由，他们从小就充分地接受社会教育。因此，在他们的自由背后，一定也伴有"义务"这个概念。尼尔森那句有名的"祖国望每个国民恪尽职守（England expects every man to do his duty）"的意义绝不仅仅局限于当时。这是拥有深厚基础的思想，是与他们的自由相反发展起来的。②

……我是迫切希望各位也能处在自由之下。同时我也衷心希望各位能够理解"义务"这个东西。在这个意义上，我不打算害怕宣称自己是个个人主义者。

……

……我在这里所说的个人主义，绝不是俗人所认为的会危害到国家的事物，所以我对它的解释是"在尊重他人的存在的同时

---

① 夏目漱石《夏目漱石全集》第六卷，第386页。
② 夏目漱石《夏目漱石全集》第六卷，第390页。

也尊重自己的存在"。因此，我认为这是非常了不起的主义。

　　更简单地说，它指不存在党派心，而拥有是非观念。它就是不拉帮结派，不为了权力或是金钱妄动，因此它的背后也隐藏着不为人知的寂寞。既然不是他人的朋党，我就只是自由地走我自己应走的道路，同时也不妨碍他人应该走的道路。因此在某些场合下，人们只能相互疏离。这就是其寂寞之处。

　　……

　　……在个人主义之下，人们在进行取舍、决定目标之前，先要明确是非以决定去留，因此某些场合下只能孤身一人，感到寂寞。这是很自然的。因为易断的筷子成把则很难折断。①

　　在上面的论述自由、义务、个人主义的引文里，我完全感受不到有疑义之处。他说得非常有道理，这些话也完全适用于现在。正因为个人主义是民主主义的核心，因此"个人主义把是非看做生命"这样的说法是现在的日本人必须铭记在心的。他如此强调这一点，是因为同时他也认为日本人缺少这些。再强调一下，个人主义就是不存在党派心、遵循是非的主义，是不以人来做决定而依存于"理"的主义。他简单明了地道出了个人主义的本质。

　　自我本位意味着按照自己的是非判断来行动，其中没有任何强制性。因此离开了自我本位，个人主义也无从谈起。他举出了日本人在与自我本位相对立的党派心驱使下行动的事例，②指出，日本不存在真正的自由，在强制之下不存在个人。他以此向听众诉说自我本位和个人主义。最终他与哈恩的主义、主张是一致的。在东京帝国大学先后教授英国文学的两位教师，通过可以相互对比的外国生活，最终向日本人提出了非常重要的要求。

---

① 夏目漱石《夏目漱石全集》第六卷，第391—392页。
② 夏目漱石《夏目漱石全集》第六卷，第391—392页。

权田保之助

（Yasunosuke Gonda 1887—1951）
日本的民众……甚至将本来很严肃的事物也"御"字化，由此使它们转入娱乐生活的领域。

"国民性"与"国民性情"

权田保之助作为德语教授及教科书的作者名气很广，而他会着手进行有关业余时间、娱乐方面的研究，①也许是因为通过教授语言对青年产生了兴趣，将注意力转移到了他们自身的教养、娱乐之上。最终他能通过娱乐关联上日本人的性格，想来也是因为对欧洲语言及其文化造诣很深、自身也拥有了比较文化论的思维方式吧。

而且，他所持的日本人论中有着别开生面、与众不同之处——观察细致。在这一点上，还是有着无法舍弃的内容的。

他似乎把国民性理解为在历史上各个时代中不断被发现的、驱动着国民生活的某种崇高的存在，因此一开始就作了说明，使用"国民性情"这个词来代替"国民性"。或许这是因为他认为在独冠世界的国体之下、拥有教化自己的大君的国民已经拥有上述"国民性"的概念，因此想避开这个词吧。想想看，当时的确存在着"我们与西洋人国民性不同"的气氛。哪怕到了战后，在一段时期之内，"国民性"这个词在学界

---

① 权田保之助《民众的娱乐生活中显现出的国民性情》，《权田保之助著作集》第四卷，文和书房，1974—1975 年，第 32—39 页。

都不受到欢迎。这是反对那些把由历史创造的"国民性"这样一个结果，看做是创造历史的原因的人。他自身也明确解释了国民性情是由国民的生活派生出来的而不是相反的事物。权田这一避免使用"国民性"的行为能够被很好地理解，也显示出了当时国粹主义的思潮。

可是，现在也常会有人将社会现象轻易地归结为国民性，于是对于习惯用历史来解释社会现象的人来说，这仍然是个不受欢迎的词。虽然这样，但需要说明的是，国民性虽然是被创造出的结果，但也作用于历史的进程这一点是必须肯定的。

他是个德语老师，这我当然以前就知道。然而他还写了有关国民性的东西，这就是石川弘义介绍的了。我立刻搜集了权田的著作集，首先就惊讶于他的学说的广泛性。正因为他是个语言老师，文笔非常好。

他的论文《民众的娱乐生活中显现出的国民性情》论述的大意如下：

"御"字的作用

他说，在日常生活中的词汇前加上"御"的话，其含义就娱乐生活化了。然后，在读了他举出的许多例子之后，我觉得的确如此。"享用御寿司"、"食御粉汁"等等并不是指果腹、品尝甜品之意，而是指与"吃"、"食用"所关联的一切。

民众并不是去观看"戏"，而是去看"御戏剧"，这是想要沉浸于"御戏剧"这种气氛里，并陶醉其中。戏剧已经是其次的了。戏剧、幕布、木头面具、伴奏、观众，由以上这些共同构成的"御戏剧"的氛围才是中心。人们并不是观看"戏"，而是前往这种"御戏剧"、住进"御戏剧"之中，与寿司或便当一样，去享用这种"御戏剧"。

日本的民众就是这样，用"御"这个字来品味一切事物。这种性情甚至将本来很严肃的事物也"御"字化，由此使它们转入娱乐生活的领域。

作为这方面的事例他又举出了扫墓,"扫墓这件事,在这些民众那里,变成了'参谒御墓'"。他认为其中包含了在"墓地所做事情"之前和之后的事情,这些全部集合在一起构成的整体是"参谒御墓",同时他又举例说"御茶水费"(小费),就是觉得依照当时的心情掏出来随手一掷的那一瞬间很有趣、完全不考虑之后会怎样的行为。

于是,这并非是在达到目的时感到满足的目的性行为,而是"在达到目的时满足感为零的无目的行为是贯穿着民众的娱乐生活的某个事物"。因此,他说,"御"不是敬语。

为什么会产生这种现象呢?他说,不论这种现象会长期持续下去,还是会消亡,这都在问题之外,自己仅仅是按原样记述下这种性情。这就是文章的结尾。

日语的特色就是日本人的特色,他关于"御"字的使用所作的解释很含蓄,仿佛是在暗示有关日本人使用语言的问题。也许这个问题还能扩大到《日本人的精神与语言表现》这个题目。这些现在姑且不说,直接记下脑中浮现出的与他的叙述有关的内容吧。

诚然如他所说,"御"字的作用不小。但是,这种作用好像总是以多人的共同存在为前提。有对象才有敬语,像他所说的一样并非敬语(更好的说法是并非尊敬用语)的"御",在只有自己一个人时无法发挥作用。即使是自己一个人进入汁粉店,也会对店里的人说"请给我御粉汁"。仅仅以"吃"为目的的人或许会叫道:"汁粉!"但想浸入混杂着他人的氛围中的人会说"我要御粉汁"、"请给我御粉汁"等等吧。这确实与他所说的"御"字的使用方法是一样的。当然其中也包含了我对于他人的想象。

日本人就是这样,不以"吃"为目的,而是在与他人一起吃饭的氛围中忘我陶醉,特别珍惜这样的氛围。即使是一起去旅行,不仅观光本身是快乐的,"在一起"更为重要。我的一位在某个德国公司日本分公司工作的朋友说过:"日本人在有空闲时间的时候,会出去旅行,但很快就回来了,似乎日本人不能忍受一个人的时光。我们就完全不一样,一个人去旅行,一个人独处非常快乐。"的确,"与大家一起"对日本人来说是一种喜好,是根深蒂固的倾向。关于这一点,我在《思考日本人》中进行过思考。

或许这一根深蒂固的倾向在权田所说的"御"字的使用中植入了日本人的国民性情。想和大家在一起、想和大家一起吃饭、一起喝酒、和大家一起旅行、讨厌和大家分开等等,这些都是在西方人看来很少见的特征。克拉克将其称做日本人的集团主义,这在之前已经分析过了。在不同的说法下,这一倾向可能产生特殊的意义,他找出了其中一个显著的例子。

昭和时代——昭和二十年以前

B. 陶特

（Bruno Taut 1880—1938）
我想首先去了解极其常见的日本人的生活的真正形态，对于理解日本文化最高的成就是有好处的。

正因为爱才要指责

他与哲学家康德一样出生在东普鲁士的歌尼斯堡，是一位建筑家。在尊敬康德的他身上，也存在着哲人的一面。

他在德国国内从事各种建筑活动，接连建造出了充满个性的建筑物，成为著名建筑家。他在作为都市计划一环的集中住宅——现在的住宅小区上也投入了精力。他在日本生活期间曾经从社会的角度论述过建筑与建筑家，似乎也是基于这段经历。有一段时间他在自己曾经学习过的柏林的夏洛滕堡工科大学担任过教授。

1933 年他来到日本。当年 3 月他从柏林出发，途经希腊、土耳其、莫斯科，最后渡过日本海到达敦贺的时候已经是 5 月 3 日了。两天后的 5 月 5 日，他参观了京都的桂离宫。

之后，他在日本生活了三年半的时间，其间除了建筑之外，还多次论述了其他的艺术及文化等方面，留下了好几部著作。这些都是对日本文明的发掘及评价，甚至可以总称为"陶特的日本观"。他拥有敏锐的头脑、鉴赏力及快速的写作能力，这使得他虽然在日本的时间很短，却留下了相当多的著作。① 谈到进入昭和时代后的日本人论学者，首先必须讲到他。

他在 1936 年 10 月离开日本前往土耳其的伊斯坦布尔，并就任于当地的大学。非常遗憾的是，没过多久他就突然逝世了。

他的著作主要是在日本生活期间在杂志上发表的论文以及被翻译出版的书。那时正是日中战争爆发的前夜，日本的军队正在进入中国的北部和中部。国内的国粹主义思潮很强大，因此他所写的赞美日本的文章受到广泛欢迎。但是，作为他来说，对当时的这股思潮也并非毫不关心，他也写下了露骨地批判这股思潮的文字。他并非是迎合他人的性格，而是自称"正因为爱才要指责"，认为只在当地生活时才赞美该国的人应该不算是好的朋友。②

顺便说一下，在他的五卷著作集中，第四卷是论文集，卷名是译者加上的。第五卷最初是名为《House and People of Japan》的英译本，由三省堂在昭和十一年（1936 年）出版的。他在昭和十年（1935 年）先与三省堂签下合约之后才开始在日本国内四处旅行进行取材，第二年一月完成。其间只花了六个多月，据说他的夫人绘里香也在其中给了他很大帮助。

陶特的两个日本

抵达敦贺的陶特夫妇在著作集第五卷的开头写道"到达横滨"，然后直接乘车去了群马县高崎市。这是因为采取了故事读物的形式。在序文中，他写道"以主观的形式来叙述真实的经历与想法"。也许他是想采取故事的形式，自由地行文，从而使西欧的读者也能饶有趣味地阅读，使他们理解日本。

---

① 相关的作品有：《陶特著作集》五卷，篠田英雄译，春秋社，1950 年。包括第一卷《日本》、第二卷《日本的艺术》、第三卷《日本的建筑》、第四卷《建筑、艺术、社会》、第五卷《日本的住宅与生活》。《日本——陶特日记》五卷，篠田英雄译，岩波书店，1950—1954 年。

② 陶特《日本的住宅与生活》，序。

这第五卷完成于他离开日本那年，因此是在他深入理解了日本之后的作品。其中也写到了他的日本观的中心内容。

他写到，到达横滨（开始讲故事），飞奔在京滨间的干道上时，感到了宛如冷水扑面般的惊讶：

> 眼前真是一片滑稽的摩登状，全是让人讨厌的拼凑起来的东西。日本人那千锤百炼的眼光在哪里呢？日本拥有的美丽风光，正是感受雅趣、训练并培养准确眼光的最好的材料。①

故事的主人公愕然地望着车窗外的景象，在来到银座大路之前还有了以下感受，这是很值得引用的表现方法。

> 可是，整体的街景变得越来越嘈杂。在之前尝试过的旅行经历中，我们已经习惯了在世界的任何地方看到文明的污秽。然而如此无目的、无方向的行为（就算是低级趣味，有点方向也好！）不仅仅是一下子打碎了我们之前在心中描绘出的日本的形象，这一惊人的景象尤其伤害了欧洲人的文化感情。就连柏林、巴黎或是伦敦最可怕的区域，也总是拥有自己的性格的，就算它不合格。②

他还写到，终于到达银座之后，突然间不仅仅是视觉，连听觉也受到极大的刺激，人变得忧郁，已经不想再说话，开始后悔来到日本。

但是他又写到，在穿过了许多村庄或小镇后来到高崎市时，东京的影响已经被理解为地区性的现象。虽然到处都还存在，但一般的商店童叟无欺，让人感到多姿多彩；人们穿着"和服"，孩子们的"和服"非常华丽，到底这才是一片没有杂质的日本。他就好像要让欧洲的人们了解纯粹的日本的美一样，记载变得更加细致，甚至像诗一般。最后他写了这样的话：

---

① 陶特《日本的住宅与生活》，第5页。
② 陶特《日本的住宅与生活》，第5页。

结果，我们来到日本后经历了天翻地覆的变化和各种各样的对比，这第一天的疲劳让我们一直熟睡到第二天早晨。这样，我们度过了在岛国日本的第一夜。①

这里写到的各种各样的对比，是指东京与地方在房屋、服装、道路、房屋排列及其他很多能看到能听到的方面的对比，结果这意味着有杂质的日本与无杂质的日本的对比，和哈恩所说的不纯的、丑陋的新日本与古典、美丽的旧日本的对比有相合之处。

陶特关于日本建筑的看法以上述对比为基础，而后者又是在日本建筑的基础之上进行的观察。他厌恶有杂质的日本建筑，关注于没有杂质的旧日本建筑，认为伊势神宫和桂离宫是后者的代表。

日本人的朴素与节制之美

他写了下面这些有关伊势神宫的文字：

> 这是一座建在田中的、会让人联想到稻草屋的、看起来很有节制的建筑，但实际上其中隐含着古典的伟大之处。这是因为它可以看成是建在稻田中的小屋或农屋本身的结晶。香气扑鼻的桧木、屋顶的茅草、镶嵌在屋脊上金色的金属器件、铺在地面的石砖，这一切都很整洁，组织材料的构造也很单纯，并且保持了完美的平衡，其中融合了日本文化所包含的一切优秀的特性。②

他认为日本的城市与农村之间不存在本质的区别，日本国民的文化意识的源泉就在于农村，并把伊势神宫的神殿看做是农屋升华到极

---

① 陶特《日本的住宅与生活》，第29页。
② 陶特《日本》，第17—18页，大意。

致的产物。① 通过每二十一年进行翻修，使没有受到中国影响的、纯粹的古代日本的建筑形式得以维持，从中能看到被他视做建筑原理的"平衡"的古典范例。他也从中捕捉到了日本人理想中的美——整洁与单纯，换言之就是朴素的美。

他所说的平衡并不单单是指建筑物各个部分间的平衡，而有更含蓄的意义。当然这首先意味着从被完美分割开的建筑物整体中所看到的平衡；还包含建筑物与方位、环境、地形之间的平衡；人对于建筑物的理性与感性的平衡；材料与安放、使用目的、生活水准之间的平衡；建筑物功能与功能之间的平衡等等。于是他说道："当这所有的平衡集合在一起使外观显得端庄、并且又添上'某种东西'的时候，这个建筑物就是一个杰出的作品。"②

这个"某种东西"是什么呢？他进行了说明。他说，为了使机器显得外表美观而实现的美并不是艺术之美。在使机器最大程度发挥其功能所做的巧妙的努力之中才会产生艺术之美。

按照他的解释，那个"某种东西"就是所谓的"艺术味"。但是，故意创造出艺术味的行为只是在作假。他说道："无论建筑物是否是艺术的，平衡都是建筑的本质。"从这种叙述看来，平衡与"某种东西"没有直接关系。"重要的是在一切都达到实用性的极致的同时外观也是端庄的。但是，这还不够。还必须加上'某种东西'。这是很难定义，或者说根本无法定义的'某种东西'"③。

这样，他关于建筑的本质、艺术的本质所进行的论述，是他在直接捕捉日本式事物。他认为在与建筑物有关的各种平衡之中，最重要的就是建筑物与风土的平衡。"最明显地决定了建筑物样式的要素就是风土。但是建筑家不应该只从天气、温度、日照、降雨或降雪等自然现象抑或是四季交替等现象中去寻求风土这个概念。建筑家想要创造基于风土的建筑物形式，自然要考虑生活在风土之中的人的态度与习惯，

---

① 陶特《日本的建筑》，第44—45页。
② 陶特《建筑、艺术、社会》，第37页。
③ 陶特《建筑、艺术、社会》，第36页。

也要考虑人体自身的平衡"①。

也就是说，他所说的风土包含了当地的自然环境、人们的习惯、人体的平衡和人的性格。把人的性格包含到风土之中是很少见的，但也是妥当的。我尤其认为，把人体的均衡也包含其中这一见解非常卓越。因为我觉得，在人类制作放置于外部的物品的过程中，人体本身成为基准，这是很说得通的。

如果这样对"风土"下定义的话，那从日语的角度来说，把它称做"风土人情"也许更为恰当。于是，他的主张便是：优秀的建筑物必须与风土人情保持协调。忽视这种协调乃至平衡、仅仅通过模仿其他地区来进行装饰的话，这个建筑物就是伪造品。他指责道，日光的东照宫正是一个例子。

他还说道：克里姆林宫以及宫内的塔是由意大利的建筑家建造的，但它就像是生长于俄罗斯的土壤之中；中世纪的建筑家为了建造歌德大教堂，受到邀请从法国来到德国、从德国南部来到北方各国，观看了许多大教堂，但其中没有一座让人感到与当地不协调。他说，出色的建筑家没有忽视风土。伊势神宫的神殿虽然不知道是谁在什么时候建造的，但却与风土非常协调。而且他还给予了无上的赞美，认为它是一座体现了日本美——朴素之美——的古代式建筑。

他说桂离宫是小堀远州在 1589 到 1643 年之间建造的，或许是奉了将军之命。但这并不是确切的说法，据说作者甚至没有确切的证据证明是远州建造的。接着，陶特又说了下面的内容。

这座离宫与伊势神宫的建筑形式不同，有很多栋，庭园的构造堪称绝妙。但是，一样能看出最高层次的单纯性。在这一点上完全就是日本式建筑。

陶特关于桂离宫的美的记述非常细致，并尽力深入日本人的精神世界，似乎要找出兴建桂离宫与桂离宫的美之间的必然性。这些都是他的鉴赏方法显示出来的。他写道：它的美"只有在按照建造的顺序

---

① 陶特《日本的建筑》，第 125 页。

安静并且深入思考、反复鉴赏之时才能发现"①,"眼睛在静静地赏玩并思索"②。他还说到,在日光庙仅仅是观看,没有值得思考的东西;而在桂离宫则不进行思索就无法观赏。在可以用眼睛看见的、容易理解的平衡之外还存在着只有用心才能捕捉到的各种精妙的平衡,因此他用"眼睛在思索"来表现自己在桂离宫时的状态。

他说,桂离宫不是十七世纪的遗物。它是现代日本人理想中的建筑。在庭院与建筑物的关系方面、在有关日常生活的方面、在舒适感方面、在有关日本式冥想的方面等等,桂离宫的建筑物对现代日本人来说都是理想中的,所以不是已经死去的遗物。因为桂离宫有着与其风土密切结合的平衡。在希腊的雅典卫城废墟中,我们已经无法从建筑物判断当时的人们过着怎样的生活,但桂离宫却是现代日本人理想中的住宅。

他指出的桂离宫的另一个特征是:虽然尺寸极其严密,但平衡并不陷入形状之中,非常自由,其中产生了无法合理解释的美。

> 这一点只要看看桂离宫的院子就很清楚了……只有从这里(月见台)才能瞭望包含池子在内的整个庭院。这实在是让人潸然泪下的美。极尽变化之妙的树木与泉水的形态,在池中的岩石上晒着太阳的乌龟或是高昂其首、或是"咚"的一声沉入水中。这在欧洲人眼里是一种全新的、特殊的美——也就是无与伦比的、绝对的日本之美。③

上面的鉴赏文字是他来到日本后刚刚两个月时写下的,想到这里就让人吃惊。话虽如此,他也写下过"拥有优秀的平衡感的艺术家来到与本国条件不同的外国之后,从该国特有的文物中感受到的新鲜感比

---

① 陶特《日本的建筑》,第31页。
② 陶特《日本的建筑》,第34页。
③ 陶特《日本》,第31页。

当地的人还要强，这很自然"①，他本人也说过"我作为外国人，对于日本的风土之中各种各样的特性及与此相关的生活样式，有着比日本人敏锐得多的感受……"②因此也是不需要惊讶的吧。

拥有锐利的理性与对美的感受性的他，站在比较美学论的立场上，把日本人的生活与美的意识、伊势神宫、桂离宫等看做联系在一起的有机体，这成为鉴赏其他艺术、文物的基础，最终更进一步实现了对日本人国民性的把握。这样一来他把桂离宫的美介绍给了全世界，也介绍给了日本国民。

在他对日本建筑这一特定领域的论述中已经谈到了一些有关日本国民性的内容，但在这里我想更清晰地总结一下。

之前也提到了，他在来到日本之后过了两个多月便完成了第一本著作《日本》。虽说他在来日本之前已经读过了一些关于日本的书籍，拥有不少与日本相关的知识，但他实在是一个下笔如飞的人。在书的扉页上，有"在极度的单纯之中存在着最高的艺术"这句话。他在之后的著作中反复论述了这种朴素的、有节制的美。这正是让他在来到日本之后感受最深的日本人的真谛。

> 建筑家在每次造访桂离宫时，都能在很自然的朴素之中发现许多精妙之极的天才的细节。对材料的精挑细选与出色的加工、尽可能节制的装饰——我已经找不出可以表达它的词汇了。③

节制显现出了朴素，对朴素的喜好使人变得节制，两者之间的确存在这种关系。如果"节制是日本最大的特性之一"④的话，那么朴素也一样可以这么说。陶特通过建筑把握住了日本最大的特性。

---

① 陶特《日本的建筑》，第 127 页。
② 陶特《日本的建筑》，第 127 页。
③ 陶特《日本的建筑》，第 37 页。
④ 陶特《日本的建筑》，第 42 页。

日本人之间的纵向的关系

另一方面,他注目于日本人之间纵向的关系,这一点也很有趣。

他把被伊势神宫所认可的"大和"时代的日本看做第一个日本,把吸收朝鲜、中国文化的日本看做第二个日本,把吸收西方文化并开始同化的日本看做第三个日本。接着,他又认为,由于日本人之间存在着纵向的关系,因此第三个日本很难实现。

他说,仅从建筑界来讲,要想使建筑家的社会地位上升,就必须使人际关系现代化。为了日本的将来,使以纵向的人际关系为基础的社会转变为以横向的人际关系为基础的社会是非常必要的。要和现代文明和谐相处,就必须重视横向的关系。所谓的纵向的社会阻碍着第三个日本的实现。

他认为,纵向的人际关系非常复杂,横向的人际关系则很简单。我想这种想法是可以肯定的,因为在一个纵向的等级社会中,上层产生上层,下层产生下层。与此相比,横向仅仅是横向。于是陶特举出昭和九年(1934年)京都站内发生的八十名送行人死伤的事故(许多人从台阶上拥挤摔下的事故)为例子进行论述。

他说,这样的事情在良知之国——英国的伦敦等地是不可想象的。而良知的基础是最单纯的人际关系,而不是复杂的纵向的人际关系。

他说,人不能只仰望着富士山的山顶,而要看着简单的横向的关系,日本人应把迎来这样的社会作为目标。[1] 这个道理大家都明白,但这是一场大变革,并不容易实现。能实现这一点的话,可以说日本也拥有了西方的作风。如果这样的话,脑中又会浮现出"这样好吗?"的疑问。在经历了悠久历史的日本,简简单单地说"纵向不好,横向好"、并且为了实现这个目标而努力,这真的是日本应该采取的现代化道路吗?光有纵向的关系不好,这是不言自明的;但是就像上面所说的一样,改革并不容易实现,这又让人一下子困惑起来。在这里勉强设想一下:

---

① 陶特《日本的艺术》,第246—247页。

在体育运动、游戏中大家都遵守规则，没有上下之分。同样，在一般的社会中，道理面前也是人人平等。因此我们要创造出这种习惯。这样一来，即使依旧存在着纵向的人际关系，但"上"、"下"的关系也只会存在于寒暄之中了吧。于是，漱石的愿望就能实现了。

陶特认为，从个人在社会中的地位这个标准来看，日本社会的现代化之路还很漫长。这似乎是他通过两次在东京担任与建筑企划有关的工作的经验而得出的判断。

他在短暂的日本生活期间捕捉到了日本人的两个特质：

这即是朴素、节制与纵向的人际关系。后者并非新的发现，前者也曾由芳贺矢一论述过。但陶特的论述方法还是很有特色的。

他在著作《日本的房屋与生活》①的第一篇《对比》中写道："我想，首先去了解极其常见的日本人的生活的真正形态，对于理解日本文化最高的成就是有好处的。"②这一重要事项常常能在把握文化方面问题的人的笔下见到，阿礼国与哈恩很清楚地写出了同样的内容。福泽叙述权力的不平衡，漱石谈到党派性、自我本位，也都是仔细观察了平民生活后的结果。

他住在高崎这个地方城市，实地观察日本人的乡村生活，与人们接触，并去过东北地区其他十数个城市，还到过飞骅的白川村，这些经历都对他理解日本人提供了很大帮助。

充分观察乡村、也了解城市，这使他产生了诸如"日本国民的文化意识的源泉在于农村"、日本的都市与农村间没有明确的区别等等想法，成为他的日本观的基础。

---

① 即《日本的住宅与生活》——译者注。
② 陶特《日本的住宅与生活》，第3—4页。

和辻哲郎

(Tetsuro Watsuji 1889——1960)
宁静的激情、战斗的淡泊……这正是日本的国民性格。

作为风土一部分的人类

和辻哲郎是一位拥有丰富的艺术细胞的诗人哲学家,也是热衷于研究思想文化史的文化史哲学家,又是将基于风土的伦理学体系化的伦理学家,是一位多才多艺的学者。我想,在他各个研究领域的思维的底层有一个共同的基础,这就是他"重视风土"的意识。

把和辻纳入日本人论学者之中,是因为在他的以风土为直接对象的著作《风土》①之中,并没有从表面现象来论述日本人,而是从产生日本文化的一大条件——风土的角度展开了根本性的日本人论。

并非因为我们周围存在寒气我们才会感到寒冷,而是我们从冷的感觉之中抽象出"寒冷"。风土并不是存在于外部、决定着人类行为的事物,人类本身就是风土的一部分。从中,他抓住了风土的概念。人类与风土并不是内与外的关系,现实中的人类离开了风土就不能成为现实中的人类。

和服也是由风土决定的。存在于风土之中的和服即使离开决定了自己的风土,来到外部,也并不意味着原来的风土的影响消失了。和服无论拿到哪里,都是日本的和服。

----

① 和辻哲郎《风土》,岩波书店,1972 年第三十九次印刷。

以上是和辻博士关于从根本上决定了各个存在的风土的看法。针对这些看法,我没有要反对之处。我认为确实如此。

只是,在由一定的风土所决定的人类的各种特征表现出来的时候,把其风土记述为看似处于人类外部的事物,这也是不得不认可的吧。

接下来,在介绍和辻的日本观之前,先必须介绍一下他作出的很有名的论断——风土的三种类型。

风土的三种类型

和辻在从日本向欧洲航行的经历中,对风土及其三种类型着了迷。在来到印度洋之前,湿润的风与丰富的绿色很有特征性。从海上吹来的西南季风与吹向海里的东北季风每半年交替一次。特别是在夏天,湿润的西南季风吹向陆地。这种季节性的风——季风带来了自然的恩惠,人们接受这些;同时它又引起了大雨、暴风、洪水、干旱等暴力,人们忍受着这些。也就是说季风区域的人们是包容性、忍耐性的。但同样在季风区域,各地区也有差别。单说夏天,日本和南洋就不一样。这是指有变化的夏季与固定的、单调的炎热季节的区别。印度也不同。虽然那里的人们也是包容性、忍耐性的,但由于存在着威胁着生存的风土要素,因此包容性产生动摇,于是,人们也拥有活跃性(敏捷的感受性)。

在穿过印度洋靠近阿拉伯半岛之后,就看到毫无生气的红黑色的荒凉的石山。这里存在着与季风区域所见到的湿润相对立的干燥。它创造出了与游牧和古兰经同时存在的阿拉伯的沙漠人。在这里人类无法作为个人在容忍之中生存,沙漠中的人们只能结成共同体。为了确保拥有草地和泉水,就必须与其他人群相对立。很自然的他们就成为了战斗性的人群,也是意志性的人群。他们还是对抗自然的人,在共同体中人们被要求服从,保存历史。于是,沙漠性的人群拥有了服从性与战斗性的特征。沙漠中的人们必须结成共同体,因此一定要进行教育。从中产生了作为人类的自我意识,产生了对于整体性的觉悟,为了维持整体性而产生了部族的神、而且是人格化的神。因为自然就是"死","生"只在人类一侧。

在干燥区域内部,各地区之间也出现了差异。例如埃及产生了包含着干燥与湿润两方面特性的风土,或者把它称做缺少雨水、没有湿润的湿润、乃至干燥的湿润。于是古代埃及的人们同时拥有与沙漠的对抗和对尼罗河的皈依。

在穿过阿拉伯的沙漠区域、靠近欧洲之后,已经不再是湿润也不是干燥,那里并非兼有湿润与干燥,而是可以将其风土定义为湿润与干燥的综合体。那里既没有季风区域般炎热的湿润,也没有带来了沙漠的干燥。即便这样,夏季是干燥的,冬季是下着细雨的雨季,两者带来了湿润与干燥的综合体。虽然欧洲南部与北部之间存在着明显的差异,但这一特性是共通的。那里有绿色的牧场。他把欧洲的人与文化定义为牧场性的。欧洲的绿色草地上风力较弱、没有虫害、也没有繁茂的杂草,在这里进行耕作比在日本等地要轻松许多。

那里季节的变化很缓慢,秋天可以不用急着收获,大自然是顺从于人类的,也就是说大自然以合理的形式面对人类。大自然表现出自然科学的规则性,意大利的大自然就是其代表。那里存在着顺从,明亮而又合理。希腊也是一样,那里更存在着明亮的"正午",人类利用着大自然的合理性,从人类一侧推动着大自然,人类支配着自然,那里存在着从大自然中解放出的人类。尽管也存在弱光、阴郁的德国和明亮的希腊之间的区别,但两者都存在上述共通性,即与欧洲的牧场性风土相关联的共同特性。面对自然,在精神中进行创造这一积极性正来源于此。尽管也存在着希腊风土的明亮带来的造型艺术与德国风土弱光、阴郁带来的纯粹音乐等与地域特性有关的创造,但与整个欧洲牧场性风土相关联的,是精神上的积极性。精神上的积极性这一欧洲的特性,是接受最精神性的基督教的绝好条件。通过从外部吸收进来的基督教,欧洲终于开始强有力地表现自己。

以上就是和辻关于风土的三种类型的说明。虽然其中含有很多我自己的词句,但我认为以上的介绍中不存在错误。

以上述区分为基础,他的日本人观是什么样的呢? 关于这一点,他在第三章《季风性风土的特殊形态》中进行了阐述。

和辻哲郎的日本人观

他把存在于季风区域的人类的形态称做"季风性"，认为其是包容性、忍耐性的。但是，又不能仅仅用这些来定义日本人。

日本有大雨和大雪。虽然这些都是季节性的，但也都是突发性的。由于季节的变化如此显著，因此日本人非常活跃而敏感。因为活跃而敏感，所以容易疲倦，表面上缺乏持久性。为了消除疲劳，就要休息，或是重新产生同样的感情。因此，在缺乏持久性的背后，其实隐藏着持久性，在变化中使感情持续。日本人喜爱突然活动后再归于宁静，因此被樱花所吸引。华丽地绽放又匆匆凋谢的过程正与日本人的心理活动的状态是一致的。他说，在包容性也就是"接受"的感情活动之中，存在着日本的特殊性。

忍耐性方面又如何呢？这与包容性一样，既非放弃之后完全不动，也非坚强地忍耐。他认为在反复忍耐的各个瞬间里隐含着突发性的忍耐。也就是说忍耐之中包含的反抗常常突然像台风般猛烈地爆发，而在这感情的暴风雨之后又突然显现出死心之后的宁静。① 也就是说在猛烈的反抗之后干干净净地放弃，在干干净净地放弃之后又突然爆发出反抗。这就是日本人把当机立断视做美德的原因。他说，樱花所象征的日本人的气质就是这种突然的忍耐性，其最显著的表现方式就是简单的舍弃生命。

的确，在突然进行反抗又突然断绝生命的整体行为发生之前，存在着安静的忍耐。和辻把它表达为"台风式的忍耐性"。因为他把互相矛盾的两个词语结合成了一个整体，所以乍一看很难理解。这是一种禅学式的表达方法（后文出现的"宁静的激情"也是一样，关于这一点他特别做了说明②）。但是，下一段引文又很好地解释了上述日本人的特性：

---

① 和辻哲郎《风土》，第 137 页。

② 和辻哲郎《风土》，第 154 页，注(1)。

因此，日本的人群的特殊存在方式可以在以下两个现象中进行定义：流露出的丰富感情在变化中悄然持续、在持续的变化的各个瞬间含有突发性；这活跃的感情在反抗中陷入放弃、在突发的精神高涨的背后隐藏着突如其来的死心之后的安静。这就是宁静的激情、战斗性的淡泊。这正是日本的国民性格。但是，由于这种国民性格是在历史中形成的，因此除了历史中形成的事物之外没有任何显现出国民性格的地方。所以我们必须从那些客观存在之中去探寻这种性格。①

这样，他把人与人的关系乃至共同体看做表现出国民性格的地方。他又用"男女关系"来作为人与人关系的一个例子，于是关于恋爱他说道：其中正能发现"隐藏在激情内部的宁静的爱情、既是战斗性的又拥有淡泊的恋爱"。

与这种男女间恋爱中存在的日本的特殊性相类似的事物，也能在家庭内部的夫妇、父子、兄弟之间看到。换句话说，这首先是没有距离、以结合为目标的宁静的爱情；其次，在宁静的同时又充满激情。合起来讲就是"没有距离、以结合为目的的力量尽管处于外表的宁静之下，但在其最底层极其强烈"②。由于家庭的整体性，它拥有能够彻底压抑个人的强大力量。由于这种特殊的关系，"家"这个事物非常地发达。欧洲将人看做个人，但在日本不存在离开了"家"的个人（在前文中芳贺矢一也讲到了这一点）。

把"家"称做"内"、把家以外的世界称做"外"，这种"内、外"的称呼正显示了由"家"中人与人关系的特殊性带来的"家"的特殊性。由于这是一种不存在距离的关系，因此家庭成员能拥有家庭整体性的意识，有"内"才有"外"，"内"与"外"对立。这个词汇是欧洲所没有的。这种家庭内人与人关系的特殊性反映在房屋构造上，无论哪一栋房屋，都不存

---

① 和辻哲郎《风土》，第 138 页。
② 和辻哲郎《风土》，第 143 页。

在由锁隔开的明确的房间之间的区分。区分被消除了，虽然也有隔扇与拉门来分割房间，但其他人可以轻易地打开。与此相对，在欧洲房屋内部的房间与房间之间隔着厚厚的墙壁，作为房间的入口，门上设有锁，体现了拒绝他人自由开门的意志。可以说他们的房间的门口相当于日本房屋的玄关。欧洲相当于日本房屋的玄关的，是城市的城门或是国境。城市或是国家之中的人与人之间是存在距离的，同时也是极度善于交际的，人们习惯了存在距离的共同体。

这样，和辻论述了作为属于季风性风土的日本人特殊性的客观表现的场所——"家"，并推导出了"家"内部的生活方式以及日本的家族主义和欧洲的个人主义。尽管日本人从欧洲学到了很多东西，但依然保留着上述差异。他说到在宗教团体层面上来说国民也是拥有"宁静的激情"的。[①] 这样，在他身上风土与人、家、国之间是存在着决定性关系的。

很难说和辻的上述记载从遣词造句上来说通俗易懂。他对日本的国民性作出的"宁静的激情"、"战斗性的淡泊"的定义，简单来说就是"在温顺中隐藏着激情、在出现情况时马上进行挑战"，比如我们可以说西乡隆盛就是这种性格的典型。和辻举出了日本人的恋爱这一例证，然而甚至都不需要举出其典型的事例，所有古典的恋爱剧都体现了这些内容。也许太平洋战争的爆发也是一个例子，那就是在隐忍自重、安静地进行准备后突然开始战争。以季风性为基础来思考日本人性格的和辻，是持有某种风土决定论的。

日本国民被看做对声音感觉迟钝、非常喧嚣。但在这喧嚣之下，在特殊情况下显现出的宁静的激情是不是与时刻把压制着激情的平静状态作为理想的心结合在一起呢？他的国民性论很少见，也非常心理主义。

最后，我有一个疑问。

---

① 和辻哲郎《风土》，第 150 页。

确实像他所说的，人从出生开始就是风土的一部分，这是不可抗拒的。可是，虽说个人的每个方面都被风土化了，但在日本的风土上是不是不可能产生欧洲式的个人主义呢？所谓宁静的激情说的是感情方面，感情方面的确是民族性的，很难改变，但理性方面在不断变化。这是实际情况。这就是人类。把个人主义与家族主义的区别归结于风土，最终也可以说两者是与风土合为一体的存在吗？

三木清

（Kiyoshi Miki 1897—1945）

在那些日本主义者的主张中，大多数的方法论基础都很薄弱，
缺乏历史哲学方面的反省……

有关日本的性格的想法

不能不把三木清的论文《日本的性格与法西斯主义》放入日本人论
的历史之中。这是很少见的以日本性格论来对抗当时的法西斯主义思
潮的例子。

随着围绕着法西斯主义的新闻世界不断繁荣，也产生了与其步调
相一致、从古代或是王朝时代来寻求日本式事物的风潮。三木针对这
种风潮，提出了"日本的性格是什么"的论题，展开论战。

当时正是四处蔓延着看似充满理论实际上缺乏逻辑的言论——日
本主义的思想开始拥有势力的时期。昭和八年（1933年），松冈洋右在
国联大会上宣布日本退出国联，之后他在国内各地进行了激情四射的
演讲，这正象征了那个冲动的时代。光明的理性渐渐偃旗息鼓。这篇
论文就是在这样一个时代中与时代进行着对抗。

这篇论文收入《三木清著作集》①。顺便说一下，长谷川如是闲说
"日本的性格"这个词是他自己造出来的，但在两年之前三木就已经使
用了。

---

① 三木清《三木清著作集》，全十六卷，岩波书店，1946—1951年。

近年来，在日本主义流行的同时，有关日本式事物的讨论也非常盛行，也看不出各个论者之间存在一致的意见。首先比什么都值得注意的是，在那些日本主义者的主张中，大多数的方法论基础都很薄弱，缺乏历史哲学方面的反省。可以说他们的主张的根基全部属于所谓实际主义的历史观。这一历史观的特色在于，在导出对当前的行动有利的结论的意图之下来观察历史。

从上面引用的这些写在论文开头的话，我们可以看出三木撰写论文的动机，即对非学术性主张的反驳。

与从古书、故事中寻求适当的词句来进行教化、激励的行为相类似，当时为了某种主义而引用古语的现象很多。三木首先指责了这一点。接着，对于其做法，三木提出不要看着过去、而要看着现在，写下了以下的话。

他说，要知道日本的性格究竟是什么，没必要回顾过去的日本，观察现在的日本也能得到答案。在某种意义上后者更重要。确实，明治时代开始日本从西方引进了很多东西，但吸收西方思想这件事本身就与过去祖先们接受佛教及中国思想有着共同之处，应该从这种共同之处里面思考日本的性格。引进外国思想绝不是偶然的事，而是因为对本国当前的发展有必要。

而且，他还说，不应该轻易地仅仅把日本与西方对立起来思考，也应该注意日本的历史发展。接着，他又说到，"西洋是个人主义，日本是集体主义"这个命题最近很有名，但不应该从一开始就认为西方是个人主义，日本是集体主义。因为如果日本真是这样，那说明自由主义、个人主义还没有在日本充分成熟。日本的资本主义不单单是模仿西方，而是在明治之前就拥有向它发展的内在原因。不能一开始就认定日本是集体主义、认定资本主义是外来的。从发展史观来看，那样想是不可能的。

他说，社会中残留着众多封建事物，这是日本的特殊性，在这特殊性之下存在集体主义的事物也是很自然的。而认为集体主义是日本固有的、是与西方的个人主义相对立的,对它进行赞美,是很可笑的。"只不过是发展阶段间的差异,不要将其误认为民族的特殊性,这是很重要的"①。残留着众多封建事物的日本的特殊情况,容易使这个国家受到法西斯主义的统治。如果说日本人善于模仿、拥有容易被外国思想所感染的性格的话,那就有引入法西斯主义、或者使其强化的可能。

日本的性格

为了给日本的事物加上理论而借用外国理论的现象很多。那些外国理论家有腾尼斯、海德格尔、黑格尔,以及新康德派的哲学家们。上述对理论的借用也是日本的性格之一,平田笃胤引用基督教就是一个例子。

他说,这也没什么。可以广泛学习外国,为了统一无形的事物而吸收新的形式。不应该固守过去的某种形式,徒然排斥外来思想。但最近保守的、反动的日本主义的法西斯正在这么做,他们背离了日本本来的做法。不固守自己的理论与主张,能够简单地转向相反的方向,这正是日本的性格。

三木在上面的论述中,把日本人常常吸收外来的事物、简单地改变自己的理论这种宽容性看做是日本的性格之一。他通过指出日本人的宽容性,来批判日本主义者的不宽容性。只是,要注意到这里他并不是要客观地指出日本人的性格。但是,联系到现在的问题再来看他的言论,他认为日本人拥有什么样的性格这个问题已经很明了了。那就是日本人富有理性的好奇心,拥有宽容性。

但是,他的记述中也有少许让我在意之处。这就是他呼吁道:"日本人原本的做法是不固守自己的主张,因此日本主义者们啊,不要再执著于从过去寻求思想了。"因为我们可以这么认为:觉得自己的主张或理论是正确的而坚持,这是优点,不坚持则是缺点。

此外,他又说了以下与日本的性格相关联的话:

---

① 三木清《三木清著作集》第十二卷,第124页。

有人把美的、观赏性的事物,例如情感、古雅、恬静、幽玄、风雅等看做是日本式的事物,但从实践性、生产性的立场来看,把这些拿出来又有什么意义呢? 就算讲起旧建筑中的日本美,又如何将它融进公寓建筑呢? 对于热心于鉴赏电影、音乐的现代青年,仅仅教给他们日本美是不够的。在今天的人们举出的日本式的事物当中,似乎不少都游离于现代日本社会的经济、技术、科学的总体关联之外。

　　他在反对当时的不合理倾向的同时,也对日本主义者动不动就拿出日本美来说事感到反感,于是进行了上述驳斥。然而这里在论证方法上也有让我留意之处。在西式建筑的内部可以用传统美来装饰,新的社会的总体关联与旧的日本美可以和谐共处,这即使从当时的社会来看也是很明显的。只能说,他过于想反驳日本主义者的主张,结果批判中存在肤浅之处。而且在这里他也在批判中举出了美的世界中日本式的事物。总结一下在前后批判中他所提出的日本人的性格,那就是富有理性的好奇心、宽容、善于审美这三点。

　　从这一论述来看,得出的结果就是顽固的日本主义者没有丰富的理性的好奇心,也没有宽容性,缺少日本的性格中的重要部分。于是他又把自负地说道"某某东西是日本的"的日本主义者看做非日本式的,进行了反驳。

　　从昭和七年(1932年)、八年(1933年)日军开始进入①中国北部到太平洋战争开始的这大约八年时间内,日本的言论界交错着日本主义者的横行和自由主义学者、知识分子对此做出的指责,但是日本主义者一方的势力渐渐强大,其到达顶峰的行动就是蓑田胸喜一派对著名学者们进行的责难攻击。其间三木坚持着对超国家主义的指责,通过写作在年轻人中拥有很强的影响力。继昭和五年(1930年)之后,他在战争结束前夕再次被逮捕,战争结束后不久就死在狱中。恐怕是因为他

---

　　①　此处应为"侵略",1931年日军发动"九·一八"事件,侵占东三省——译者注。

写出了对不合理的、超国家主义的日本优越论以及与此相关联的日本人论的反感,其论文《日本的性格与法西斯主义》一定激起了反对派强烈的心理上的反击。这篇论文以纯学术立场对抗非合理主义的本国优越论,在这个意义上是一篇有重大历史意义的著作,同时他列举的日本人的三个特性可以认为是没有问题的,在这一意义上把它放入日本人论的历史之中也是妥当的。

长谷川如是闲

（Nyozekan Hasegawa 1875—1969）

今天的日本人缺乏对大自然的鉴赏力，也就是说现代的日本文化不可能是独创性的。

如是闲的著作《日本的性格》

昭和十年（1935 年）前后，特别是日本开始倡导皇道主义与日本精神的时候，长谷川如是闲认为，在没有准确把握日本国民性格的时候不应该讨论这种主义、精神。这体现了他执笔《日本的性格》①的动机。然后，他把日本国民的性格简称为"日本的性格"，说道：这不是在阐述"从道理上讲应该是这样"，而是揭露出"是这样"。他还补充道，应该同时了解日本人的长处与短处，而本书以讨论长处为主。尽管如此，书中依然能看到他对日本人严厉的批评。

从正面论述日本人国民性的书，前面已经出现了芳贺矢一的《国民性十论》，而《日本的性格》是其后的第一本书。

他在前言里说道：必须从普通历史和文学、艺术等特殊领域的历史来讨论日本人的性格特征，但本书是使自己与读者入门的绪论性质的书。②

---

① 长谷川如是闲《长谷川如是闲选集》，全七卷，栗田出版会，1967—1970 年。其中第五卷第 5—165 页为《日本的性格》。

② 长谷川如是闲《日本的性格》，前言。

首先必须说明这一点。他在四年之后，即昭和十七年（1942 年）出版了《续日本的性格》①。我本来以为这是和前著的"绪论"相对的"本论"，实际上却不是。在前言中他写道"尝试从各方面进行了考察"，而后记中又写道"两本书都进行的概要性工作就此打住，现在开始专注于文化的各个方面"。于是，就没有理由必须把这本《续日本的性格》而不是前著作为"本论"来讨论。据上文提到的第五卷②的解说者说，从昭和十三年（1938 年）十二月的首次出版到昭和十六年（1941 年）九月，《日本的性格》共印刷九次，销量达 112000 部。从中我们可以看出这个问题在当时有多么受到关注，又吸引了多少的读者。事实上，这是一本现在读起来也饶有趣味的书，所以在这里我把它拿了出来。再补充一点：他在战后的昭和二十五年（1950 年）又出版了一本只有八十七页的短篇著作《日本人的气质》。这是他在三宅雪岭手下开始编辑杂志、撰写文章以来，心中一直存在的一个问题吧。

虽然我举出了这本书，但主要还是关注于其中引起了我的兴趣的第八章《日本文化和自然》。在此之前，我先把各章的标题列出，并非常简短地介绍一下各自的内容：

第一章　日本的性格——大自然与政治经济的创造。

第二章　日本文明的传统特征——日本文明是生活的文明。

第三章　传统文化和现代文化——现代文化（那个时代的时代文化）与传统文化是共存的。

第四章　关于日本文明——改变从外部吸收的文明。

第五章　日本人的心理特征——自制（self－restraint）由来已久。

第六章　日本民族和传统的态度——非理性的自我优越感，并在无意识中延续此传统。

第七章　日本文明的表现形式——例如城郭虽然雄伟，但其中表现出日本的感觉（朴素、淡泊等）。

第八章　日本文化和自然——尊重自然和现实是日本文化的一个

---

① 长谷川如是闲《续日本的性格》，《岩波新书》，1942 年。

② 指《长谷川如是闲选集》第五卷。

特征。

第九章　日本的文艺复兴——寺院势力的衰退。

日本文化和自然

他对日本人的自然观作出了如下的论述，其中并没有特别与众不同之处。最好地表现出了日本人自然观的特殊性的，就是建筑。接近大自然的单纯、简朴是日本建筑的特色，从古代一直延续到今天。日本人的这一嗜好非常顽强，因此常常忽视实际使用中的不便。城郭的外部从实用角度出发使用了土墙，但城郭内部被用作住宅，是木制的宫殿。

像这样，日本人拥有不想破坏自然现实的态度。但不可思议的是，日本人对自然的理解又很不充分。与中国人和西方人不同，日本人欠缺在现实中鉴赏自然的态度。文学作品中对自然的描写也少有杰出之作，《万叶集》中有关吉野山的短歌都是肤浅空洞的记录。诚然，日本人营造庭园的技术世界闻名，创造出了细腻又深远的庭园。但说到对自然的理解，就无法让人敬佩了。他的上述见解很有意思。以下文章说明了这个内容，很值得引用：

> 日本人喜欢把自然转化为一种形式，并从局部来进行观察，因此不会从整体上、宏观地鉴赏自然。这也就是流于细节鉴赏的盆景、假山艺术。在狭窄的地方创造数十个名胜，把它们称做"濑田之桥"、"唐崎之松"等等，也证明了日本人欠缺鉴赏自然景观的态度。

> 所以，日本人对自然的鉴赏，就是名副其实的"只见树木不见森林"，完全缺乏对"森林"的感觉。还不仅仅是缺乏，日本人永远无法逃离原始人的森林恐怖观，仅仅神秘化、妖魔化地感受森林的幽邃、深远。就算神秘化、妖魔化，也可以把森林写进诗或小说之中的，但日本人甚至不知道在这个意义上美化森林。无论是日本的诗歌、小说还是戏剧，都完全不存在森林文学。

> 缺乏对自然进行鉴赏的人群也难免缺乏创造文化形态的能

力，这是基本的道理。因为文化的各个形态简要来说就是对"自然"的理想再现。由人类的感觉进行的对"自然"的再生产就是文化的形态。所以，今天的日本人缺乏对大自然的鉴赏力，也就是说现代的日本文化不可能是具有独创性的。

今天，日本的大都会从头到尾都没有超出对西洋的模仿，也是必然的。模仿西洋虽然也很好，但在日本人模仿时却忘了去模仿最重要的一点。那就是：鉴赏自然。日本人忘了去模仿西洋人的这个优点。①

被他这么一说，我感到的确如此。表达了这种想法的人，我只知道他一个。摆在眼前的盆景、假山等微型作品着实了不起，但将整个森林纳入自己的视野进行鉴赏，并使其作品化的传统也的确很弱。我觉得他的指责非常有趣。截取局部来鉴赏，换个说法就是鉴赏经过加工的事物，而不是直接针对现实的自然。他说：只有存在对现实的自然进行的鉴赏才有创造文化的可能性，因为文化是对自然的理想再现；一味地模仿西方也是因为缺乏对现实自然的鉴赏。

他想说的是：站在真实的自然前、摆脱种种被既存形式所限定的视角进行观察，这时应该就能够产生新的看法、出现创造性的作品。总而言之，就是说要离开固定的形式来面对自然，这非常重要。这是对于形式主义的反击。以墨守成规为目的，当然不能进行创造，最终仅仅是从外部引入新的东西、从一个形式到另一个形式。他注意到了这一点，发出了忠告。可以说他最终把形式主义看做是日本人性格中最大的特性吧。虽然他在一开始就说"本书主要是论述日本人的长处"，但至少在这里他谈到了日本人的短处。

问题点

他频繁说日本人只见树木不见森林，但却丝毫没有谈到为什么会

① 长谷川如是闲《长谷川如是闲选集》第五卷，第115页。

这样。

　　他说鉴赏树木不算是鉴赏现实，以森林为对象的鉴赏才是在鉴赏自然。关于这一点，他并未解释清楚。因为，树是自然的一部分，森林也是自然的一部分。如果他说"要观察树、同时也要观察森林"的话，就好懂了。我想，"要拥有不只观察微小的一棵树、而是观察树的集合体——大森林的宽广的心"才是正确的忠告。但是，他说只有对森林而不是对树木的鉴赏才是对现实自然的鉴赏，这我不明白。也许他想说的是：没有从宏观上观察自然的习惯，就没有大的艺术产生。这样的话我能明白。于是，针对他对日本人把握自然的方法及其不足之处所作的论述，我们可以做出如上解释。虽然他指出的内容很重要，但像上面所说的一样，在理论性论述方面存在不顺利的地方。但是，从整体来看依然很有意思。既很有意思，也提出了问题。

　　德国有很多森林，德国人喜好森林的倾向甚至超出了我们的预料。他们频繁地享受着在森林中的漫步，这对他们来说是非常日常的活动，因此似乎不需要被拿出来作为问题讨论。森林文学、森林漫步、森林培育、森林保护等等，一切最终都在很大程度上依存于风土。现在的森林公园是不是过去欧洲的森林时代的延续呢？

　　伦敦和巴黎城中都有很大的公园，大树形成的森林郁郁葱葱。由于那是严峻的风土，所以与绿色的接触在生活中是更加不可缺少的吧。在东京新宿、淀桥净水池遗迹出现大空地时，政府首先想到的不是树林而是建筑。这是一个有着地震危险的巨型城市，但是，也并非不可想象。因为，在良好的风土之中人们不会渴望绿色和森林。所以，在城市附近不存在茂盛的森林；所以，日本人只见树木不见森林；所以，也并不去种植森林。这是很自然的结果。

衣食住的变化与顽固的心

　　被他称为"日本人顽固的爱好"的单纯、简朴的建筑样式，现在至少外观发生了改变，渐渐西化了。高层建筑等本来就不会采用日本的样式。但是在住宅方面，一般情况下对日本样式的顽固爱好依然存在于内部。要不就完完全全是西式或日西结合。即便如此,我也感到对单纯、简朴的喜好不会消亡。一谈到"日式",它就马上出现。陶特把朴素与有节制的美称做日本美,并赞美了它。如是闲虽然使用了不同的用语,但也提到了几乎相同的内容。他将其称做"顽固的爱好",这个说法用于今后也是一样妥当的吧。因为传统感情的持续性是惊人的。

但是,现在的实用的世界是一个正在剧烈变化的世界。"开放"的脚步又跨出了一步,进入了可称做"国际化"的时代。日本人的衣食住的变化非常大。和辻曾论述道:"非常忠实地移植了欧洲近代文明的日本人,最终在衣食住等方面没有实现充分的欧化,依旧执著于和服、米饭和榻榻米。这是不是因为:它们最能依照季节和晨昏来表现心境的变化呢?"[①]现在与和辻的时代相比看似已经发生了很大的改变,衣食住都大不一样了。但是即使这些方面改变了,也无法认为和辻所说的日本人在各个季节、晨昏的心境变化了。我想,虽然衣、食、住都发生了无法抗拒的改变,但与没有改变的风土相对应,日本人的心境也没有发生大的改变。"真冷啊""天气变好了""咸淡正好"等等,你来我往的寒暄语和以前相比没有变化,描写季节感、季节风景的和歌与俳句也一点没有减少。我认为日本人与自然的密切程度没有变化。于是,自然观也没有什么大的变化吧。看清楚变化了的与没有变化的事物,在论述社会变化时总是很重要的。

站在高层建筑物的屋顶环视东京,木制的两层房屋几乎已经看不见了,大中小的水泥建筑或新式墙壁建筑形状各异,坐落在城市之中。这些大变化大约是在过去十年之间出现的。我想,能以最明显的形式展现出社会变化的,就是建筑。日本的性格是已经伴随着这些改变而发生了变化,还是将要发生变化呢?哈恩说过"无论穿着多少层衣服,穿衣服的人都是一样的",现在是不是也可以说同样的话呢?外表改变了多少、各种文化又进入了多少、此时日本人变化了多少,这些问题现在无法清楚地回答。我想存在着这样的问题吧。

从当前来讲,虽然社会发生了急剧的变化,但可不可以说与此大致

① 和辻哲郎《风土》,第 199 页。

平衡的变化在对自然的意识、对人的意识、人与人的关系、集团成立的过程、住宅内的居住方式、对"生"的价值观等方面也发生了呢？在社会急剧变化的时代，虽然"变了、变了"的声音高涨起来，但是，在所有都平静下来、可以用"复兴"这个外来语所表示的事物渐渐增加的现在，反而常常听到"没有变啊""一样的"等等有关日本人的说法。总之，人类有容易变化的一面，也有非常难以改变的一面。

昭和时代——昭和二十年以后

在昭和二十年(1945年)后对日本人的研究中,以日本人的心理、性格为对象的研究和通过日语进行的日本人研究自然而然地各自形成一个范畴;除此之外主要就是对日本社会、文化的研究。但是,其中也有人以在外国生活的经历为基础、通过彼此的比较来研究日本人,引起人们的注意,它又成为一类。这样,就可以把研究日本人的书分为四类:

从社会看日本人

从语言看日本人

从心理看日本人

从文化比较中看日本人

下文将按照这个顺序展开论述。

从社会看日本人

露丝·本妮迪克特

现实中,文化形成了一个集合。"以婚姻为例,存在母系制度"、"父母与子女关系不密切"、"甲民族中存在这一文化现象,而乙民族中不存在"、"神话是……"等等,脱离文化现象,仅从某一范围、某一层次上举出某一现象来研究文化是不够的。应该去把握发挥了自身作用的文化集合的状态。她似乎从形态心理学与"生"的哲学中受到很大影响,主张整体而不是部分的重要性,强调要把握作为机能综合体的生活文化,这就是露丝·本妮迪克特(Ruth Benedict 1887—1948)在文化研究史中的一大功绩。举出了具体例子来有力地阐述了一些思想的,是她的著作《文化模式》①。

常常有某个国家的国民自称"优秀人种"。特别是在德国,第一次世界大战时这个"信仰"就很强,希特勒的纳粹理论就是以这种"本民族优秀"为基础,反犹太人政策的根源也在于此。随着纳粹主义的加强,这种反科学的优秀人种主义也大大加强了。此时,本妮迪克特写出《民族》②一书,明示出各人种在文化能力方面是平等的。自觉认识到作为学者的一项重大任务,通过上述行为来进行抵抗,也是她的一大功绩。

在太平洋战争末期,美国政府委托她研究日本。这是为了在占领

---

① 露丝·本妮迪克特《文化模式》,米山俊直译,社会思想社,1973年。
② 露丝·本妮迪克特《民族——科学与政治性》,志村义雄译,北隆馆,1950年。

日本后、以自己很难理解的日本人为对象制定行政政策时有所帮助。甚至她还被期待解决"如何使战争结束"这个难题。她受到委托时是1944年6月,出版《菊花与刀》是1946年12月的事。向政府提交报告是在1945年吧。她非常快地完成了任务。

仅从执笔这一著作的理由,就可以看出这项工作拥有巨大的历史性作用。在这里又可以指出她作为学者的功绩。

尽管性质各不相同,但通过《文化模式》、《民族》和《菊花与刀》,她留下了巨大的功绩。尽管她也许是作为一个拥有强大的理解异文化的能力的人而受到了上级的委托,但想到她创作前两部作品的动机是作为学者的"问题意识"这一点,可以说这对她来说是一个理想的工作。特别是这项工作并非制作单纯的民族志,而是必须最终做出一种预测来应对实际性的必要,或者说是一项为了探索一种实现理想的途径进行的工作,因此也需要她作为诗人的洞察力。在试着通读了《菊花与刀》后,根据这一点也的确可以认为把这项任务委托给她真是再合适不过了。

这本书就像书名所暗示的一样,论述了日本人存在矛盾的现象:彬彬有礼的同时又傲慢自大、顽固的同时又拥有适应性、勇敢而又胆小等等。然而实际上这里的"矛"和"盾"本身就是一个整体的某个部分,只要明示出这个整体,矛盾就不是无法解释的了。本书在一开始,就提出"尝试做出明示"这个问题。

她首先揭示出"日本社会是一个按照年龄、性别、家族关系、社会关系的不同组织起来的拥有上下之分的阶层制社会"这最重要的一点,然后又从功能的角度解释了与此等级关系相结合的精神至上论的各个项目,又说明了上述的矛盾行为是这样出现的:人们在孩童时期被娇惯,不久之后随着年龄增长渐渐被加上精神至上论的约束。特别是她认为日本人通过"耻"感——精神至上论的一项内容——来约束自身行为,并把它和西方人通过"罪"感来约束自身行为的现象对立起来,试图揭示出西方与日本在文化上本质的差异。这是有着她的特色的比较论,广为流传。

对于从没来过日本的她所作的日本研究,日本的学者非常感兴趣,也受到了刺激,同时也对其进行了批判。

旧日本的等级社会产生了反自然的、奇怪的行动模式,对儿童放任自流的放任主义导致了成年人对享受自然的倾向。针对本妮迪克特的上述论点,川岛武宜批判道:这种看法不对,前者是武士阶级的封建道德,后者是没有被前者渗入的、民众的自然的状态;必须对两者做出这样历史性的解答。

对本妮迪克特重视等级制的看法表示肯定的,是社会学家有贺喜左卫门。他说本妮迪克特能很好地把握住日本人的心性正是因为她重视等级制;只是,他又说这种等级制并非封建遗物,而是日本民族的特质。

此外,她受到很多人的指责,认为她误解了日本。和辻哲郎的批判最为严厉,他向登载《菊花与刀》的杂志①的编辑们强烈要求道"告诉我这本书的价值在哪里"? 这是不是因为他们站在不同的方法论的立场上呢?

以等级制为中心、在与整体的关联中把握日本人的各种思维、行动的模式,这一般被认为是非常新颖的方法。在刚被译成日文出版后,这本书拥有很高的声誉。现在它仍然没有从书店里消失,是一本非常有魅力的书。但是,这个方法在可以被称做日本人研究的古典作品——拉夫卡迪奥·哈恩的《日本》中就已经被采用。我在拙著②中尝试过比较这两本著作,这里围绕着从《菊花与刀》的第十三章《战后的日本人》中引用的下列词句,再一次进行思考。

关于从军国主义向爱好和平的转变,本妮迪克特说:"(在西方人看来)只能认为是主义的改变,我注视着这样的变化,并对此抱有疑虑。"我们按照军国主义行动,吃到了败战的苦头。我们决定现在开始要遵守和平主义,就老老实实地走已经决定下来的路,从而受到他国的尊敬

① 《民族学研究》第十四卷四号,1950 年(特集《露丝·本妮迪克特〈菊花与刀〉带来的》)。

② 筑岛谦三《拉夫卡迪奥·哈恩的日本观——对正确理解的尝试》。

吧。既然那样失败了，就这样做吧，这才是上策。以上的话，显示出日本人按照结果的得失来评判政策是非的机会主义伦理。既然站在这样的伦理之上，即使日本人表示要废除军国主义、走向和平，也无法让人安心。所以她说对这一改变"抱有疑虑"。在这里，她把西方的绝对主义伦理与日本的机会主义伦理对立起来。也就是说，拥有前一种伦理的国民，在战败之后会说"我们的主义失败了"而追悔莫及，或是说"我们的主义是邪恶的"而后悔犯下了罪行；但拥有机会主义伦理的人们会说"既然那样不行，我们就这样吧"，而迅速谋求改变。她不能对于这样的改变感到安心，因此说"抱有疑虑"。

对于以面对他人时的"耻"的意识来规范自身行为的人来说，离开了他人之后就不会考虑自身行为的是非；另一方面，对以内心的"罪"的意识来规范自身行为的人来说，不会把"无法向社会辩解"、"不给他人添麻烦"等作为规范行为的标准。她在上述两种伦理之间发现了和"耻感"与"罪感"相同的对立。

无论是绝对主义伦理还是"罪"的意识，都能被漱石所说的"自我本位"的人们当做规范自身的原理，而与非自我本位的、党派性的社会是无缘的。本来民主主义就是建立于自我本位的原理之上，因此没有贯彻自我本位原理的日本社会不能说是真正意义上的民主主义社会，日本人只有成为自我本位的人之后才能拥有民主主义社会。从理论上可以这么认为。本妮迪克特认为日本无法吸收西方的民主主义，[①]正是这个推论的结果。

但她也说：只有凭借这样的能力——"那样失败了"，以后向着别的方向努力——才能使日本重建为一个和平的国家。她又说，由于日本的国民被灌输成了拥有这种伦理，也就是机会主义伦理的人，因此不得不依存于它。她是在积极地肯定这一日本传统的伦理。在其最深处，本妮迪克特的真正意思就是：改变日本的这种伦理是几乎不可能的。

她能够像这样，仅从前文出现的推论之中导出这么有把握的预测

---

① 本妮迪克特《菊花与刀》，第十三章。

吗？只能认为，在这里她还是依靠了哈恩的观点。这是因为，哈恩在日本居住了十余年、自身已成为日本人、经历了日本的"家"的生活、了解隐藏在背后的日本人的基本心理。他体验到了旧日本的精神的强大，在生活中把握到了旧日本的精神并没有消失、而正在给新日本注入力量的事实，并把它写了出来。比如，有人谈论到了日本人的民主精神，哈恩就说日本人不适合近代的民主主义政治形态。① 是不是本妮迪克特从他的论述中获得了力量，才说出了那么肯定的话呢？哈恩说"无论穿着多少件外衣，最里面的人本身都不会改变"的意思是这不会改变的东西就是属于旧日本的、美的事物，是值得感叹的优点。本妮迪克特并没有说到这些内容。她只是做出判断，认为：传统的文化将持续；按照它来行事，最终对日本来说是安全的，而且不可能采取除此之外的道路，文化是持续的。支持她做出上述判断的，就是清楚地写出了同样思想的哈恩的《日本》吧。

让处于等级社会顶点的天皇离开政权，但仍维持其制度。美国定下的这个政策的构想就来自于《菊花与刀》吧。她写道：即使在旧宪法中，也有"天皇并非负有责任的国家元首，而应作为日本国民统一的最高象征发挥作用"②。

哈恩在《日本》中写到尽管在旧日本社会中天皇失去了政治上的大权，但因为其自身的宗教性而一直持续着，是祭祀时活的象征（living symbol of a cult）③。这虽然是在说德川时代的事情，但实际上，在旧宪法中天皇也是有这个侧面的。神道是国家的基础，天皇担任着祭祀神道的祭司的职位。但是，本妮迪克特了解到，在日本国民寄托在天皇身上的心里，存在特别的东西，她是不是想到了把天皇从祭祀的象征转变为统一国民的象征呢？ 在之后颁布的新宪法中，神道不再是国家的基础，天皇也不是祭祀的象征。这说明本妮迪克特在事前就拥有了很好的想法。这里，我也感到哈恩的《日本》给了本妮迪克

① 哈恩《日本——一种解释的尝试》，第十二章。
② 本妮迪克特《菊花与刀》，第六章。
③ 哈恩《日本——一种解释的尝试》，第十二、十三章。

特重要的提示。

　　她只从哈恩的《日本》中引用了一段："在他们牺牲众多人命、激烈争斗的选举战中不存在个人之间的憎恶与反目。政治斗争不是个人之间的斗争，而是藩主之间乃至党派之间的利益争斗。他们只把新政治理解为为了领导者利益而战的忠诚的战斗。"①而且，其中包含了旧时代的道德、日本的人际关系、文化的持续等重要的事项。

　　本妮迪克特在接受研究日本的任务之后，马上就阅读了欧美人写的有关日本的书吧。"大量有关日本的文献和众多在日本居住过的西方的观察者……给了我很多便利，这是那些研究没有文字的部族的人类学者所无法拥有的"②。而在这些文献中最吸引她注意的，应该就是哈恩的《日本》了。

　　其中，本妮迪克特的目光停在了哈恩所写的"儿童从自由放任的状态渐渐受到严格的约束，这和西洋是相反的"③上面。她是不是把这句话作为解释上文提到的矛盾的、对立的行动模式的关键了呢？此外，哈恩的《日本》中已经论述了作为《菊花与刀》的支柱的日本人的等级制与集团性，也对和这些相结合的封建道德进行了说明。

　　然后，本妮迪克特又说要注意平凡的、日常的思考和行动，这就是说：注意民众生活中司空见惯的事情是很重要的。哈恩也有同样的主张。他说："民众是树根也是树干，教养阶级只不过是花而已。"他说，自己加入了民众的生活，以自身在其中的经历为基础才做出了论述。

　　这样看来，在本妮迪克特读到哈恩的《日本》时，面对着必须在短期内完成的任务，她是不是感到发现了指路人呢？尽管如此，她还是为搜集丰富的资料注入了很多精力。她从书籍、电影、居住在美国的日本人以及被美军俘虏的日本兵等等之中找出了具体的事例，来显示出日本

----

　　①　哈恩《日本——一种解释的尝试》，第十九章。
　　②　本妮迪克特《菊花与刀》，第一章。
　　③　哈恩《日本——一种解释的尝试》，第二十章。

人奇怪的反自然的精神至上论行为类型和自然的感觉性享乐的行为模式。

她把"恩"、"义"、"名誉"等作为反自然的精神至上论行为模式来论述，又把自然的感觉性享乐的行为模式用"人情"这个名称概括起来论述，并用《道德的悖论》一章来论述二者之间的竞争关系。以对这样的行为模式的论述为前提，第三章《"各得其所"》说明了作为支撑着其行为模式的基础的等级制社会。在第十二章《儿童在学习》中，她论述了人们在儿童时代学会了义、名誉、人情，解释了成年后拥有看起来奇怪的自然的以及反自然的行为类型的必然性。接着她又认为，让西方人觉得吃惊的日本男性的行为中的矛盾源于他们儿童时代的教育的不连续性（既对儿童采取放任的态度，又对其进行约束），结束了对难题的解答。上文中已经提到川岛对她的解答进行了批判，无论批判和她的论述谁是正确的，总之哈恩也明确记述过日本的父母对待子女的方式与西方不同。本妮迪克特把这种特殊的对待方法看做了理解日本人的关键。

本妮迪克特之前的作家们虽然也有例外，但大多数自始至终都在列举特性，如"重视名誉"、"顺从"、"集团性"等等。与此相对，她设定了一个课题并试图按照一定的方法来解决，在此过程中对这些特性进行深入的探讨。这作为前所未有的研究方法进入了日本人的视野，抛开了先行者哈恩那本拥有深厚内容的《日本》，以这样的形式，本妮迪克特这本书名很美的著作受到了广泛欢迎。

不管怎么说，战后不久日本人就读到了这本书，从方法论和内容中受到了强烈而且丰富的教导，这对日本国民来说是非常幸运的事。

顺便说一下，她曾说过，对于被自己命名为"对'名'的'义'"的这个事物，日本人没有起特殊的名字。实际上日本是不存在这样的说法的。义是对人的。对于"名"应该使用"尊重"，所以她的说法应改为"对'名'的尊重"。尊重"名"就是指重视名誉，这从沙勿略之后就一直被认为是日本人的特性。但用前文论述过的方法来研究"恩"、"义"、"人情"的，本妮迪克特是第一个。

森三树三郎《"名"与"耻"的文化》

最后,关于本妮迪克特所说的罪感文化与耻感文化进行一些思考。

她认为规范着行为的准则在欧美是内心的罪感意识,而在日本则只能说是对他人的耻感意识。她非常重视这一意识的差异。关于她的说法,也有人提出了意见,如"日本人也常说起罪孽。就算是'耻',做了善事受到称赞时感到难为情,这也是'耻'的一种,她没有考虑到这个方面"等等,总之他们论述到日本与西欧之间不存在明显的文化区分。

关于这一点,也有人认为中国文化也属于耻感文化。《论语》里常常出现"耻"的内容,并根据中国的材料进行研究,显示出自己关于"罪"与"耻"的明快的看法。这就是森三树三郎的《"名"与"耻"的文化》①。下面简单介绍一下他的论述。

本妮迪克特根据人们做了坏事后的意识,把人类分为两个文化圈:一种是与他人无关,内心里把自己的行为看做罪恶;另一种是被他人知道后感到羞耻。前者内部的人们基于罪感的意识行善,后者内部的人们受到他人的强制而行善。按照上述区分,她认为日本文化属于耻感文化。从耻感文化这个观点来看,其实中国才是正宗,日本只不过是其分支。因为有以下的事实:

失去名誉就是耻辱,"名"与"耻"是正反两面的关系。有"名"之处必有"耻"。

"名"的思想在中国非常强。儒教教导人们重视"名",从这个意义上来说儒教也叫做"名教"。"名"就是名声,就是名誉。这二者之间也有些区别,失去名誉就是耻辱。说中国思想对日本产生了影响,也就是说相应地日本人对于"耻"的感觉变得敏锐了。《论语》中常常出现关于"耻"的内容。举两、三个例子:

———————————

① 森三树三郎《"名"与"耻"的文化》,讲坛社《现代新书》,1971年。

在国家政治混乱、不正之风横行时，接受俸禄是可耻的行为。① （《论语·宪问》：“邦无道，穀，耻也。”②）

在国家安定时仍然贫贱，证明自己没有能力，是可耻的；在国家动乱时处在富贵的地位，证明自己拥有贪欲，是可耻的。③ （《论语·泰伯》：“邦有道，贫且贱焉，耻也。邦无道，富且贵焉，耻也。”）

在自己行动时知道羞耻，在作为使者前往四方之国时不辱君命的话，就是出色的“士”。④ （《论语·子路》：“行己有耻，使于四方，不辱君命，可谓士矣。”）

但是，《论语》里也有以下的话：

企图使用政治权力或刑罚来强行使民众统一的话，民众就只想着逃脱法网，不会为自己的恶行感到羞耻。如果通过道德和礼仪来引导，民众就会因恶行而羞耻，自然变得规矩。⑤ （《论语·为政》：“道之以政，齐之以刑，民免而无耻；道之以德，齐之以礼，有耻且格。”）

这样一来，“耻”就不是外部的强制力，而变成了内心的动力。也就是说，孔子认为，“罪”的观念产生于刑罚这个强大的外部规范力，“耻”的观念通过道德和礼仪养成，是内心的伦理意识。清朝的一位学者也说过“耻乃植根于心之大德”。结果孔子认为：

“罪”是对于刑罚这一外部强制力的恐惧，“耻”体现了内心的道德意识。⑥

---

① 森三树三郎《“名”与“耻”的文化》，第134页，大意。
② 《论语》原文为中译者所加，下同——译者注。
③ 森三树三郎《“名”与“耻”的文化》，第134页，大意。
④ 森三树三郎《“名”与“耻”的文化》，第136页。
⑤ 森三树三郎《“名”与“耻”的文化》，第153页，大意。
⑥ 森三树三郎《“名”与“耻”的文化》，第153页。

这样一来,孔子和本妮迪克特关于"罪"与"耻"的外部性或内部性的判断截然相反,因此其评价也是完全相反的。这该怎么理解呢?

　　　　如果罪被看做将受到神的惩罚的对象,并通过长时间学习固定在心里、成为习惯的话,它就是内心的。耻就是感到亏欠社会的意识,因此从这一点来说是外部的强制力。但如果通过学习固定在内心、形成习惯,它同样也是内心的。①

　　这样一来,两者就无法像本妮迪克特说的那样用外部性或内心性来区分。因为它们在没有形成"习惯"的时候是外部的,通过学习养成了"习惯",就变成内心的。

　　这样的话,"耻"与"罪"的本质区别在哪里呢?

　　无论"耻"怎样内心化,它始终都是对社会的意识。有人会说"无愧于天地"之类的话,其中的天地是不是就是指社会呢?

　　"罪"是天谴的对象。在它成为刑罚的对象时,刑罚就成了天谴的替代。也就是说它本来是起源于宗教的。

　　中国古代就有强烈的"罪"的意识,直到孔子的时代都没有改变。《论语》里出现了很多次"耻",但只提到了三次"罪",而且这三次都与天谴联系在一起。

　　之后,随着中国人的宗教意识渐渐淡薄,"罚"也与天谴的替代者——君主的刑罚联系在一起,犯法就有罪的意识渐渐强化。"罪就是犯法"。"罪"渐渐失去了与宗教、道德意识的联系。只要不触犯法律,即使做出恶行也不为罪。这是因为"罪"与宗教分离开来了。

　　但是,在基督教依然根深蒂固的欧美,"罪"的意识是宗教性的,支撑着道德。

　　因此他们欧美人拥有"罪感文化",而几乎脱离了宗教的中国人和日本人拥有以人为对象的"耻感文化"。

---

　　①　森三树三郎《"名"与"耻"的文化》,第154页,大意。

以上就是《"名"与"耻"的文化》的作者在受到本妮迪克特的刺激之后着手进行的研究的简短总结。为了得出上述结论,作者"打算尝试着全力以赴",也包含了对日本国民的将来的担忧,针对《菊花与刀》中最大的问题,注入了自己的精力进行思考。

在战后的日本人论的著作中,《菊花与刀》排在第一位。尽管其存在若干错误,但它按照解决课题的顺序,从构造机能的角度来解释扎根在普通的日本人身上的、无法去除的特性。而且,受到它的刺激与影响,由日本人进行的日本人研究出发了。

饭塚浩二《日本的军队》

在战争结束后过了一年、两年,第三年的时候大学内的复员学生增加了,大学也大致恢复了正常的状态。在这一年还剩三天就要结束的时候,《菊花与刀》的日译本出版了。至少在我所在的研究所里,大多数人——不管专业是什么——都在谈论着这本书。其中研究人文地理学的饭塚浩二对这本书表现出了极大的兴趣。

作为一个已经在昭和十九年(1944 年)出版了《国土与国民》(古今书院)、在昭和二十三年(1948 年)二月出版了《比较文化论》(白日书院)的人,他对《菊花与刀》感兴趣是正常的,但他对于日本文化及日本人的问题意识似乎也因此进一步增强了。通过杂志《知性》在昭和二十四年(1949 年)四月举办《菊花与刀》的讨论会正是由他提出的,邀请本妮迪克特的合作者桥间(可能是当时在 GHQ 工作)举办座谈会,也是他的功劳。他也担任了我们进行农村调查的领导者,在之后几年活跃的文笔活动中,也主要是有关日本文化乃至日本人的。其中,他最大的成果之一就是《日本的军队》[1]。

在战争刚刚结束之后,海陆军的年轻将校被特许转入大学学习。

---

① 饭塚浩二《日本的军队》,东大协同组合出版部,1950 年。

这样，两名复员军人接受了他的教导，从大学毕业。他从这两名学生嘴里听到的关于军队的资料引起了他的注意，使他出版了上述著作。书的第一部、第二部都是有关他执笔此书的随笔，共十四篇，其中记载了这些资料。

他写道：可以把这本书看做是给自己的旧作《比较文化论》添加的一个分论。《比较文化论》出版于昭和二十三年（1948年）二月，获得《日本的军队》第一部的资料是在昭和二十四年（1949年）四月和十二月。我想，他是受到了本妮迪克特的刺激，使自己关于日本人的问题意识进一步加强了，并在此状态下浮现出了这个计划。

这项研究并不仅限于日本军队本身。军队是日本社会的产物，强烈地体现了旧日本社会的性格。于是，这项研究的目的就是通过分析旧的日本军队来了解日本特有的社会结合的形式。他在题为《研究日本文化的线索》的序言里写下了以上内容，然后站在这个前提之上展开问答。那么，他到底举出了哪些日本文化的特色了呢？下面按照顺序来简单回顾一下。

岩仓具视曾说："陛下视陆海军及警察为肱骨，率其于左右，携其威势居高临下，使身无寸铁的人民不由地战栗。"军队为了应对天皇如此的期待，在其内部创造了黑暗、恐怖的气氛，在专制主义的国家中即使理亏也能随心所欲，体现出上级的权力，而暴力与温情也自然地出现。日本这个国家的特色集中体现在了军队之中。

在军队这样的氛围中，喘口气是必要的。因为在一般的状态下，人性是窒息的。这也不仅限于军队，而是日本社会共有的性质。这个社会不存在民主主义社会或是《万叶集》的社会所拥有的光明。军人自负地把军队看做是一个与"地方"（军队对外部社会的称呼）不同的社会，并试图通过使用特殊的军队用语来使这一意识扎根下来。但是军队最终只是日本社会的一部分，军队中的组织全部都像这样，贯穿了封闭的家族主义式团结的原理。

反观德意志帝国军队的教育令，其中存在"教育之最终目的，在于获得伦理的自由"、"在选择善恶、即决策中拥有绝对之自由"

244

等等,这些在日本的军队里大概是无法想象的。不存在自由的伦理判断,也不存在自由的战术研究,在日本的战术教科书上写着"应通过本书习得战术——陆军大学校长某某"。

军队强调自己是和"夏巴"(上文提到的"地方"的别名)不同的特殊社会,军人必须忠实地遵守固有的规范。不久之后,军队的教育方法也成为一般社会中教育国民的模范。出色的军人被看做出色的臣民。

这是一支普遍存在着利己主义的、拥有家族主义性质的军队,其色彩浓淡在海军和陆军中有所不同,不同的兵种、海军军舰上不同岗位之间也有所差异。虽然说"天皇的军队均为天皇的赤子",但现实中上下的关系基于私人的联系。在这样的军队中,教育不是基于自由意志的人道伦理,军官大声喊叫道"不要找理由"、"马更重要"等等,因为"这是天皇的兵器",武器受到过分的尊重,反倒是人遭到了殴打。简而言之,军队显现出了对人性的否定、对人的滥用。表现得最突出的,就是特攻队。于是,虽然也有些例外,但在战争结束、军队崩溃的时候,出现了众多针对军队物资的过分行为。

以上就是他的主要论点。简单地说,军队中地位高的人可以任意更改是非,所以军队是一个由人组成的不合理的集合体。换个说法,就是一个存在以父母心来面对下人的家长式权力、并由它组织起来的家族主义式的社会集团。军队内的事物,无论好坏,都来自同一个源头。

川岛武宜《日本社会的家族式构成》

日本的军队并不是一个与外部不同的特种社会,而是与外部密切联系,它集中体现了日本一般社会的特色。在这个意义上,军队有作为研究的对象的价值。饭塚的《日本的军队》正是站在这个前提之上。而且,作为军队的基本性质,家族主义被饭塚提了出来。以家族主义式的团结原理结成的集团的集合就是军队。

作为军队的母体，日本的一般社会贯穿着家族主义式结合的原理。川岛武宜的《日本社会的家族式构成》①揭示出了这一点。

在上文中，就提到过这本书的作者也和饭塚一样，对《菊花与刀》非常感兴趣，既对它表示感叹，又添加了自己的批判。

这本著作是他的论文集，其中都是他在战争结束后的昭和二十三年（1948年）之前执笔的论文。在以书名为题的第一篇论文中，作者从现实社会中存在的家族制度而不是法律所规定的家庭制度的区分开始谈起。

家族制度分为武士阶级的家族制度和农民、渔夫或是都市小市民的、也就是民众的家庭制度。占统治地位的家族制度教育以前者为对象，由民法所规定的家族制度也是前者，因此很少有人关心民众的家庭制度。在面临着修订民法的时候，不能像之前一样，忽视渗透于民众之中的后者。

封建武士的、也就是儒教的家族制度统治着的是贵族、大地主、大商人和士族阶层，在这些阶层中约束着人际关系的基本原理是权威与顺从，以权力来支配他人，处于上层的家族成员和无条件服从于上层的、没有权力的下层家族成员之间有严格的区分。于是，无论是统治者还是服从者，都不可能存在所谓"个人的责任"。因为前者仅仅是通过权力进行统治，后者不拥有独立主体的意识。

在民众的家庭生活中，看不到武士家族制度中严格的支配·服从的关系，而是同心协力的氛围占据主导地位。夫权、主妇权与户主权、父权一样得到认可。在这里，存在着横向的人际关系。

在这里，使家庭成立的传统的"秩序"本身就带有一种权威，从外部强有力地约束着家庭成员。权威带有感情的、情绪的性质，不存在毕恭毕敬的敬畏的氛围。在这一点上，它与武士的家族制度有很大不同。但是，也不能就此说它是现代的、民主的。因为在这个制度中，个人并不拥有作为独立的个体的意识，而只是在同心协力的集体秩序的氛围

① 川岛武宜《日本社会的家族式构成》，学生书房，1948年。

中,盲目地遵守习惯。这里也不可能产生个人的责任意识。

我们可以像上面一样来观察两种家族制度。这种家族制度的形态向家族外部投射自身,家族式结合的原理在社会中发挥着作用。于是,所有的社会组织也都因贯穿了家族内部的原理而被家族化了。只要不进入一定的组织,人们互相之间就是毫无关系的,或者就是敌人。这是因为,没有任何可以把他们紧密联系在一起的东西。而一定要把他们组织在一起的时候,就只有依靠家族式结合原理。因为,日本人只懂得家族式的结合,日本人没有体会过自由的、主体的个人立场。家族生活如此强大地培育了每一个人。人们想依赖于家长式的掌权者,或是想成为掌权者,这样就形成了第二次的父子关系。于是,出现了模拟家族社会。这就是日本社会被称为像家族一样构建起的社会的原因。"因此,占统治地位的家族原理与民主主义的原理相互对立。"①

川岛是一位民法学家,面对不断迫近的民法修订,认为其目标必须是实现日本的民主化。为此首先要了解日本社会中反民主的现实,这是最重要的。于是,他写了这篇论文。通过这篇论文,他揭示出:日本社会是一个由家族原理组织起来的社会。

日本社会是家族式的,这一点当然在很早以前就有人说起过,但意思却不一样。此前是从天皇为父、国民为赤子的角度来说日本是一个家族式国家,或者是赞美家族制度,使用了这个称呼。

在川岛所说的意义上认为日本社会的构成是家族式的,这种观点在他以前有人提出过吗?他的叙述能够一下子就让读者产生共鸣。正因为如此,这本书才在刚出版之后就马上声名鹊起的吧。这本书比上文出现的《日本的军队》出版要早,考虑到和《菊花与刀》的关系,我先讨论了《日本的军队》。但我也感到,《日本社会的家族式构成》对《日本的军队》产生了一些影响。

日本社会的家族式构成,这个简短的语句多么直接地表示出了他的主张。上文出现的饭塚揭示出军队是通过家族主义式的结合原理组

① 川岛武宜《日本社会的家族式构成》,第 22 页。

织起来的社会。同时，它也是"地方"社会的特色的延续。通过两个人在不同的两个领域进行的探究，这同一个特色被清楚地揭示了出来。

之后，人们开始频繁地说日本社会是家族主义式的，这是在目前讨论过的各个作家身上都看不到的。和家族主义这个特色一起，上级·下级式的人际关系和虚拟的亲子关系作为日本社会里有特色的人际关系，也被提出了。被创造出的组织带有家族式的性质，其中个人无法成为自由的个人，组织与组织之间的关系也与家族成员间的关系很相近，进而社会整体都体现出家族主义式的面貌，也就是无法否认日本社会的家族式构成。揭示出以上这些事实，在战前是不可能的。当时，"社会"这个词本身就还不能够安心使用。那是一个社会科学的自由受到很大限制的时代。

作者川岛认为：日本的民主化意味着一次巨大的、质的变化，因此是个很难实现的课题；家庭内部和睦生活的确是一种好的社会现象，但是当家庭依然压抑着个人、不尊重人权的时候，就不能赞美家族制度；如果对本质上的巨大缺陷视而不见，美化、称赞家族制度，就怎么也无法面对上面的难题。他在修订民法之前阐述了这些内容。川岛和饭塚都将目光盯在了日本社会的同一个特色上。

在这里我想说一下的是，也许有人会说这里讨论的是日本社会论，两本书都没有把日本人作为对象。的确，无论是书名还是书中的用语，都是和社会有关的。但是，在讨论社会的特色时，直接的对象就是日本的人。两本书都是在论述有关拥有家族主义思想、行为的人的思考、行动、伦理的问题。因此，其中显示出了他们是怎样看待日本人的。

饭塚在出版了《日本的军队》之后，又过了两年，发表了《日本的精神风土》①。在《日本的军队》里的很多地方，他都写到感到世间黑暗、对将来感到担忧等等内容。② 在《日本的精神风土》里，他也说在新的条件下感到担心、对未来的预测也很黑暗。③ 他说，这本书是自己在尝

---

① 饭塚浩二《日本的精神风土》，《岩波新书》，1952 年。
② 饭塚浩二《日本的军队》，第 103、272 页。
③ 饭塚浩二《日本的精神风土》，后记。

试对日本人进行必要的自我批评。书中收入了十六篇文章。这是在战争结束后两年不到的时间里写出来的。也就是说，撰写《日本的军队》是之后才进行的工作，但出版时顺序却反过来了。

其中，有一篇论文名为《家族主义式的利己主义以及共同社会式结合的反社会性》。其中有这么一句话："在我国，移植了封建的家族主义观念来理解国家秩序，借用这种比喻的方式，牢固树立了国家的统一意识，这是众所周知的。"[①]根据这个说法，日本社会并不是按家族主义的形式构成的，而是为了国家的统一，使用了家族的概念来进行比喻。如果这样的话，那么可以说到了《日本的军队》中，他的想法发生了转变。

中根千枝《纵向社会的人际关系》

日本必须实现民主化；必须去除前近代的事物，沿着近代化道路前进；为了这个目的就必须要知道现在的社会现实是什么。在这些意图下饭塚和川岛二人分别进行了研究，并在战争结束后很快就发表了研究的结果。上面已经回顾了这些内容。

中根千枝的《纵向社会的人际关系》[②]是一本与上述两本书立场不同的著作。如果从社会人类学的角度来分析现代日本社会，会得出怎样的看法和理论呢？很想探究一下这个问题。我也很想知道把结果与其他国家相比较之后，可以怎么给日本定位。这里并不是在问日本社会应该怎样前进。在开场白中，他讲到了上述内容。这本书的前身是他发表在《中央公论》杂志上的论文。[③] 这本书的目的是脱离对封建制及前近代性评价，客观地抽象出日本人集团的基本构造。

他从解释作为分析集团的关键——场与资格的概念开始，论述道：

---

① 饭塚浩二《日本的精神风土》，第98、99页。

② 中根千枝《纵向社会的人际关系——单一社会的理论》，讲坛社《现代新书》，1967年。

③ 中根千枝《日本社会构造的发现》，《中央公论》1964年5月号。

日本人有很强的归属于某个"场"的意识,人们在其场所内部形成了纵向的关系,并结成了纵向的团体。

然后,他又针对"内""外""其他"的意识、等级意识、论资排辈与终身雇用、热爱公司的精神、上级/手下、党派性、派系斗争、非社交性、横向的竞争、纵向集团与横向集团的比较、领导者的问题、契约精神的欠缺、伴随着纵向等级的情绪、社会的强制、重情轻理等等此前被提出的日本人的特色,分别举出了很有趣的例子,简单地说明了产生这些特色的必然性。但是,虽然他在一开始就说,自己的目标是在讨论"日本的"或是"封建的"之前,先揭示出客观上顽强地持续着的社会构造,但在临近结尾时,还是出现了强烈使人评价日本人的事例,其中能窥探出作者自身对日本人的评价。只是,也许他会说:任由读者去判断,我仅仅是使用了公正的事实来作为事例而已。

尽管本书面向一般的知识分子,以提供了解日本社会构造的尺度为目的,并不含有所谓启蒙的作用,作者应该也希望能冷静地论述。但是,既然他本身是个日本人,行文带给读者上述感觉,说起来也是必然的吧。

西尾干二《欧洲的个人主义》

有一些书,恐怕一开始就没有打算控制流行之心,站在事实的基础上展开很有说服力的论述,使读者心里受到冲击。例如,西尾干二的《欧洲的个人主义》①就是这样一本书。

作者说道:人们常常用"封建的"、"非近代的"等等来进行指责,这时其实是针对已经在现代社会中受到歪曲的封建思想乃至封建道德,而不是指责在封建时代使当时的人感到幸福的思想和道德。日本导入了西方的近代思想,在此立场上创造了理想的"个人"、"近代",并与近代进行比较,不断指责所谓的"封建思想"的变种。他说,这种现象很值

---

① 西尾干二《欧洲的个人主义》,讲坛社《现代新书》,1969 年。

得注意。他指出：观察思考事物的时候，联系当时的背景非常重要。我很赞同他这个见解。不这样的话，就只是创造出这样一种倾向：仅仅把被抽象化的近代思想的名词，如"自由"、"平等"等等用于表达自身的不满。英国的民主主义产生于英国人的生活需要，如果脱离现实的话，它就会成为没有实体的东西。

有人一味地认为差别是不好的，因此觉得产生了差别的竞争也是不好的。无论是和平还是民主主义，只要把它们挂在嘴边就不会受到反对，因此四处宣扬它们，但并未真正地尝试去深入思考和平与民主主义，甚至也感觉不到其必要性。在忽视背景、把西方的思想看做成品而吸收的时候，就不会去深入思考这些思想。

在欧洲，没有学生会在民主化的名义之下忽视各人职责的不同。于是，也完全不会出现围住教师口吐恶言、欺负或是殴打教师的例子。如果进行错误的民主化教育，只强调人与人之间的对等，就会出现这些不可想象的行为。而且更为重要的是，日本人把这些近代理念（自由、平等、民主主义）——仅仅是浮在空中的错误的空想——作为变革的指导原理，导致了没有正确评价欧洲，或者是仅仅盯着社会的某一方面，认定日本比欧洲进步。

日本人不断被历史所愚弄，没有成为过历史的主人公，由对异文化的恐惧及竞争意识产生的向文明开化的努力没有使社会的灵魂发生变化。家庭成员以总是受到过度保护的儿童为中心互相靠近，自己和他人的区别很模糊；在家庭之外，是这样成长起来的人们的集合，不是西方所说的"社会"。人们很难互相交换主张，"以和为贵"的思想占首要地位。现在时势变化很大，"富国强兵"也变成了"经济强国"。但是，日本国民被历史愚弄、易受外部影响，这一点没有改变。

上面，我大致概括了一下书中吸引了我的注意的部分。作者明言道：刚刚对西欧抱有自卑感，又马上转变为优越感，浮躁的日本思想界让我感到厌恶，我想挑战今天的科学的理性，并站在这个立场上写出了这本书。

而且，他甚至还申明："我并不以在任何事情上都以欧洲为标准来议论日本社会的缺陷为目的。"在论述中举出了毫无忌惮的日本人存在的缺点。

总之,两年的旅欧生活让他拥有了将日本与西欧相比较的意识,他一边指出西欧的个人主义的实际状态和社会基础,以及日本人在吸收西方理念时犯的重要错误,一边展开了日本人论,揭露出日本人日常的、基本的弱点。

荒木博之《日本人的行动方式》

和西尾干二一样,在国外生活期间,加深了针对日本人的问题意识、进行了深入思考的人中,也有荒木博之这个人。

他发现了日本人的集团逻辑性和他律性正在使日本人变弱的现象,并围绕这一点尝试进行了自我反省式的研究,这就是他的著作《日本人的行动方式》[1]。我强烈感到,西尾、荒木二人都是身在海外,有着被忧国忧民(也许这个说法老了一点)的心所驱使的一面。

他在第一章里说明了集团逻辑性和他律性是解开日本人行动的关键,接着在第二章里从村庄的生活中寻求其赖以生存的基础。在这里,他提出了假说,即:共同体性质的农耕文化形成了日本人的核心性格。他写道:石田英一郎以假说性的、直观的预测论述了这个内容,自己也是在论述相同的一点。[2]

接着,他又尝试着更清楚地阐明为什么上面的两个概念是解开日本人行动的关键,在第三章和第四章中作了努力。在这里,他举出日本人在海外时集体行动的现象,认为产生了这种行动的原理存在于我们的意识之下,并把它称为"集团逻辑"。他还把按照自身意志行动的原理称做"个体逻辑",认为前者是原则,后者是本意。他又说:日本人总是受原则所驱使,压抑着本意,并将此视为美谈。他把与集团的关联和原则看做同一层面的事物。

---

[1] 荒木博之《日本人的行动方式——他律与集团逻辑》,讲坛社《现代新书》,1973 年。
[2] 荒木博之《日本人的行动方式——他律与集团逻辑》,第 24 页。

这种看法非常有意思。他用原则(与集团的关联)和本意(个体逻辑)之间的对立表现出了日本人与欧美人的不同,并举出种种事例来阐明这一点。

第五章是关于由他律性产生的特殊语言所作的论述。这一章被扩充后作为独立的著作①出版了。

> (日本的)集团逻辑……在日本形成农耕制共同社会时就存在,并作为日本人的核心性格传承到现代。这就是我的立场。②

就像上面这句话所说的,他的假说就是把日本的集团逻辑归结到农耕社会上。针对这个假说,下面要提到的 G. 克拉克提出了疑问,并抛出了新的理论来代替它。

G. 克拉克《日本人》

在日本经济的上升期,日本人活跃在经济界并取得了成功,这让外国人吃惊,于是"日本成功的秘密到底在何处"就成了他们关心的问题,并因此出现了许多出版物。但是,在这里我们要讨论的克拉克的著作《日本人——独特性的源泉》与其说是出于对上述问题的关心而写成的,倒不如说是和本妮迪克特说的"非常难理解日本人"相同的感觉成为了其出版的直接动机。但从结果来看,这本书也对上述问题作出了一个解答。

"热情和被动性在日本奇妙地共存着,这种共存背后到底有什么呢?"尽管接触日本人的机会增加了,和日本人接触越来越广泛,但这个谜团仍在不断加深。他曾在 1961 年、1967 年、1969—1974 年三次居住在日本,其结果就是以返回澳洲为契机,决定撰写与日本有关的书。但是,谜团仍然抬起了头。不过,他的脑中浮现出了"作为集团社会的日

---

① 荒木博之《从日语思考日本人》,朝日新闻社,1980 年。
② 荒木博之《日本人的行动方式——他律与集团逻辑》,第 21 页。

本"这个概念，这样一来就大致掌握了对解谜很有效的东西，这就是集团主义。但是为什么是集团主义呢？与西欧、中国、印度的比较对解开这个谜起到了很大作用。

这就是，上述三者通过与其他民族的战争，经历伤痛而向着理性且个人主义的方向前进，日本没有经历过这些过程，从部落社会时代就存在的情绪化的、集团取向的价值体系没有被打乱，而是正常地获得了发展。如果这么认为的话，那所有的谜团就烟消云散了。新的观点促使发现新的空间。

"前言"就较详细地事先介绍了书的内容，其中写到了上面的话。接下来，再稍微详细地介绍一下这本展开了独特的日本人论的著作吧。

日本人身处"自己人"、"有缘"、"无缘"这三个环的中心，人际关系按此顺序向外形成了三个同心圆。这是我们都熟知的。克拉克利用这个理论，认为外国人大致被放在无缘之人（陌生人）之中。但是，对日本人来说，在无缘之人成为有缘之人时，就会产生新的人情关系，维持这一关系让人头疼；而面对外国人就不需要这样，这是很有利的。但是，问题还没有解决。在外国人与日本人相互的自卑感之间，可以看到已经无可奈何的恶性循环在放大。

日本人说意大利人胆小，德国人是施虐狂；外国人则说日本人是没有自主性的木偶，是不懂得幽默的经济帝国主义者。

日本人却不对此进行抗议，而是保持沉默，这很不可思议。

在第一章里，他陈述了上述内容，然后进入正论。

日本人身边的人际环境对看待事物的方法起决定性影响，制约着其视野。在某个公司就职意味着自动归属于某个集团。只要进入学校，同学关系就会在毕业后仍然存在，持续一生。地域性的联系在西方也不是没有，但它同时又以宗教、政治、职业等共同关注的事情为基础形成集团，对生活产生很大影响。但是在日本，这种共同的关注似乎并没有那么强烈。日本人在被问起身份时，回答的不是自己的职能而是职位也与此有关。这种地域性的集团相对来说是感性而不是理性的。在日本，由共同关注形成的集团容易转变为地域集团，是由于感性的、地域性的联系很强。加入运动俱乐部或某个兴趣俱乐部是为了与他人有共同关注的事,但互相的关系也进入了彼此的生活,带有地域性集团的性质。

这样,在日本,个人很容易埋没在集团之中,这是因为"出头的椽子先烂"。均一主义由此出现了。均一主义渗透到日本社会的每个角落。在学校里不常有人留级,而是大家一起毕业,和大家的关系又以同窗会的方式自动地持续下去。就把这种现象称做日本人的集团主义吧。

尽管有的欧美人把这种集团主义看做实现民主化的障碍,但也不能忽视其中存在着亲密的共同体意识。因此,在日本能看到以下欧美所不存在的事情。

日本人不使用"不营业"这样不客气的表达方式,而是使用"请允许我不营业",出于对等待的人的照顾而使用"准备中",建筑工地会挂出"给您添麻烦了"的招牌,对通行的人表示道歉。

房东很少要求租借者立即退房,与房东的法律权利相比,租借者的权利更受到尊重。在租地权制度中,租地人的权利很好地受到保护,这也和欧美不同。

法律意识较强的欧美人关心的是被起诉或是受到刑罚,日本人则更重视痛改前非的姿态,并关注于此。日本人从情绪上使政府做出的名为"行政指导"的强力统治变得柔和。

这些都显示出:日本人爱好有弹性地处理人际关系的方式。这就是说并不是冷冰冰地由法律来进行规范,而是人情化地处理问题。欧美人对日本人产生误解,也是因为存在上述处理事情的方法的差异。

只是,受到注目的是,接受不到集团中共同体性质的温暖的人被放置在受保护的范围之外,被严厉地示众。

讲究"以和为贵"也是源于上述感性的共同体性质的集团主义。于是,一旦"和"受到破坏,爆发争端,将不存在抑制它的理性的机制,而是白白陷入感情的对立。政府与动劳①的争端就是一个例子。

上述被日本人所爱好的集团主义,换句话来说就是家族主义。日本人存在强烈的将成立的组织集团看做家族集团的倾向。可以说最初

---

① 指旧国铁动力车工会——日文原书编辑部注。

的家庭扩大后就是日本的集团。出现论资排辈制度的起因也在于此。

日本的家族式集团主义也有两面性。一方面个人被要求为了集团而牺牲自己，自由受到限制；另一方面又可以期待得到集团的照顾和庇护。集团中伙伴间的关系亲密到让欧美人恐惧的地步。人们对作品、作者的批判不会很充分，也是这个原因。

简单来说，欧美的人们在集团内部也追求作为个人的完成性；而在日本，完成性是在归属于某个集团之后才确立的。

> 在家族式集团的内部存在父子式的等级区分，下级对上级的依赖心理正是依赖于父母的小孩子的心理。土居健郎的名著《日本人的心理构造》将其说明为"被动性对象爱"。产生它的是日本特殊的集团主义社会。在日本的社会里充满着这种依赖，反过来可以从中看出日本社会就是家族关系的延续。①

在自己的集团内部相互关心的日本人在来到集团外部之后，就会变成另外一个人。与此相联系，存在两组道德。这就是对身边的人的人情（私德）和公共秩序的维持（公德）。

在欧美社会，忠诚于自己良心，即使与集团的利益相悖，也被视做德。但在日本，集团的利益是在第一位的，为了维护集团的利益而隐瞒真相被看做是德。相对于以忠于良心为原则的道德，日本的道德是对集团的道德。

将有弹性的集团主义道德与普遍主义道德进行对比，才可以理解日本人的特异性。虽然也有人从种植水稻、风土等方面去说明这种特异性，但我想这些都是没有意义的。下面举出一个单纯的假说。

> 日本人并非有异常。是我们这些非日本人不正常罢了。日本人一直保留着远古时期的东西没有发生变化。假如没有那些在我们非日本人心中留下伤痕的重要事件，是不是我们也会成为和日

---

① 格雷戈里·克拉克《日本人——独特性的源泉》，第80页，大意。

本人一样的存在呢？①

　　虽然在国内互相争斗，但日本人从来没有到国外与外国人进行殊死搏斗的经历。我希望大家重视这一点。在站在同样立场上的南太平洋的岛国里，可以看到更加纯粹的集团主义。②

以上就是克拉克的书的重要部分的大意。最后提出的这个假说非常重要，非常独特。

对于他提出的这个假说，也许有人会想问：如果这样的话，为了使日本进化到理性集团，就必须拿起武器和其他民族战斗吗？我想，实际上"战斗"在以前是战斗过的，在现代可以象征性地来理解。也就是说，这种"战斗"可以是外交上的，也可以是激烈的文化上、政治上、经济上的对立。总而言之，要遭遇这些左右着存亡的、或是能使认同感显著加强的重大的对国民的刺激。如果出现关系到生死的重大国际问题，靠感情自然是无法战斗到底的，就不得不拥有理性。克拉克说向意识形态社会的进化在经历了这些事之后才会达成，恐怕就是上面的意思吧。

也就是说，日本在遥远的过去没有这些经历，古代日本的根基一直保持到现在。

之前我们已经看到，本妮迪克特认为，日本人难以理解的原因在于他们的悖论式的行为模式，并把它归结为对儿童的教育方式；川岛则对此提出了反对意见。克拉克的理论是对难以理解日本人的另一个解答。

日本固有的保守性对近代产业国家的发展作出了贡献，是因为传统的集团主义价值观在底层支撑着所有引进的制度的运行。克拉克作出的回答虽然用语不同，但和拉夫卡迪奥·哈恩想到的是同样的内容。

这本书举出了诸多现代日本社会的现象，采用了作为通俗读物也很有趣的形式，实际上真是一本充满了启示、意味深长的著作。

---

①　格雷戈里·克拉克《日本人——独特性的源泉》，第208页，大意。
②　格雷戈里·克拉克《日本人——独特性的源泉》，第208—209页，大意。

桑原武夫、梅棹忠夫《日本三大城市比较论》

在本妮迪克特之后，我们又讨论了八位作家的著作，并在他们之间建立了联系。在这里，我想再回头看一下下面的文献。因为就像后面会讲到的一样，这篇论文也将地区性格联系到国民性，同时针对国民性进行了思考。这就是桑原武夫、梅棹忠夫的《日本三大城市比较论》①。

这篇论文比较了东京、大阪、京都。首先简单介绍一下它的内容。

方法

《菊花与刀》的作者把日本看做是单一的，但实际上日本内部是存在地区性差异的。为了显示出这一点，我们尝试着比较三座都市的居民的心理倾向。

我们请了三位分别以三座城市作为籍贯的知识分子来比较这三座城市。设计的问题是：

(1)在你所在的城市里，什么被看做居民的心理、行动的特征？(2)你所在的城市的人们怎样看待另外两座城市的居民？然后，从这三人的回答中得到九个人物形象，以此为基础找出三座城市居民的特征。

结果

东京人

权威主义（喜欢在名店购物。谈起大学，首先就想到东大法学部）

花钱彻底（节约、储蓄不被看做美德。在决定购买之后才询问价格）

随机应变（在做决断时不磨蹭。没有长期的人生设计）

---

① 桑原武夫、梅棹忠夫《日本三大城市比较论——从文化人类学看东京·大阪·京都》，《中央公论》1956 年 9 月号。

大阪人

本质主义（不拘泥名声。只要菜好吃，店就会繁荣）

商业的合理主义（物品的价格必须是合乎情理的。购买者会仔细调查品质、价格）

面向未来的姿态（通过节约、努力和商业才能牢固打下经济基础，讨厌投机）

京都人

因循守旧与美学（尊重习惯。拥有支撑着庞大的礼节礼法体系的美的感觉）

一般主义（对专家感到反感、不想比一般人差）

过去的延续（过去决定着一切）

这样一来，三座城市的居民有着明显的特征。但是，日本人在到了外国之后，比如在巴黎的时候，即使不是东京人，也常常东京化，表现出不在乎钱、权威主义。在想成为完美的日本人的时候，就会东京化。"就像从《菊花与刀》等书中看到的一样，他们把日本人看做单一的人群，在某种程度上也是对的"。

如果不能把日本人看做单一的人群来观察，对日本人国民性的研究就无法成立。日本有各个大小地区。把住在某个地区里的人们的共同性格称做"地区性格"。日本存在无数的地区性格，超越它们之上存在着共性。否认上述理论，实际上就是否认地区性格。因为在所谓"地区"内部也有城镇和村庄，地区性格是存在于超越了城镇和村庄的层面之上的。在把日本人看做单一人群的这一点上，受到指责的《菊花与刀》的"缺陷"，实际上并不是缺陷。

但是，尽管只是暂时的，到底为什么在巴黎，大家都东京化了呢？是因为在平时就隐藏了东京化的东西吗？还是仅仅是大家想装得东京化一点？当时那又是为什么？这些都不是能够立即做出回答的问题。但这些姑且不论，说到底虽然日本各地区的居民拥有各自的独特的地方差异，但实质上也拥有能用"日本人"来概括的共性。

国内各地区的语言虽然也在词汇、发音、语调等方面拥有能够被称做"方言"的地区性，但也存在着超越它们的"日语"。它与方言相对，被称做"标准语"，意思就是它是标准的日语。实际上，它并不是一个具体的事物，而是存在于高度抽象的层面之上。如果相对于"地区性格"，使用"日本人性"这个词，那么"日本人性"就相当于"标准语"。只是需要注意的是，标准语并非现实存在的事物，而是指理想的日语，人们把它作为理想的日语而不断追求；"日本人性"却没有丝毫的"理想"的意义。存在于高度抽象的层面之上，"日本人性"与"标准语"在这一点上是共通的。

虽然有人说在忽视了地区、阶层、职位、年龄、性别等等这一点上，本妮迪克特对日本人的观察是非常不完整的，但是经过上文的分析，我想不得不把这样那样的观点差异称做研究立场的不同。这是以具体事物为对象和把更为抽象的层面作为对象之间的差异。"具体"是实际存在的，"抽象"也是实际存在的。

当然，认为从研究的顺序来讲必须从具体事物出发来把握抽象事物的主张也是可以存在的。比如，通过积累对地区性格的把握来抓住日本人性。但是，认为必须按照这个顺序，就是言过其实了。在下面要分析的"从语言看日本人"中，几乎所有的研究都在上述意义上与抽象层面相关连。

从语言看日本人

　　对于出生到这个世界上的个人来说，语言是事先存在的学习对象。日本人通过学习语言，来学习日语的意义、日本人的感情、行为方式以及性格，以自己的方式吸收它们，形成与其他人不同的个性。于是，通过仔细玩味日语，可以弄清楚日本人的个性。出岛的商馆馆长兹弗说过，要理解日本，熟知日语是必不可少的。但率先通过日语来了解日本人的，据我所知就是阿礼国。之前在讨论他的时候我们已经看到了，他一边就日语进行论述，一边道出了日本人的性格。他也说过，一个国家的语言正是反映国民性的镜子。①

　　拉夫卡迪奥·哈恩也在著作《日本》中详细叙述了日本人使用敬语的复杂性。他的论述围绕着尊敬与自卑展开，此外还谈到了其他的动作、礼仪和法律的问题。他说，以上这些又受到中国的影响，并被进一步加强了。他虽没有直接谈到语言与国民性的关系，但在《日本》的最后一章里，他写了一些话，意思就是"在上文中我花了很长的篇幅思考了参与日本社会史及国民性形成的事物"，因此，他显然是为了理解日本人才记述了日语的。

　　本妮迪克特也在《菊花与刀》中的各个地方研究了日语中的特殊词汇。举个例子，日本人即使收到一根香烟都会觉得于心不安，所以在表示感谢时说："真过意不去。"她说，这既有感谢的意思，又有表示自己丢人的意思。之外，她还举出了"谢谢"、"对不起"，努力去弄清楚日本人在使用这些词句时的心态。

---

　　①　阿礼国《大君之都》上，第167页。

我们日本人在日语中成长，使用着日语生活。日语培育了日本人，日本人对日语产生了反作用，这种相互的关系是不言自明的。如果这样，那么在日语中就应该存在了解日本人的道路。特别是以研究语言——不管是不是日语——为专业的人在"日本人"身上发现了问题，也出现了从日语角度去思考这些问题的人，这是很自然的。虽说如此，但实际上这样的人并不能说很多。因为这与是否对日本人感兴趣、是否找出了问题是有关的。

早在昭和二十八年（1953 年），日本应用心理学会就编辑发行了《心理学讲座》，我接到了"逻辑性思维"[①]这个课题，在其中举出了日语的特色，针对日本人思维上的特色进行了思考。

日本人在第一次见面互相说话时，会无意识中在心里选择适合双方关系的语句。在这里，细腻的感情自然而然地发挥了作用。日本人会选择委婉的、间接的表达方式。与严格的"上"、"下"之分相对应，日本人很自然地使用复杂的敬语。我的文章的中心内容就是这些。我也谈到了诸如表示肯定和表示否定的"是"、"否"的用法与西方语言相反的理由、日语中独具特色的人称代词的使用等等，《文化结构与语言》是当时思考的延续，后面也还要再提到它。

·金田一春彦 《日本人的语言表达》

与《日本人的逻辑性思维》等生硬的文章相比，金田一春彦的文章《日本人的逻辑与规范》通俗而浅显。这是他的著作《日语的生理与心理》[②]中的一章。在这本书的修订本《日本人的语言表达》中，上述文章也得到修订，因此依照这本书来介绍其内容。

日本人一般不把辩论作为乐趣，这似乎与日本人不喜欢意见

[①] 筑岛谦三《逻辑的思考》，日本应用心理学会编《心理学讲座》第五卷，中山书店，1953年。

[②] 金田一春彦《日语的生理与心理》，至文堂，1962年。

对立有关。

日本人常常说出不怎么让人信服的、缺乏逻辑性的话,而被说的人却毫不在乎。

"どうして"①可以用于"如何"和"为什么"这两个意思,"ために"②既可用于原因,又可用于目的,这体现了日语乃至日本人缺乏逻辑性。

在必须要发表意见时,日本人倾向于感性地说而不是理性地叙述。

在交谈中,面子拥有重要的作用。

应当相互依靠,这是有先例的。日本人的这个逻辑在过去和现在都一样。

即便没有感谢之意,也说"非常感谢"。这种不合理的形式主义非常多。

他为了讲述这些内容,从《叶隐闻书》、《珍珠夫人》(菊池宽)、《古今集》和马克·盖因的《日本日记》等书里引用了丰富的材料。他一边简明浅显地、有趣地使读者接触古今著作中的著名人物,一边让读者充分地信服自己的观点。这种论述方式正是他所特有的。通过对语言生活的描述,他轻轻松松地使日本人的形象浮现在了人们眼前。

芳贺绥 《国语与国民性》

芳贺绥是金田一春彦在国语③方面直接的弟子。他有一篇论文名叫《国语与国民性》④。他说,国语反映了国民性,这篇文章是站在这个立场上写成的。这篇论文在他后来的著作⑤里更名为《日本人与日

① 音[doːʃite]——译者注。
② 音[tameni]——译者注。
③ 指日语,下同——译者注。
④ 芳贺绥《国语与国民性》,朝仓书店,1970年。
⑤ 芳贺绥《日本人的心理表现》,中央公社论,1979年。

语》。他先概括了已经被人们熟悉的日本人的形象（温和、细致、感性、女性化、腼腆），再从日语中来——确认这些。这就是他采用的方法。

构成了日本人形象的特性之一就是"温和"，这首先可以在日本人对待自然的态度上看到。"被自然拥在怀中"是日本人喜欢使用的语言表现，其中正体现了人与自然的融合、和谐。

面对命运，日本人也采取温和的态度，不是执著地去阻拦、改变，而是顺其自然，说着"不得不"之类的话，很想得开。这里也可以指出日本人的一个特点——淡泊。

与上述对自然的态度紧密结合的特性，就是直观。因为顺其自然，所以不会去对立、去分析、去死板地正确地进行表述，而是容易使用"不久"、"适当地"、"稍微"等比较模糊的表达方式。与这些表达方式相对，"感觉"在日本人理解事物的过程中起着作用。"哭脸又遭蜜蜂叮"、"绿叶菜上撒上盐"、"没有眼光"等具体的、感性的表达方式比较多、日本人之间相互交谈不多的现象，都植根于"直观的把握"这一强烈的心理倾向。

由于上述心理倾向性，本来就富含美的意识的日本人，采用了特有的表现美的方法，这就是素描，缩减字数的和歌、俳句等艺术的产生也与此相关。"恬静"、"幽雅"、"古雅"也是与不好说话的性格有关的。

不能说上述特色只属于粗鲁的男性。这也是为什么日本人被人说成"女性化"的原因。日本人重视内心，多愁善感。日本人讨厌说理的现象也是与上述特征相结合的必然的倾向，这正是女性化的，往往也表现为腼腆。它们被普遍化之后称做心情主义。重视人情的解释，面向客人的这种"没什么"的形式用语表现出了这些。

自然而然地、强烈地为他人考虑、操心，这往好了说就是体贴的美德，往坏了说就是强烈的虚荣、自卑的意识。把这些称做重视他人的倾向吧。

与自己的老师很相似，他也引用了非常丰富的材料。这篇论文是使用了这些材料精心写出的，对它进行简短的介绍并不是轻松的事，以上只是对他的主旨的意译。

堀川直义 《口语中的日本人的逻辑》

在堀川的论文《口语中的日本人的逻辑》中谈到了日本人的"不断定"与"回避"的倾向，这是前面两个人没有谈到的。或许也可以把它包含在芳贺绥的心情主义之中。堀川说道：

> 日本人不喜欢说话过于断定。日本人不说"是……"，而说"可以说是……"，甚至语气更柔和一点，说成"不是不可以说……"。最极端的情况下，还会出现"并非对不是不赞成的事实的否认"这样的四重否定。

他还说，回避就是常常能在国会答辩等场合见到的、使用模糊不清的话语来逃避责任的表达方式。

在他看来，"不断定"是为了使话语变得柔和；"回避"是为了逃避责任。但是，使用不断定的表达形式，也可以使自己不承担明确的责任。从这点来说，"不断定"拥有两个功能。

就像他所说的，日本人经常使用"我不是在自夸"、"说说我的意见"等等辩解的话。这也是日本人的特征吧。想来这也表现了日本人与他人相处时自贬、谦逊的特征。

此外，他还拿出了 T·P·Q（时间、地点、场合）的逻辑。他举出了"好友间的用语"、"广场上的用语"，或是"轻松的用语"、"正式场合的用语"作为例证。

再说一点关于上文中的"辩解"的问题。人们在社交场所频繁进行谦虚的"辩解"，但到了工作中则马上讨厌起辩解，因为有种习惯，男子汉是不辩解的。他这么说，也只是停留在举出这种事实的程度上。针对"辩解"，接下来的板坂元进行了分析。

板坂元　《日本人的逻辑构造》①

板坂元这样写道：

关于"不是我芥川说的，人生不如鲍德莱尔（Charles. Baudelaire，1821—1867 年，法国诗人）一行诗"中的"不是我芥川说的"这句话，其起源恐怕是这样产生的。即，南方熊楠说在自己还是小孩子的时候，和歌山的小学生们在讲起有人被杀或是负伤的时候，一定会先讲一句"这跟我无关"。这些显示出第三者在谈起别处发生的事的时候，习惯于说出"这件事与我无关"之类的护身符式的话，上文中的"不是我芥川说的"恐怕也是起因于这种习惯吧。也就是说，起源于过去的巫术的咒语已经失去了咒语的意义并原封不动地保留了下来。

"诚惶诚恐地给陛下……"、"对于神圣尊贵的天皇陛下……"之类，本来也是巫术中使用的语言吧。

他还说，"我知道说出来不太好，但那个人确实是混蛋"、"不是我自夸，以前我也是投手，而且是第四击打手"中也存在类似的词句，它们以前也曾经是咒语。

也许这些词本来是与咒语的意思相结合的，但在现在，它们已经失去了这些意义，因此弄清楚它们表达了什么意义是很重要的。板坂也指出了这些词句现在的意思。但是，"不是我不说，但真的下雨了"中的"不是"拥有"因为说了出来，才发生了这件事；要是不说就好了"的意思。

堀川举出的"辩解"的例句（用板坂举的例子来讲就是"虽然我没有资格这样说"、"似乎是在反驳您"）就像板坂说的，是从事先避免伤害感情的心理出发的，有时也是从我刚才说的谦虚的心态出发的。但是板坂却认为多数场合伴有否定是因为与"不是我芥川说的"相同的避嫌的心理在起着作用。这是为什么呢？他说因为"不是我芥川说的"这句话对现代的日本人来说是在"直接引用芥川说的话，让我觉得惭愧"、"虽

---

① 板坂元《日本人的逻辑构造》，讲坛社《现代新书》，1971 年。

然也许并不是最准确、最恰当的表达方式,但还是借用芥川的话来说……"等心情的支配下说出的吧。① 但他并没有说它们含有避嫌的意味。

而且,针对在会议等场合中冗长的辩解,他说:"这是让对手身陷云山雾罩之中,无法抓住自己把柄的巧妙的护身咒。"②这里所说的"护身咒"和上文中巫术里的护身咒的意义是不同的。由于"这种护身咒极度发达的,就是日本国会的答辩",所以这种护身咒的使用,无法让人不感到惊叹。

这本书的书名是《日本人的逻辑构造》。在研究逻辑时,语言必定成为得出结论的途径。在这本书里,他还举出了以下语句,并进行了解释。

"一知半解"的逻辑(不充分)也会让人因为对英语一知半解而感到非常丢人。但是,"就算一知半解,也比不知道要好",这才是"一知半解"的真正意义。把一次失败普遍化这类对一知半解的误用是可耻的。不把世界看做多元的,而看做二元的,上述倾向存在于日本人之中,并带来了"一知半解的……"。一知半解的逻辑本来是多元化的尺度,希望现实也是这样。

"索性"就是指在必须为了解决对立的想法而努力时,不去进行努力,而是一下子抛出与当时无关的新的想法。这就是"索性"的逻辑。这就是抛开事理去解决问题,这也是号称"日本已经忍无可忍"而奇袭珍珠港的逻辑。日本人受到的"容易狂热又容易冷却"的评价,正是由上述常见现象带来的。

一首流行歌曲里唱道:"反正人生苦短,反正孑然一身。"像这样,在"反正"中,存在着孤独感。它使人停止讨论而走向逻辑以外的事情,在这一点上与"索性"很相像。它也会使人在放弃思考之后出现毫无意义的爆发性行为。"反正要干,就干个大的。"

---

① 板坂元《日本人的逻辑构造》,第8页。
② 板坂元《日本人的逻辑构造》,第16页。

由"索性"和"反正"进行的决策是暂时性的,无法持续。所谓人的持续状态是指挫折与妥协的连锁状态,由"一知半解的……"所表示的完美主义存在于心灵的最深处。所以,就必须有把自己从无法忍耐的状态中救出来的方法。在这里,就出现了"至少"的心理活动。

"至少"是为了将挫折转化为其他事物而创造的逃避的逻辑。"不要奢求"、"不要向上看"、"要知足"、"柔能克刚"、"出头的椽子先烂"等等消极的处世态度蔓延开来。由于"至少"的状态本身就是"至少",因此"至少"被看做是珍贵的,它不是手段,而成为了日本人的价值目标,这一点正是日本式的价值意识。

他的这些观察与思考非常细致,也很敏锐。"至少"的逻辑是在悠久的历史中磨砺出来的,比如"贫困冷清"转变为了"恬静","让人讨厌的寂寞的状态"升华之后成为了"幽雅","风流"与"雅致"都是基于"至少"的逻辑而提炼出来的审美观。他的以上论点让人产生了共鸣。

这样,他在书的前106页,对与消极的、自然发生的逻辑(他称做自发的逻辑)相关的一些词句进行了讨论。之后,他又举出了许多词句,来研究"日本人是感性的"、特别是"皮肤感觉扮演了重要的角色"这两个现象。

日本人的场所感也是与触觉感相关的重要感觉,他针对与此相关的日本人生活模式的特异之处(锁、地盘、隐私)进行了论述。

随后,他又举出了"明天有个考试"、"你是谁"这两句话作为西方语言中过去式与日语不对应的例子,认为这种现象与说话人的触觉感有很深的关连。即日本人在语言之中使自己的眼睛的位置也就是视角自由移动。由于日本人把触觉感放在优先的位置上,因此这种现象是很自然的,日本的绘画也因同样的理由,不可能采取基于固定视角的远近法。其结果就是出现了不描绘影子的浮世绘,它震惊了按照固定视角进行绘画的印象派的人们。

接着,他又论述到两个可以表示"自发"动作的助动词,"能看见"

"能听见""懂""成为"等等也是一样。他说,"定好了下个月结婚"是日本人比较喜欢的说法,甚至它比"下个月结婚"要听起来有礼貌。

　　总之,这本书对日本人自发式的语言表达进行了考察,这就是:日本人避免使用断定的形式使自己的判断暴露无余,而是在自然的过程中形成自己的意见。同时,这本书也考察了从文学作品、语言表达和生活行动中显现出的日本人的感性的特点。换句话说,这本书描绘出了自发性的、感性的日本人,并尝试思考了以上内容在广义的表达方式中创造出了怎样的特点。到底他身处外国人之中,教授日语多年,又接触过其他学术领域的优秀文献,才写出了这本富有创见的书。

荒木博之 《从日语思考日本人》

　　在上面的《日本人的逻辑构造》之后出版的荒木博之的《日本人的行动方式》中,他也谈到了板坂研究过的"どうせ"①"やはり"②和自发助动词"れる"③"られる"④。板坂把这些看做是日本人放弃思考的一种形式,揭示出日本人自然发生式的判断的形式,也就是无论在判断还是在行动中都有很强的采取自发的形态的倾向。荒木继承了这个理论,并在此基础上认为这些现象是与日本人对集团逻辑的依赖有关的。

　　荒木发展了这个学说,在昭和五十五年(1980年)出版了《从日语思考日本人》。在其中,他和板坂一样在日本人身上看到了强烈倾向于使用"なる"⑤而不是"する"⑥这种对自发形式的尊重。他一边继承了这个见解,一边又举出例子说明"なる"可以用来表示可能和尊敬,这一

---

① 音[do¦se],义为"反正"——译者注。
② 音[jahali],义为"到底"——译者注。
③ 音[lelu]——译者注。
④ 音[lalelu]——译者注。
⑤ 音[nalu],义为"成为"——译者注。
⑥ 音[sulu],义为"做"、"干"——译者注。

点是与自发助动词是相同的，"できる"①也能用于表示自发、可能和尊敬的意思，他还谈到关于使役助动词用于表示尊敬的现象。结果，他认为，这是扎根在日本人这个集团的价值体系、也就是日本文化中的，换句话说不加深在文化层面上的理解，就无法充分弄清其演变的过程。他还说到，仅仅解释说"因为贵族让下人做事，自己不用动手，所以使役助动词也含有尊敬的意义"是不够的。在这里，他也很重视与集团的关联。

也就是说，日本人喜欢用"なる"代替"する"，认可"なる"的逻辑，重视"自发"。日本人把它看做一个基本的价值，所以在日本人这个集团中，人们使用的语言中的某个表达方式就产生了特殊的意义。简单来说，他认为不接触文化的层面就无法明白某种表达方式产生特殊意义的理由。他指出了在理解语言表达的时候要重视对文化的理解这一点。

J.哈尔蓬 《不可思议的日语 不可思议的日本人》

掌握了日语的外国人，从语言比较的角度提出的有关日语的意见往往都是我们平时注意不到的，或者就算注意到了也没有重视的现象。这里有一个很好的例子。这就是杰克·哈尔蓬的《不可思议的日语 不可思议的日本人》②。

作者哈尔蓬曾两次在外国人参加的日语演讲大赛出场，分别获得了二等奖和第一名。

他说，日语到底还是一门暧昧的语言。他举出了以下这段文字来显示出这一点。

    ……我很明白，您现在非常地忙，但是，（他们）要我无论如何

---

① 音[dekilu]，义为"能"、"会"——译者注。

② 杰克·哈尔蓬《不可思议的日语 不可思议的日本人——日语不通的日本国》，青也书店，1978 年。

都要做到。考虑到这点,您如果能设法抽出时间的话,我不胜感激……如果那天不行的话,其他日子也可以考虑,请您设法……

这似乎是来请他演讲的人说的话。这段话里隐藏了三个人物,却没有使用一个人称代词。① 基于这一点,他说日语是"暧昧"的。所谓"暧昧"是对外国人而言的,很显然日本人之间能够很好地相互交流。他说,如果只觉得日语太过郑重,那就发现不了别的问题。但是,"暧昧"并不只是语言上的,而是体现在日本人的生活、言行、态度等几乎所有的方面。

于是,清淡的味道、不显眼的色调、对协调的重视、爱好恬静、幽雅的心,都与暧昧有关。似乎日本人并不在乎,或者说很喜欢这种暧昧。于是就能深深体会到,在日本人的会话中,流畅的交谈是很费神的。日本人在说话之前会先想想这样说会不会使人厌恶,然后刻意避免使用明确的表达方式。他说,因此日本人会说"说得更清楚一点,我……",这正是平时说话不够清楚的证据。

他进行了总结:"日本人的暧昧并非仅仅在于说话方式,而是出现在社会生活的每个方面的共通的现象。可以把它解释为在这个国家的悠久历史中培育出的国民性吧。"

让外国人觉得日本人的口语比较暧昧的另一个原因就是:日本人不使用可以清楚显示出句与句之间关系的"但是"、"所以"等等,而是频繁地使用"……て"②、"……し"③等等连用形的助词。只是,对于日语的暧昧性,与其把它看做是语言本身的性质,倒不如把它看做是使用它的日本人的国民性带来的现象。他如是说:

日本人的口语对场合的依赖性很强。插花的美是要和场合相协调才能体会的,创作俳句时的背景和环境也很重要。日语也是

---

① 由于语言差异,翻译时无法排除人称代词——译者注。

② 音[te],起连接上下文作用,无实义——译者注。

③ 音[ʃi],义同上——译者注。

一样。交谈时的场合对于传达信息起到很大作用,这也是日语的特点。要使日语拥有国际性,就必须削弱对场合的依赖,消除暧昧,使日语能够只通过语言清楚地传达信息。

这是哈尔蓬对日语提出的要求。我明白他这么说是出于使日语国际化的需求,但这也意味着会使日语的特色大幅度减少,因此不得不认为,这是一个很难、但又不得不思考的问题。他向我们将来的国语教育提出了一个新的问题吧。

渡部升一 《日语的精神》

上面,板坂、荒木、哈尔蓬三人分别论述了日本人在使用语言方面的特征,这就是:自发性的、感性的;自发性的、集团性的;暧昧、存在对场合的依赖倾向。实际上,他们是在指出日本人非常欠缺逻辑性地、主体性地使用语言。

渡部升一在他的著作《日语的精神》①的第二章《和歌面前的平等》里,讲到了同样的观点。但他的论述是从不同的角度出发的,因此来看一下他的论述。

《万叶集》中收集的和歌的作者上至天皇,下至士兵、农民、乞丐、歌伎,也不存在男女、地域的差别,因此这是一部真正的国民的歌集。这说明在和歌面前每个人都是平等的,同时也说明人们使用的大和语言是跨越了地域差别的共同的事物。日本武尊在东征后返回的时候,能够在甲州的某个地方和烧火的老人接歌,这说明在创作和歌时身份差异并不是问题,同时也说明当时甲州地区也在使用大和语言这个统一的语言。

这就是说大和民族把大和语言看做母语。人们认为语言本身就存在灵力,这个想法也是共同的。能出色地利用着这种力量的

---

① 渡部升一《日语的精神》,讲坛社《现代新书》,1974 年。

人就受到尊敬。

　　然后,出现了"沉默寡言的国家"的共同的观念,人们对此感到骄傲,讨厌能说会道的人。在据说是柿本人麻吕所作的《万叶集》第十三卷的长歌里,有这样一段:

　　苇原之瑞穗之国,

　　虽神灵亦不举言之国,

　　　然此⋯⋯

　　其中"不举言"是指:不喋喋不休地进行讨论,或是不怎么进行祈祷。总之,古代的日本人讨厌能说会道的人,喜欢沉默寡言的人。于是,语言表达也缩短了。长歌渐渐衰退,短歌成为诗歌的主角正是这个原因。而短歌进一步缩短后,就出现了俳句。

　　无论是和歌还是俳句都讨厌"理"。日本人不喜欢过于逻辑性的诗歌。正因为短,因此内容也变得贫乏,但人们从中感受到的反而更深。如果把它们改写成散文,就无法让人们有这些感受。日本的诗并不以通过知识传达内容为目标,因为这样就不会让人心情激动。心情激动是由短小型的诗歌本身带来的。

　　看懂这些单纯的语句并不需要知识,说出这样单纯的语句也不需要很高的教养,只要是日本人就能做到。这就成为了古代日本人"和歌面前人人平等"的观念的基础。①

以上就是他的论点。简单来说,就是日本人在古代就拥有共同的语言——大和语言,人们相信其中存在灵力,相信即便"不举言",这份灵力也能让自己实现愿望。

　　他说,这样一来,日本人远离了对理性语言的使用,不再使用自己的雄辩之才来说服他人。短小的和歌、俳句的出现也很自然,它们成为

----

①　渡部升一《日语的精神》,第38页。

了国民性的诗歌形态,因此在和歌面前所有的国民都是平等的,这也是自然的。

和歌、俳句这种短小的诗歌形式的产生说明语言表达出现了缩短化的现象。他认为其原因在于,在可称为古代日本人语言活动的原型——祈祷中,日本人没必要考虑信息的传达。这是不是对于后世的日本人语言活动的各个方面都产生了大的影响呢?他认为,其影响首先就是使语言表达缩短。于是,他说:"在拥有传达信息的意欲和支撑着它的、对逻辑构造普遍性的确信的地方,长诗很发达,这并不奇怪。但是……"①暗示道古代日本人的发言中对逻辑性的要求很弱,"我想可以认为短小的诗歌形式来自于不需要传达信息、不需要逻辑构成的传统"②。

这句话不仅限于诗歌领域、不仅限于古代日本人,而是意味着日本人传统上在语言活动中缺乏对逻辑构造的向往。

他通过回顾和歌这一个特殊的文化领域,和上面三人一样揭示出了日本人在逻辑上不彻底这一面。

这样,我们就发现板坂、荒木、哈尔蓬和渡部的理论之间存在关连,所以我把他们放在了一起进行讨论。因此,顺序有些颠倒。下面开始讨论另一个人。

铃木孝夫 《语言和文化》

铃木孝夫的《语言和文化》③行文通俗易懂,从我们身边的日语中发掘出了问题,因此捕获了读者的心,成为最畅销书。他曾经向学生询问读了这本书以后的感想,学生说:"您写的内容都很简单,我都看懂了。但是,我从来没注意到过这些。"这句话显示了这本书真正的价值所在。这就是:就像他自己说的,用自己的眼睛发现了从西方语言学

① 渡部升一《日语的精神》,第 70 页。
② 渡部升一《日语的精神》,第 79 页。
③ 铃木孝夫《语言和文化》,《岩波新书》,1973 年。

的角度无法发现的日语的特色。这句话也可以用在下文要提到的《日本人的心理构造》上。而且,他还从比较文化的角度探讨了这些问题,并由此获得了很大的收获。

在这本《语言和文化》里,他首先简明浅显地解释了文化与语言,从比较文化论的角度思考了两者的关系。这是在进入具体论述之前的铺垫,然后他又从现实中挑出了日语中很有特征的表达方式。这是在以《语言表现了人》为题的长长的末章中进行的。

他指出,在日语中人称代词使用时受到很大的限制,亲属名称与地位名称起到了替代人称代词的作用。他将自称词(说话人用于指代自身的所有词汇)、对称词和他称词作为人称名词,和西方的叫法相区别。

特别是他说到日语的人称代词的变迁非常显著,并把佐久间鼎看做第一个讨论这个问题的人,引用了他的学说。这一点值得注意。佐久间作为心理学家,长期以日语为对象进行研究,他的名字不怎么能在现代的语言心理学方面的书里看见。铃木却介绍了佐久间有关心理变化——伴随着人称代词的变化——的论述,这就是自卑→尊敬对方的姿态→蔑视对方的态度。他说,语言变化与物理变化不同,其中包含着心理的变化。

关于为数众多的自称词与他称词之间的对应关系(例如:我——老师,我——哥哥,爸爸——你小子)以及与亲属间上下的人际关系相对应的自称词与他称词的使用(比如,面对阿姨和哥哥使用的对称词是"おばさん"①、"にいさん"②,但面对侄女和弟弟就不使用类似的叫法。"おばさん"、"にいさん"可以用作自称词,但侄女和弟弟就不能这么说),目前为止的有关日语的书都没有阐明过清楚的规则。而且,这些书也没有详细叙述过日语中丰富的亲属名称的虚拟用法(比如看到别的老人也叫"爷爷",不是自己的姐姐也可以称其"姐

---

① 音[obaːsaŋ],义为"婶婶、姨妈"——译者注。
② 音[niːsaŋ],义为"哥哥"——译者注。

姐"，还有"歌手阿姨"）。他还指出了亲属名称的使用中以儿童为中心的使用方法（比如，妻子在对着孩子讲起自己丈夫的时候，使用"爸爸"或"孩子他爹"——"爸爸在哪里？""爸爸，快来"）。

他说，日本人没有注意到这些日语的事实，是因为这些太过贴近身边，而且对于日本人当做模范的西方语言学来说，这些是西方的语言里没有的现象。

H. 帕辛 《客气与贪欲》

又一本外国人写的书登场了。

这就是赫伯特·帕辛的《客气与贪欲——从日语研究日本人》①。这本书将本身就一针见血地道出了日本人性格的两个词作为书名。他在二战中开始学习日语，战争结束后马上来到日本进行 GHQ 相关的工作。此后，他在长期与日本接触的过程中，对日本社会及日本人的理解不断加深，日语也越来越娴熟。只要看看这本书，就知道他有多么了解日本，他对日本的了解甚至到了让人吃惊的地步。他去过日本的农村，也读过许多日本的书。随着对日本越来越了解，他对日本人的两个特征拥有了很深的印象。这就是：日本人常常对他人客气；日本人对外来事物的吸收可以用"贪欲"来形容。他所做的正是书的副标题所表示的，通过日语研究日本人。是不是他在写书的时候，为了从语言角度去证明让自己留下深刻印象的客气与贪欲，而收集了很多语言现象呢？他好像已经极度熟悉了日本的文化和语言。特别是看到这本书的第五章的叙述之后，就会产生这样的感觉。在这一章里，他甚至详细叙述了日本的家庭内部的语言行动中细微之处。里面讲到了日本家庭内部夫妻之间相互的称呼及其变化的形态、和美国的比较等等，让人读起来极有兴趣。

从第一章到第三章他通过日语中委婉的表达方式、谩骂词句的缺乏、男女间传统的回避等等现象讨论了有关客气的问题。在第四章里

① 赫伯特·帕辛《客气与贪欲》，祥传社，1978 年。

他通过日本人吸收外语的实际状态讲述了日本人的贪欲。在第五章里他离开了客气与贪欲,谈论了夫妻间的相互称呼方式以及与日本人人际关系中上与下、内与外有关的用语的问题。然后,他又说日本人身上还留着武士的气质,这对自己来说很有魅力,结果不知不觉间自己也拥有了这种气质。这些记载非常有趣,读了之后甚至让人看到了他日本化的一面。

他作为文化人类学者,站在确切的理解异文化的方法论之上理解日本。他的叙述非常流畅,全篇都让人读起来感到安心、有趣。但不知道为什么他并不出名,这实在不可思议。

之前,我们讲到了,出于谦逊的心理,日本人频繁"辩解"。谦逊与客气的心理之间只有些许差别。由于谦逊的反面就是骄傲乃至傲慢,因此可以说:不客气的说话方式来自于傲慢的心态。日本人讨厌这种傲慢,在正常状态下都完全拥有谦虚、客气的心态。

一位精通日语的英国物理学家曾叹息道"把句末的'であろう'①翻译成英语太难了"。针对这句话,外山滋比古在其著作《日语的个性》②里叙述了自己的感想。他说,这不需要困惑,因为日本人讨厌判断的形式,因此寻求稍稍柔和的说法。他说得很对。这又是为什么呢?这是因为,谦虚的心态、客气的心情始终深深存在于日本人的内部,因此日本人不采用"である"③这种判断的形式。

---

① 音[dɛalɔ:],表示推测——译者注。
② 外山滋比古《日语的个性》,《中公新书》,1976 年。
③ 音[dɛalu],表示肯定判断——译者注。

从心理看日本人

假如有一本书叫做《日本人的画》，哪怕只是介绍日本人画的画，只要在叙述、研究的基础上刻画出了日本人的形象，那么我们也可以将其纳入日本人论的范畴。或者是名为《日本人的心》的书，其中试图通过精神表现、思想形成的基础反映出日本人的特殊状态和特殊能力，结果也会体现出日本人的某个侧面。如果说前一本书只是偶然包含了对日本人的思考而被纳入日本人论范畴的话，以探求日本人心理为目的的后一本书，尽管直接的研究对象是事物或者现象，将其归入日本人论的相关作品也是必然的。

诸如《日本人的心》、《日本人的心理》或是《日本人的性格》这样名目的书，总是通过一定的方法、或者说是在某些前提之下探求日本人的心理和性格的。它们从研究一般命题开始，在探讨的过程中使结论逐渐明晰，最终表现出日本人的形象。尽管只是一个侧面，但毕竟还是刻画了日本人。所以，就可以使用"从心理看日本人"的说法。

在研究日本人的依赖性、或是日本人的好奇心、面子等命题时，情况有些不同，结论并不是在研究过程中逐渐弄清楚的。这时，研究是以好奇心、脸面意识这样特定的心理层面为前提的，目的在于弄清楚这些特定的层面。弄清楚特定的层面，就可以更好地了解日本人，也就是"从心理看日本人"。

下面的论述是从对一般命题的研究开始的。

南博 《日本人的心理》

我首先回顾了年代较早的川岛和饭塚关于日本人论的作品。南博的《日本人的心理》①出版于昭和二十八年（1953 年），可以把它称做一部基于实证研究的、促使国民反思的著作。书中从日本人的自我意识、幸福与不幸的心理体验、关于处事原则的思考、对于精神和肉体的态度等四个方面分别阐述了日本人的心理特征，并论述了独特的人际关系产生上述心理特征的过程。作者认为我们处于重大危机之中，冷静、客观的观察非常重要。当时，由于朝鲜战争爆发，右翼势力急速抬头。日本人的人际关系由于现代性的义务和封建性的人情之间的微妙关联而变得甚为复杂，由此产生出了暧昧性，正如日语中"分割不开"、"道理行不通"等词汇所表达的一样。这本书的结论是：模糊不清的人际关系，正妨碍了社会的重建。

高木正孝 《日本人的生活心理》

在南博的《日本人的心理》出版后的第二年，高木正孝的《日本人的生活心理》②一书出版了。这是一本研究日本人的著作。作者旅居欧洲多年，接触了人类学，对比较文化也极为关注，其发人深省的强烈语气或许让读者有些在意，但是内容的真实性是无可辩驳的。

作者认为，日本人性格特征的核心在于上下间的人际关系。这种上下间的日本式人际关系导致了个体的消失，从而形成了独特的家庭房屋构造，这种构造反过来又支撑着上述特征并使其延续下去。家族内部的等级关系的原理原封不动地反映在家族以外的社会关系中。派系就像一个家族，对于陌生人采取视而不见的态度。显然，在只贯穿着这种人际关系的社会里，是不可能存在没有"公共"的、以"个人"为基础

---

① 南博《日本人的心理》，《岩波新书》，1953 年。
② 高木正孝《日本人的生活心理》，创元社，1954 年。

的共同生活的。他主张家庭房屋构造与日本人性格特征有密切关系，这是很独到的见解。事实是否如此呢？应该把它称做一个令人感兴趣的假说吧。

世良正利 《日本人的个性》、《日本人的心》

世良正利的《日本人的个性》[①]一书出版于昭和三十八年（1963年），比上述两部著作迟得多。这部书主要从祭祀的资料中，发现了日本人的自我萎缩性乃至自我否定性。并指出，对日本人的这种传统心理的形成起到决定性作用的，是植根于过去日本人心中的人神关系。他注意到了过去的日本人的宗教心理，认为它产生了日本人的自我否定性，这一心理特征又是引发其他心理特征的根源。

世良于昭和四十年（1965年）出版了《日本人的心》[②]。这本书着力于论述社会结构，内容与前作大相径庭。前作中提到的自我否定性没有出现，而出现了"忘我性"一词。也许作者是用它来代替"自我否定性"。川岛把日本人的家族划分为儒教家族与民众家族，世良按照这个划分，阐述了忘我性主要是前一种家族的特性，而熟悉性则主要是后一种家族的特性。他还认为，与自我否定性相比，忘我性的归属范围是有限的。《日本人的心》一书对以往的研究方法毫不忌惮地大加批判，因而受到注目。

宫城音弥 《日本人的性格》

宫城音弥的《日本人的性格》[③]的副标题是"县民性和历史人物"，作者先假设存在一种因遗传气质和社会历史条件相互作用而产生的居民的地区差异，认为首先要使之清晰化，了解各地居民的不同性格，并

① 世良正利《日本人的个性》，《纪伊国屋新书》，1963年。
② 世良正利《日本人的心》，《NHK书丛》，1965年。
③ 宫城音弥《日本人的性格——县民性和历史人物》，朝日新闻社，1970年。

以此为基础研究日本人的国民性。

有人认为，之前提到的日本人的特征，比如《菊花与刀》中举出的报恩、人情、羞耻、同步性、家族主义、不合理性等等，是依存于历史、社会条件的，会随着条件的变化而改变，因此他们提出：风土是形成性格的主要因素。但宫城对此并不赞成，他认为遗传气质才是国民性格中难以改变的、持续的核心。作者最终得出结论：日本国民之中虽然不存在人种的差别，但历史、社会的地区差别带来了人的地区差异，在其最根本之处存在遗传下来的性质。这是一个独特的说法。在弄清楚居民的地区差异的基础上研究全体国民，作者采取的这一研究方向，在国民性格研究的历史上占有独特的地位。

依田新、筑岛谦三 《日本人的性格》

依田、筑岛编著的《日本人的性格》①一书与宫城音弥的《日本人的性格》同名，并且出版于同一年。这部书的目标是从风土、习惯、天皇制度、表情、艺术、道德、法律、宗教、说话方式、日语、科学思想等各个侧面推断出日本人的性格特征。全书共由十一人执笔，最终总结出了相互关联的日本人的四个性格特征，它们分别是：接受自然的态度、等级化的人际关系、直观式理解和他律性。

桂广介 《日本美的心理》

下面介绍一下桂广介的作品《日本美的心理》②。全作由三章构成，第一章是《日本人的生活文化》，第二章是《作家的性格形成》，第三章则是《日本的诗歌》。其中与日本人论关系特别密切的是第一章，由六篇文章组成。接下来，我分别引用出我认为是精髓的短文，并做一些评论。

---

① 依田新、筑岛谦三编《日本人的性格》，朝仓书店，1970 年。
② 桂广介《日本美的心理》，诚信书房。

一、尊重文化

　　在醉心于外来文化的时代,社会上总会有一部分人对此产生强烈的反省。必须看到,在这些多种多样的社会现象的根底里,潜藏着一个历史机能,这就是对传统感性的保护。①

　　日本从幕府末期开始急剧引入欧美文明,被这一事实压倒并惊叹不已的日本人认为欧美的事物有极高价值,着力进行模仿,这就导致了对本国传统文化的轻视,这种倾向成为当时社会的主流。结果这又使本来就自尊自大的欧美人加强了自大的态度及文化优越感。在欧美的文明开化潮流中摄取的西方文化,已被日本传统的感性过滤、改造而带上了日本的特征。作者基于这种观点,写下了上述的文字。

　　世界上存在无限多个拥有一定连贯性的文化,它们都具备固有的价值观,这是无法忽视的。由于忽视这一点,导致弱势民族的传统文化受到破坏、歪曲的事例数不胜数。作者饱含热情地提出了当前的异文化之间的问题,指出有一些西方人的著作把并非未开化的民族都看做未开化的。对西方的模仿成为社会主流,它对日本的发展作出的贡献当然是不可否认的,但作者关注的则是在这个主流之外的、相对主流而言属于传统派的人提出的警告。

二、日本的近代化

　　可以看到,在日本近代化的过程中,有三个主要因素盘根错节。它们分别是依靠自我发展的近代化、通过欧化实现的近代化和仅仅为了欧化而进行的模仿倾向。②

---

① 桂广介《日本美的心理》,第9—11页。
② 桂广介《日本美的心理》,第25页。

江户中期之后，由于市民文化的发达，社会上洋溢着近代的生活情趣。如果没有政治条件的压制，任其自由发展的话，想必在很早的时候就可以实现相当程度的近代化了。然而，日本的近代化进程中缺乏可以对抗世界史上欧洲文明潮流的国内局势，所以轻而易举地被上述潮流湮没了。倒不如说对于国家的生存来说，这种结果无异于雪中送炭。即使这样，支撑着欧化式近代化发展的，是已经存在的、自我发展的近代化趋势。虽然可以想象，江户时代的日本国学，当然会像反击作为外来思想的儒教的潮流一样，抵抗维新后的欧化潮流，但事实并非如此。国学和儒学都成为与欧洲近代文艺相对应的传统学说，两者间的对立关系也逐渐消失。国学的发展由于外来文艺而停止了。总之，不可否认的是，在江户时代已经弥漫在社会中的近代生活情感形成了接受欧化式近代化模式的基础。尽管如此，我们也不可忽视日本人传统感情产生的影响。同时，为欧化而积极奔走的人带来的推动力也是不能忽视的。

　　引用的句子是上述主旨的结论。

三、日本的传统音乐

　　在音乐方面，欧洲近代音乐的引进取代了江户时代传统音乐的近代化发展，它满足了明治时期之后的日本人的近代感觉和欲望。

　　这对于日本的传统音乐来说，是极为不幸的。因为传统音乐没有得到充分的近代化改进，而是停滞不前，保存过去的特色成为其唯一要务。[1]

　　我们在欣赏西方音乐时，有时会突然感觉到缺乏某种灵魂深处的共鸣。我对此这样解释：这种现象源于欧洲和日本精神传统的差异。也就是说，处于现代的我们与西方的近代音乐间有一道国民性格差异的鸿沟，而与日本传统音乐之间则存在时代性差异的隔阂，因此它们都不能引起发自心底的共鸣，起到净化灵魂的作

---

[1]　桂广介《日本美的心理》，第28页。

用。站在不同角度，也可以认为这是现代日本人的不幸。而这种不幸，不仅存在于音乐方面，同样也存在于其他的文化领域。①

四、庭园心理学

日本人往往把几何学里的匀称美看做单纯的"外在的美"。这容易使人产生一种印象，即匀称美作为表面、表层的美，缺乏深度和妙处。我们在心灵的最深处要求一个超越几何学的匀称的世界。这样，日本人在知觉性的匀称美中无法达到终极的满足，而能在感情、意志上的力量均衡中找到美感。从这一点可以看出日本人内心的内向的性格。②

作者把欧洲几何学里的匀称美作为表面美，把日本的情感、意志上的力量的均衡美看做相对内心的美，并把两者对立起来。也就是说，前者是与知觉有关的美，后者是与情意有关的美，他提示出了这一对照。

五、日本服饰的式样美

在服饰中体现出的直观、具体的表现美，其实可以从生活的各个方面发现……日本的服饰与欧洲抽象的形式之间存在显著的对比。从这里可以看出日本人的性格特征。③

六、日本人的美感

日本人的精神和感觉中，单纯化的倾向特别严重。④

---

① 桂广介《日本美的心理》，第 29 页。
② 桂广介《日本美的心理》，第 39 页。
③ 桂广介《日本美的心理》，第 51—52 页。
④ 桂广介《日本美的心理》，第 61 页。

会田雄次 《日本人的意识构造》

　　笔者在会田雄次《亚龙收容所》①出版时阅读了该作，印象非常深刻，当时直觉上就认定这是一部日本人论著作。该书的本意是描述了自己在缅甸收容所生活的一年零九个月里结识的一位英国人，试图向日本人介绍他的本来面目，但是，在字里行间却随处可见日本人本身面目。关于这本书就介绍这些，下面介绍在这本书出版十年之后，也就是昭和四十七年(1972年)出版的《日本人的意识构造》②。

　　　　我感觉到，日本人连自己的决断都是自然产生的。别人问"怎么了"，我们总是回答"这样了"。这可以说是惯于回避责任的人做的习惯性的发言，更可以说是日本人的民族特征，也就是消极的态度、自然存在论的思维。③

　　在欧洲，和平是靠人建设的，不断根据客观局势变化采取相应的措施来维护，这才是和平；而日本人却认为和平不是那样。他们认为，在人们什么都不做的时候，和平是自然存在的。作者举例指出，很多人都评论道：欧洲人的"创造"可以与日本人的"なる"相对应。他认为，这就是日本人传统的民族特征。

　　　　日本人是所谓的紧张民族，关系密切的人之间另当别论，一般的人际关系、特别是偶然性的人际关系都是非常不稳定的。④

　　就像前文所论述的，对于日本人而言，区别熟人和陌生人非常重

---

① 会田雄次《亚龙收容所》，《中公新书》，1962年。
② 会田雄次《日本人的意识构造》，讲坛社《现代新书》，1972年。
③ 会田雄次《日本人的意识构造》，第37页。
④ 会田雄次《日本人的意识构造》，第40页。

要。上面这句话与此相关。

日本的特征在于里层文化的优越性存在于日本人的意识之中。我们把表面文化看做是虚假的世界。[①]

在日本人的意识之中,公开的表面文化和私下的里层文化是有区别的,各自拥有发挥各自固有功能的场合。里层文化正因为是内心的,所以是一个没有积极性的、独立性的地方,但那里才是存在真实性的场所,只有在那里才能说实话。与公开集会相比,日本人喜爱井边闲聊;与单位里一本正经开会的地方相比,日本人更喜好酒馆。只有在后者,人们才可以互相公开秘密、把实际的想法一吐为快。相对于决策重要议题的公开场所而言事先进行协调的场所更加重要。他认为,就像上述现象所显示的,日本社会存在可称为"表"和"里"的两种不同场合,而"里"更为重要。他把具有这一习惯的日本底层文化分为表面文化和里层文化。他举了一个例子:"芭蕉正因为步履蹒跚地走过了《深处的小径》,才接触到了真实的自然和人生。若乘骑骏马或是坐着花轿经过东海道,就不会有那样的艺术成就。"大街上弥漫着汽油味、充斥着谎言和虚荣,而公交车道里才流淌着人生的真实。恐怕公司的交际费用大部分都用在了"小巷"里,"大街"上受到的挫折在这里得到化解。对日本人来说,极其重要的不是表面的"大街",而正是"小巷"。至于其原因,会田在《亚龙收容所》[②]里叙述道:这可能与丑恶的外表带来的劣等感有关。这是从在印度士兵宿舍里发现的英文小册子上记载着"日本兵实在丑恶"的事实而推断出的。据说,日本人不重视自身外表的唯一例外是在古代织田、丰臣时期。他的推断是否正确呢?

接着,会田又指出,从隔扇的存在可以发现,"体察"这种交流方法在日本人中很重要。他的这个说法很有趣。在这里,他认为不得不加

---

① 会田雄次《日本人的意识构造》,第 57 页。
② 会田雄次《亚龙收容所》,第 137 页。

强"体贴之心"。通过"体察"和"体贴"产生的相互理解必然使人们表情贫乏，不擅长用确切的语言来表达信息。我很赞同他的这个观点。

这样一来，他得出结论：住宅结构的形式和人们在其中的生活方式，决定了人与人接触、交流的方式；人的意识也受其很大影响，产生了迎合对方立场的"自我否定"。

土居健郎 《日本人的心理构造》

土居健郎的《日本人的心理构造》[①]引人注目，第一在于，他直率地从日常生活中理解问题；第二则在于他长期积累、持续研究，把在数次学术会议上的发言和刊物上的论文集中起来构成了一个整体。

作者在书中这样写道：自己在美国访问他人、受到招待时语言交流的不自然让自己吃惊，并觉得不可思议。于是，自己开始关注日语的问题。以前，日本的医生诊断后是用德语写病历的，但看到美国人用本国语言记录、思考，自己感觉这很有必要，于是转而考虑语言与心理的问题，把日本人的特殊心理和日语结合起来，最终着手研究"依赖"一词及其心理，以及日本人以此为基调的心理构造。于是，究竟该把这本书归入"语言"、"心理"、"比较文化"这三种标准的哪一类里，我也犹豫了一下。但是，依赖的心理是了解日本人心理的关键，这本书以它为研究对象，所以我还是决定将其纳入"从心理看日本人"这一部分。

依赖的心理并不是日本人独有的，从婴幼儿对母亲的依靠之中可以看到其最初形态。但是，日本社会中依赖心理泛滥，战后则更是这样，在欧洲，没有与"依赖"相对应的日常用语，只有一个叫做"被动性对象爱"的学术用语。"依赖"是日本特有的词汇。究其含义，依赖的心理是能被普通日本人所感知的。

基于这一点，很多表示人际关系的用语都与依赖的心理有关。乖戾、乖僻、拘泥、抱歉、别扭、憎恨、闹情绪、自暴自弃、拜托、奉承、害羞等词汇都是这样，罪恶感、害羞感、客气、顾虑、芥蒂也是如此。要解释这

---

① 土居健郎《日本人的心理构造》，弘文堂，1971 年。

些就要联系到很多问题,自由、个人和隐私的欠缺与依赖的心理息息相关,此外还牵涉到恬静、幽雅的概念、天皇制度、宪法、祖先崇拜、祭祀等等,展开以后的内容非常复杂宽泛。本书并不是所有内容都通俗易懂,但是阅读以后受到的启发很大。日本人的心理受依赖的影响很大,另外,社会现象和文化现象中也渗透了依赖的心理。所以,想不用作为关键概念的"依赖"的心理来解决问题是不可能取得成功的。

鹤见和子 《好奇心和日本人》

人类的有些心理平时是半隐半露的,给别人一说,我们才会发现,才会觉得"果然如此",依赖的心理大概也属于这一类;与此相对,还有一种比较清晰、为一般人所熟悉的心理。而且,尽管这种心理被人熟知,却仍然存在一些值得研究的问题。好奇心即属于这一类。下面介绍鹤见和子的《好奇心和日本人》[①]。

靠近我们的外国人是未知的人种,害怕,自己没有抵抗能力。在这种时候,取悦对方、学习对方而接受外国文化,这是依赖心理的一种延伸。《日本人的心理构造》一书指出了上述问题。纵观日本历史,日本不停地从中国、印度、南亚和欧美等地区接受外来文化。可以说,日本人对吸收外来文化倾注了很大的热情。十六世纪的传教士认为日本是最适宜传教的国家,其原因之一就是日本人有强烈的求知欲,也就是普遍具有好奇心。在闭关锁国过程中,长崎一直有人秘密地学习西方的学术,特别是翻译中存在很多这样的人。出岛的红毛人端坐家中便能收集到了解日本的资料,这完全拜日本人的好奇心所赐。

很多人不惧万里波涛阻隔,远渡中国进行学习,有人从中国来日本也是因为日本人的强烈的求知欲,日本为他们准备了肥沃的文化土壤。

在中国之后,日本人的学习对象是欧美。日本进入近代之后直到明治时代,对西方文化的吸收推动了日本的近代化,另一方面使日本向欧化的方向前进,同时也促使了传统主义觉醒。支撑着国家发展步伐

---

① 鹤见和子《好奇心和日本人》,讲坛社《现代新书》,1972年。

的因素中存在着国民的好奇心。对西方的好奇强化了日本人的求知欲,这一点不能否认。以日本人的好奇心为对象进行集中研究的例子,除了这本书以外笔者还没有见过。

关于选取好奇心作为研究对象的原因,作者列出了四个,并说明了先后顺序,共分为五章。根据引言就可以发现,本书的重点在第四章。下面就是明快的引言部分,我们可以简单探讨一下。

日本社会是一个有多层构造的社会。其特色就是,允许处于对立关系的集团、原则、价值、意识形态共存。人们使相互对立的因素之间不进行接触,让它们孤立地存在。这是第一个特征。在这个包容了各种对立的整体中,人们甚至无视矛盾法则。但是,人们又可以娴熟地利用处于矛盾对立的两方面因素。这是第二个特征。第三个特征与上述用一般论表达的特征不同,是由史实来表明的,即人际关系中的封闭性与对外来事物的开放性共存。既然要区分自己人和外人,人际关系就必然带有封闭性。积极接受外来事物又可以形容为开放性。第四个特征也和第三个特征一样,并不依据某一理论,而是依据事实。虽说日本已经进入了现代社会,但其中还是保留着原始、古代、中世纪、近代性质的人际关系和思维、行动、情绪,它们对现实产生了作用。

可以说这四点都是为了保证社会和平而体现出的特征。下面简单介绍一下作者是怎样在同上述四点特征的关联中解释多层构造社会中人们的好奇心的。这是这本书的精髓。

比如,江户幕府禁止民众自由迁移,使民众相互分离。但是,犯禁出行的人还是很多。在他们获得暂时的解放感的背后,存在对未知土地的强烈的好奇心。

在日本,神道教、佛教、基督教都可以被人们接受,从这样一个宗教混淆的状态明显可以看到对矛盾规律的忽视。认为诸神平等、没有差别的心理导致日本人对各方面都活跃地表现出好奇心。

像墙壁一样阻隔在内、外之间的障碍并没有多厚,于是,在墙上打开一个小孔,试图互相接触的好奇心加强了。开放和闭关锁国的反复,愈发增强了国民对外国的好奇心。

在日本文化的深层,至今仍存在着古代的萨满教。萨满教认为,所有的事物和现象都存在固有的灵魂,这些灵魂各不相同。萨满法师必须是具有超能力的人,可以制服所有灵魂。而且,萨满法师为了了解各种灵魂的习性,必须有很强的好奇心。总之,日本文化可以说是一种窥视文化,从古至今都拥有旺盛的好奇心,有着强烈的引进外来文化的愿望。

这本书明确地告诉人们,日本人的好奇心是使日本成为发达国家的一个强大的原动力。

井上忠司 《"面子"的构造》

面子上好看、面子上不好看、没脸见人、被人说三道四等等说法在日常会话中经常被人使用。所谓面子,就是在人前必须维护的体面、体统。"面子上好看",意味着在别人面前保住了体面。即在生活上无论遇上什么事,都非常顺利,心理处于一种满足的状态。反之,"面子上不好看"则是一件觉得羞耻的事,心理上处于一种不满足的状态。人们都希望处于一种有体面的状态,把面子看得很重要。

特别是在日本,诸如"打扰了别人不好意思"、"愧对别人"、"无法向人解释"等说法所表现出的,社会上的别人似乎成了判断自身行为的裁判。这可以说日本人把社会置于一个很高的地位,同时,社会又被看成是一个可怕的对手。因此,日本人极其注重体面,对此非常敏锐。在生活中约束日本人行为的,除了法律之外,就是由面子受损引起的"耻"的意识。日本人拥有细腻的心理,对"耻"的感觉非常敏锐。与"耻"相关的"面子"在日本人的社会心理中占据了重要的位置。井上忠司的《"面子"的构造》①研究了"社会是什么"、"社会的观点的变迁如何?"、"社会的构造是?"以及社会与"耻"的意识等问题。下面引用的这段话简洁地说明了制约日本人行动的重要规范,并在此基础上使日本人的形象浮现出来。这段话表现了这本书最基本的一面。

① 井上忠司《"面子"的构造——对社会心理史的尝试》,《NHK书丛》,1977年。

我国社会中对人的基本社会规范,就是大致遵照"社会",做出"不丢人"的行动。

　　我国国民不拥有唯一的、绝对的神(超越者),而是在内心培育出非常应变性的伦理,这就是:被"社会的眼睛"看到就会丢人。由于不存在普遍的价值标准,因此日本人一边为了使自己不脱离"社会"的标准,不停地对"社会"与自身间的差异进行微调,一边生活。这正是"一般"的生活。

　　信仰唯一的绝对神(超越神)的西方人通过"神总在看着自己"的意识,进行自我规范。就算其中不存在他人的"目光",西方人也能够实现强有力的自我规范,这恐怕正是因为上述原因。与此相对,我国国民在"受到'社会'中人们的'目光'、'社会的眼睛'的约束"的状态中实现强有力的自我规范。

　　上述自我规范方式的区别在人们进行决策时恐怕会被视做下面的差异吧:我们一般都是询问着周围的人们的"目光",一边在与他人期待的步调一致的过程中渐渐坚定自己的意志。这种决策方法与事先确定自己的意志、然后再去说服周围的人的行动方式相比,其方向性是很有对照性的。①

　　作者生活在意大利时,和他聊天的意大利人投来的目光和日本人显著不同。他从这里找出了问题,出版了《眼神中的人际关系》②。

---

① 井上忠司《"面子"的构造——对社会心理史的尝试》,第 182—183 页。
② 井上忠司《眼神中的人际关系》,讲坛社《现代新书》,1982 年。

从文化比较中看日本人

　　尽管对文化本身的理解有深有浅，但针对日本人展开讨论的人们多多少少都采用了比较文化的视角，这是因为他们是以与外国文化、外国人的直接或间接的接触为基础，才发现了这些需要讨论的问题。因此，我想，他们采用比较文化论的视角是很自然的。

　　在自己所属的文化和民族中，有些谁也不会注意到的，或是注意到了也不重视的问题与特性。但是，通过与其他文化进行比较，有时自己的眼力会一下子得到矫正。比如，《日本人与犹太人》①这本书出版的时候，在一瞬间感到迷惑"为什么把日本人与犹太人做比较"的，恐怕不只是我一个人吧。但是，在我一页一页阅读的过程中，我觉得"的确如此"，感到眼界一下子开阔了。因为我感受到这本书对之前我从没思考过的、存在于我们身边的有特色的事实作了一个特写。

　　在这里，我特地设立"从文化比较中看日本人"这个章节，是因为虽然数量不多，但还是存在鲜明地站在比较文化的立场上来讨论日本人的书。如果仅从书名来看，那么这样的书很多。但是从实际的内容来看，能让我安心拿出来讨论的就不算多了。

笠信太郎　《观察事物的方法》

　　在这些书中，要说年代比较早的，就是笠信太郎的《观察事物的方

---

① 以赛亚·本德森《日本人与犹太人》，山本书店，1970 年。

法》①。

他说,这是作为报社特派员常驻欧洲带来的旅行见闻。日本人与英国人、德国人和法国人等各国国民有相似的一面。但是,这些只是表面的相似,实际上差别很大。不,恐怕"根本就不一样"的说法更好。上述三国国民有各自的独立的想法,并深深扎根在本国的土壤中。但是,在日本人身上,这一点非常弱。上面这句话的"这一点"是指在逻辑的世界。无论是法律、学术还是权力和义务的观念,都觉得与日本人有些疏远。这是因为,它们本身就是属于逻辑的世界的。

在逻辑方面是这样的,但把握事物并非只有逻辑的方法,也存在感性的方法。这就是创造了文学、艺术世界的心灵的活动。这一点只要看看各个时代的文学作品就很清楚了,我们可以在世阿弥、远州(小堀远州)、宗达、光琳、芭蕉(松尾芭蕉)、宣长(本居宣长)等人留下的日本独特文化的果实里看见它们。

他做了如上叙述。换句话说,他在这本书中指出的,就是感性是日本人的基本特性这一现象。

我还记得,昭和二十四年(1949年)的春节有点恢复春节的味道了。我去山村进行调查的时候还是自己带着粮食去的,生活还不是那么轻松。不用说,出版物的纸质也很差,量也很少。上文的《观察事物的方法》(文库版)正属于那个时代,因此当时的人们应该是把它看做沙漠中的清泉来阅读的。那时出现了很多近乎自虐的文章,比如《战争失败了,日本的一切都失败了》、《我们丢失了自己的价值》等等。我想,在这样的背景下,这本通俗、明了、充满逻辑性的著作突出地向人们宣传了自己。在昭和二十年代(1945—1954年),出版的客观的日本人论寥寥无几。从昭和三十年代(1955—1964年)开始,又出现了许多经验主义、实证主义而非思辨性的论文。这是因为随着国家经济实力的上升,出版业也开始好转。山田吉彦的《潜藏在日本文化根底里的东西》②和

---

① 笠信太郎《观察事物的方法》,角川书店,1950年(改订版,南窗社,1966年)。
② 山田吉彦《潜藏在日本文化根底里的东西》,讲坛社,1958年。

上文介绍过的《日本三大城市比较论》就是很有象征性的例子。本来对村落社会的调查是社会学家的专业领域，但战后美国的影响也成为了一个因素，从昭和二十年代（1945—1954年）开始其他学术领域的学者们也开始研究村落社会。但是，昭和三十年代（1955—1964年）里这些学者们所作的村落社会实际形态的调查依然是依靠着新鲜感进行的，因为他们对这个领域涉足尚浅。不管怎么说，当时与日本人论关系很深的社会科学研究非常活跃。在这样的状况下，一份叫做《日本人的性格研究篇》的文科文献目录①由学术会议发行了。

鲭田丰之 《对日本的再认识》

在上述时代刚刚结束之后，鲭田丰之的《对日本的再认识》②出版了。

这本书的作者是一位研究欧洲中世纪的学者，他在与欧洲的比较中回顾日本的历史，试图重新认识其近代化的性质。

日本的近代化采用了接受型的方式，与此相对，西方则是个性很强的扩张型的方式。这种区别到底是怎么产生的呢？他将其作为一个问题，探求答案。

他想说明：欧洲拥有上述显著特色的最重要原因，就是经历了不断的、以利为目的的战争。但在日本，战争是非常的状态。日本这个国家在和平这一常态中成长，人们要么追随强者，要么采取旁观的态度，没有抵抗的习惯。这个想法与之后的 G. 克拉克简直一模一样。而且有趣的是，包含上述内容在内，他在这本书里列出了之后的其他日本人论著作里指出的日本人的特点。这就是家族意识、家族国家观念、男性—欧洲/女性—日本、情绪化的个性、合理主义较弱、饲养家畜的行为带来的东西等等。"对日本的再认识"同时也成了"对日本人的再认识"，这是对研究日本人的学者来说不可缺少的参考知识。

---

① 《文科文献目录15——日本人的性格研究篇》，日本学术会议，1963年。

② 鲭田丰之《对日本的再认识》，讲坛社《现代新书》，1964年。

大野盛雄 《拉丁的日本人》

到了昭和四十年代(1965—1974 年),日本人论终于开始旺盛。以拓展贸易或观光为目的的旅行者的出现和增加是一个有力的原因。同时在这样的社会状况中,《日本人与犹太人》和《日本人的心理构造》这两本极畅销的书在昭和四十五年(1970 年)和昭和四十六年(1971 年)相继出版。这两本书的出版对日本人论起到了刺激的作用,这是不可否认的吧。

我们不能忘记大野盛雄在当时的状态下编著的《拉丁的日本人》①。这正是一本由浓厚的比较文化论方面的问题意识产生的书。这本书由五名移民到日本的第二代巴西人的发言以及提出的问题和编著者自身在巴西的经历构成。从内容上讲,可归入日本人论的部分并不多,但在其中一位来到日本进入大学学习的女性写的书信形式的文章里,她指出了以下内容。这引起了我的注意。

1. 日本人生活中在意他人的看法。他们重形式,好面子。

2. 与各自的立场相符,存在一定的行动模式、态度、价值观和遣词造句的形式,重视"らしさ""らしく"②。

3. 上下之间的等级关系森严。在互相确认了对方的地位之后,才能够使用正确的语言交谈。

4. 日本人"像个某某工业公司的职员一样""像个某某家的家长一样"行动,并对此表现出毫不感到羞耻的态度。这是基本的道德,但在不用顾忌面子的地方这项道德无法适用。人们会说:"漫不经心会被人发现,所以不能这样。认真干活就行了。"果然,日本的文化属于"耻感文化"。

5. 试图使自然融入生活。

---

① 大野盛雄编著《拉丁的日本人》,日本放送出版协会,1969 年。

② 音[laʃisa]、[laʃiku],义为"像……一样的"、"像……似的"——译者注。

她从巴西来到日本，亲身体验了日本人的特征。她写下的文字虽然很短，但却让我们感受到了比较文化立场的力量。她并非站在旁观者的立场上，不是在以旁观者的心态玩弄文字。喜悦、愤怒、叹息、悲伤，她一边经历了这些感情的起伏，一边无意识中进行了文化比较，抓住了日本人的形象。我认为，这是此类比较文化著作的出色的样本。

犬养道子 《我的欧洲》

犬养道子从日本前往欧美，并居住在那里。不久，日本与欧美强烈的对比引起了他的关注，使他耗费心血撰写了不少著作。在《千金流浪记》之后，他又写了很多书，从昭和三十八年（1963 年）发行的《在生活中探险日本》开始，他的著作已经带有浓烈的日本人论的色彩。在昭和四十八年（1973 年）发行的《我的欧洲》①中有一篇题为《娜尼与伊莎贝尔》②的文章。这是一篇关于法国人教育儿童的小型报告，我认为让学生读了之后肯定会产生好的影响，结果比想象的效果还要好，甚至有人以此契机精心写出了毕业论文。

两岁的小女孩伊莎贝尔离开自己在巴黎的家，由娜尼（乳母兼保姆）带着前往位于卢瓦尔河畔的姑妈的别墅里住了三个星期。文章叙述了这期间娜尼对伊莎贝尔的教育方法。

娜尼并不刻意避免体罚，而是严厉惩罚伊莎贝尔，同时一边哄她开心，一边让她做能做的事。这是巧妙的教育方法，让孩子拥有强烈的不给他人带来麻烦的意识。这种方法大致能与日本的母亲对这样的小女孩的教育方式形成对照。以上是他深有感触的叙述。

只能认为，上述成人之间的差异来自于儿童时期受到的教育的差异。当然成人的性格并不是只由它决定的，而是风土、社会、历史产生

① 犬养道子《我的欧洲》，新潮社，1972 年。
② 犬养道子《我的欧洲》，第 151—166 页。

了一定的文化,人们在这个文化中受到教育。教育方法本身就是文化的产物。这一点是必须肯定的,但也不能否认幼儿时期所受的教育对成年人性格的影响。考虑到这一点,我把这本书放在了这个部分来叙述。

鸟羽钦一郎 《两副面孔的日本人》

下面来介绍论述了能在东南亚范围里捕捉到的日本人形象的著作,这就是鸟羽钦一郎的《两副面孔的日本人——在东南亚》①。

这本书出版于昭和四十八年(1973 年),其主要内容如下:

前往欧洲旅行的日本旅行团的所作所为往往给当地人带来极坏的印象。这些我们都知道。

但是,如果去的是东南亚,就会出现与之前不同的、奇妙的现象。在那里,日本人在无意识中就会做出轻视、看不起当地的人的举动。日本人从明治时代开始醉心于欧美文化的结果就是把欧美人看做优秀的人种,并尊重他们。之后,日本人接受了他们的文化,并由此与白种人并肩,于是不知不觉中到了东南亚就看不起当地的国民。如果只有两、三个人在一起那还好,一旦有了二十个人,就会吵吵闹闹地营造出日本人独特的氛围,旁若无人地行动。"这是因为通过集团化,日本独特的社会体系开始发挥机能,沉睡的意识通过行动表现了出来……"②、"一旦形成集团,沉睡的日本社会的行为模式在不经意间表现出来"③。

他说,欧美游客即使形成集团,也是个人或小组各自行动。日本人的集团是压抑着每个人的、共同体性质的集团。两者有明显的不同。

作者说道:长期在欧美生活之后,他来到东南亚并居住了一年半,注意到了日本存在两副不同的面孔。这就是"白色的面孔"和"黄

---

① 鸟羽钦一郎《两副面孔的日本人——在东南亚》,《中公新书》,1973 年。
② 鸟羽钦一郎《两副面孔的日本人——在东南亚》,第 93—94 页。
③ 鸟羽钦一郎《两副面孔的日本人——在东南亚》,第 98 页。

色的面孔"。前者指的是日本人模仿西欧的技术、文化来提高工业生产力、提高生活水平的一面,后者指的是日本人依然保留着旧的传统价值观、持续着锁国状态的一面。"白色的面孔"就是屈服于欧美人,"黄色的面孔"则是看不起东南亚的人们。日本人对一方卑躬屈膝,对另一方又骄傲自大。他说,正因为存在着两副面孔,日本人受到东南亚人的厌恶。

说着"我们都是亚洲人,皮肤的颜色是一样的,所以我们是朋友"的日本人"一方面拿'黄色的面孔'作为招牌,一方面又坚守'白色化的面孔'"。作者说出了上面的话。他很重视这一点,以"两副面孔的日本人"为书名,记载了针对当地人、在各个领域表现出两副面孔的日本人奇怪的待人方式。他得出的结论就是:日本人是贫穷的人。这不是物质的贫穷,而是心灵的贫乏。

在迟迟无法国际化的日本人终于必须走入国际社会的这个时代,这本书非常宝贵。它揭露出了日本人的两副面孔,在东南亚社会中凝视、思考日本人。从这一点来讲,这是在日本人论的书中比较少见的,可以说它和上文中在《拉丁的日本人》里见到的对日本人的研究是同一种类型的,其中充满了问题意识。

筑岛谦三 《思考日本人》

拙著《思考日本人》是在和上面同一类型的意识下写出的,副标题是"以心理比较的立场"。在这本书里,我通过西方人与日本人的对比以及战前的日本人和战后的日本人之间的对比进行思考。然后,我也阐述了日本人教育儿童的特殊性与根深蒂固的接受异文化的态度,揭示出这些都是对个人的确立有阻碍作用的因素。只不过针对"只要存在这样的传统倾向,就不可能产生真正的个人"这个看法,我也谈到未必会这样。

明治时代长期居住在日本的医学家贝尔兹的见解和现在的日本人也有密切的关系,因此我把对他的介绍作为了这本书的最后一章。

P. 兰迪　《日本人的生活》

下面介绍皮埃尔·兰迪的《日本人的生活》①。兰迪是法国前驻日大使，作为日本通而为人所知。现在②他正担任法国驻韩大使。在这本书的第一章里，有一节的题目是"国民性"。这一节很短，只有两页。这篇文章里记载了全书的要点，因此我觉得不能不把它拿出来讨论。

首先，他指出，由于地理条件与历史传统，日本国民性的产生与世界毫无关系。

他说，由于人口众多、资源贫乏，所以日本人拥有节俭的习惯，生活和艺术也随之受到影响。由于日本人互相之间不断受到人性的压迫，因此产生了体贴与敬意之心，变得彬彬有礼，于是个人主义被抛弃了。人口过剩的社会生活正说明了日本人的主要特性，这就是勤奋、家族里的爱、宽容、名誉心、自我规范、忠诚等等。另一方面，也有工于心计、警戒心、过度的妥协性、逃避现实的爱好、嘲笑他人等等。由于这是一个没有过意外性经历的社会，因此人们拥有很强的好奇心，尤其是对于外国人。

最后，作者把日本看做一个现代又古典的国家，认为古典的精神支撑着现代社会。

根本长兵卫　《孩子眼里的法国日记》

我们来看一看拥有法国背景的根本长兵卫的《孩子眼里的法国日记》③里描写的日本人吧。

他说："与融入异文化的孩子相比，对文字依赖较多的成年人对外

---

① 皮埃尔·兰迪《日本人的生活》，林瑞枝译，法国《我知道什么》丛书，1975年。
② 指1984年——译者注。
③ 根本长兵卫《孩子眼里的法国日记》，朝日新闻社，1978年。

国的理解,似乎只停留在表面现象。"①此时,他已经站在这样的立场上:日本人情绪化、容易跟着集团的风气行事;法国人讲究逻辑,拥有彻底的个人主义②。同时,他已经厌倦了思考法国人是怎么拥有这些特点的,开始对孩子们的学校生活的话题感兴趣。他的两个孩子(九岁的儿子和五岁的女儿)在巴黎的公立学校上学。他作为父亲,感到孩子们说的话栩栩如生地描绘出了法国人的形象,于是以此为基础写出了这本书。书中还附有他的随笔。也就是说,这本书是介绍法国人的,但其中本来作为稀奇事的有关法国人的叙述一下子就变成了对日本人的介绍。稍微举几个例子吧。

在孩子们的学校的生活中:

1. 老师很严厉,也会打学生耳光。就算是休息的时候,班主任的目光也在闪烁。

2. 学校会按成绩顺序制作印有学生姓名的列表,并发给家长。有的成绩不好的学生会请家庭教师,但一般都是不请的。

3. 毕业仪式上不会沉浸在伤感之中,很平淡。

4. 长时间的休假既是为了让孩子们开心,又可以使孩子们学会集团生活的方法,摆脱对父母的依赖。

5. 在回国前几个月孩子返回位于巴黎的日本人学校。那些不懂法语的日本的孩子们中,只要有一个人干了坏事,马上所有人都跟着一起干。我的两个孩子现在才对此感到吃惊。在前往法国南部修学旅行时,一个孩子进入立有"严禁踏入"标志的草坪中拍照,结果所有孩子都做了同样的事。

然后,他进行了解释:

我只是记录下"有这么些事",并没有说"那边什么都好这边什么都

---

① 根本长兵卫《孩子眼里的法国日记》,后记。
② 根本长兵卫《孩子眼里的法国日记》,后记。

不好"的意思。两国的历史、社会、风土等情况不一样。在人口过度密集、民族单一的日本,竞争非常激烈,学历决定着成就。法国还存在过去的阶级社会,人们不大可能自由地走向成功。因此不会出现激烈的竞争。于是,在严格的教育中又存在余地。

以下是从他的随笔中摘取的:

> 在法国社会中,每个法国人都有各自的生活,但日本人则永远属于家族、学校、公司的一员,完全作为一个个体行动的现象非常少。
>
> 日本人花钱是按照衣、食、住的顺序,法国人则是食、住、衣。
>
> 选举时,自由在法国是运动的一项内容,在日本则完全不是。
>
> 在日本,无论大人小孩,都附和地、雷同地随波逐流。"塑造个人"已经被遗忘了。
>
> 欧洲人不会只因为物品是新的而觉得有价值。他们觉得旧的东西很好。
>
> 在日本,人群安静地、循规蹈矩地行动。听了这话,有的法国人感到吃惊。
>
> 坠毁在巴黎郊外的土耳其航空公司的飞机里载有很多日本乘客,他们的亲属来到法国为他们举办追悼会。死者亲属们压抑着悲伤,井井有条地进行着追悼仪式,他们的态度似乎让所有的法国记者铭记在心。这正是单一民族的一致的行动模式。

E. O. 赖肖尔《日本人》

在日本出生、熟练使用日语、日本史研究学家、原美国驻日大使赖肖尔的著作《日本人》①是一本面向普通人的书。这本书在介绍历史背景的同时也介绍了今天的日本的真实情况。他不愧是一个了解日本的

① E. O. 赖肖尔《日本人》,国弘正雄译,文艺春秋,1979 年。

人,对日本方方面面的介绍都很详细。在这里,我就只限于引用下面这篇吸引了我的注意的文章吧。

> 日本人比欧美人集团行动的程度要高。至少,日本人自己把自己看做这样的存在。[①]

> 假如日本社会有让我吃惊的事物存在,那就是均一性、井井有条的秩序、对死板的模式的遵守。尽管在不断发生变化,但日本社会没有放弃显著的日本式的东西,其特性渗入社会的每个角落。[②]

他想将这一根深蒂固的倾向称做日本人的集团性。他说,日本人自己也承认这一点。不仅如此,就像在上面这段被引用的文字之后出现的"多满足于遵守集团的规范"这句话所显示的,他甚至认为这是日本人的喜好。他说的"显著的、日本式的东西"就是指"单调并且均一的",它稳定得让人吃惊,完全没有不稳定的征兆,即使社会出现了急剧的变化,秩序也不会混乱。维持着这些的基础,简单来说就是上面所说的包含了纵向等级的日本人对集团的爱好。

石田英一郎 《东西抄》

下面,从石田英一郎的《东西抄》[③]里摘取两段与上述日本人顽固的特质有关的文字。

> 在欧洲的生活渐渐让我产生了这样的疑问:一方面,人们在日本和西方社会之间开拓了超越了人种和民族差异的广阔的共鸣空间,结果人类的世界变得一致;而与此相反,是不是在日本人与西方人之间存在不容易逾越的本质的差异,相互之间还很难彻底

① 赖肖尔《日本人》,第 132 页。
② 赖肖尔《日本人》,第 234 页。
③ 石田英一郎《东西抄》,筑摩书房,1965 年。

理解，还是会有人说"我不懂"。①

　　现在我握有的线索就是这样一个假说：一个民族或文明中难以改变的特性，形成于此前的历史学家没有注意过的、或者说从时代上来讲应纳入考古学领域的史前时代，并扎根于文化的底层，它意外地拥有顽强的力量，给今天的民族精神和行动指明了方向。②

在拥有石田说的"贯穿于日本人日常生活中的难以改变的特点"这一民族个性的社会中，我们互相习惯了我们的思维方式，在轻而易举的妥协中维持着和平的关系，这一过程是由细腻的体贴之心支持着的。这是一个即使有外国人到来也会热情相迎的地方吧。同样，假如像石田说的："日本这样由纵向关系结成的感情化的社会，不仅仅是家族和部落，总之是个没有外人立足余地的世界……"③那就不可能很简单地与外国人之间产生相互理解。但是，这也并不是说因此就只有放弃。不能连转变为具有外人插足余地的社会的可能性都否定掉。

川野重任　《在日本的外国学生》

为数众多的外国留学生来到日本，勤奋学习。对他们来说，上面的问题究竟怎么样呢？能否被我们的社会接受？他们又满足吗？下面，我们通过川野重任编著的《在日本的外国学生——他们的日本观》④来看看上述问题。

这本书通过问卷的方式调查了在日本的外国留学生是怎么看待日本与日本人的，并公布了调查结果。

当时，有人说留学生回国之后会变得反日，日本对留学生的接纳还不完善。在这样的状态下，明确了解留学生实际上是怎么看待日本和

---

① 石田英一郎《东西抄》，第 31 页。
② 石田英一郎《东西抄》，第 34 页。
③ 石田英一郎《东西抄》，第 91 页。
④ 川野重任编《在日本的外国学生——他们的日本观》，大明堂，1982 年。

日本人的，对今后制定政策很重要。更进一步，了解他们认为留学会对自己的祖国产生什么样的影响，这也是很重要的。这次调查就是在上述想法的基础上进行的。

在留学生们对问题的回答中反映出了日本人的特征，结果如下。我省略掉了各种回答所占的比例，只写出他们列举的日本人的特征。其中表现出他们对日本人的好恶之情。

男性很粗鲁，女性很温顺。

低年级学生对高年级学生的顺从让人无法理解。

交通部门里的日本人的态度不好。

轻视亚洲人，重视欧美人。

只想和西方人结婚。

讲事情不清楚。

不顾一切地工作。

色情书很多。

没有爱国心。

亲切而且彬彬有礼（也会让人感到很做作）。

似乎不因为自己是日本人而自豪。

团结精神很强，忠于自己所属的集体。

公家是第一位的，私人是次要的。

存在原则和本意的区别。

责任感很强。

戴天仇 《日本论》

在这一部分的最后，我稍许介绍一下出版于昭和二十一年（1946年）的戴天仇的《日本论》①。

这本书的作者说到，日本人有着强烈的不计得失的纯粹信仰，同

———————

① 戴天仇《日本论》，藤岛健一译，世界思潮社，1946年。

时，又富于对美的喜爱。他还讲到，从信仰和艺术生活里最能看出一个民族的特性，对日本人来说，从他们的信仰生活中能看到牺牲的精神，艺术生活里虽有优雅精致之风，但缺少伟大之气。下面是他更详细的论述：

日本人的信仰生活比中国人要纯洁得多，他们心中没有小算盘。如果存在小算盘，那就不是信仰。日本人的牺牲精神正是由此信仰产生、训练出来的。这就是决心把自己的身体无条件奉献给神，把自我扩大之后送往"大我的生活"。这些能从实际生活中的种种形态、特别是能从男女之间的恋爱和战争中清楚地看见。殉情是对深爱的人的牺牲，在战争中个人的生死也不是问题。这里，就是能看出对盘算的忽视，这种忽视是以常驻在精神中的信仰为基础的。当一个民族失去信仰力后，什么主义都救不了他们。

接着，关于美的生活，他又说了下面的话：

在信仰生活之外，人类生活最必不可少的就是美的生活。

日本的国土多溪谷丘陵的起伏，山清水秀，这让人想起优秀的雕刻家的成功作品中的美。在日本，对自然美的鉴赏甚至成了一般人的习惯。就像《古今集》序文中"听花中莺歌，水中蛙声，所有生命，何不咏歌吟"所歌咏的一样。但是，其规模偏小，缺乏大气，这就是其缺陷。这是没有办法的。虽然日本受到了中国和印度的影响，但和一般的中国人相比，日本人的审美情绪比较丰富，这是毫无疑问的。特别是庭院、盆景、插花艺术最好地表现了其微妙的情趣，想象力和创造力给没有生命的物体带来了生气，这是中国人望尘莫及的。德川时代对上述审美能力的提高起到了帮助，拥有伟大的功绩。

他说，正因为存在对美的爱好，衣、食、住等方面才会进步。假如只满足于最低程度的生活，比如只需要能取暖能避雨之处、只需要能生存下去的食物，那就是因为缺少这种精神。拥有这种精神时，人生才会进步；当富有这种精神时，进步就更大。

结果，他认为日本人取得这样的进步与发展的原因在于：一、日本人拥有强烈的信仰的力量；二、日本人富含爱美之心。他举出了这两点，认为信仰培育了尚武的精神，爱美之心养成了和平的风气。

作者通过这样的论述,平静地激励着自己的同胞。只是,他针对当时的日本人,说道:"民族的信仰心减少,同时就是民族美术性的破坏,尚武精神、和平精神的低落。"①但是又写道:"在远离都市特别是相对偏远的地区,尚能见到日本的本来面目。"②

这本书出版于昭和二十一年(1946年),但明显完成草稿是在战前。当时虽然很多中国人前往日本留学,但真正了解日本的人很少。因此,书的第一章就是《中国人研究日本问题的必要》。第二章题为《神权的迷信与日本国体》,尽管它写于日中战争时期,其中也不存在条理不通的抗日言论,更没有迎合的言论。他说,"我们每看到日本人排斥海外华侨的言论,不惟引起我们一种愤恨的心理……真不由不替东方民族叹息了"③以及"……也决不敢便说这些神话是假的"④、"日本有许多自大自尊的学者……动辄喜欢讲日本的特殊文明"⑤等等。

从出版年代来讲,这本书应当作为战后的第一本书来介绍,但由于我一开始介绍的是战后初期与普通读者关系较深的笠信太郎,因此只有把这本书放在这里了。

这本书的作者名叫戴季陶,"天仇"是他的号。他于1882年⑥出生在浙江省,毕业于日本的国学院大学。之后,他作为记者活动频繁,并进入政界与孙文接近。孙文死后,他走到蒋介石身边,1928年成为国民政府委员,本书出版时他依然是国民政府委员。据翻译此书的人说,这本书被公认为中国人研究日本的扛鼎之作。

---

① 戴天仇《日本论》,第157页。
② 戴天仇《日本论》,第158页。
③ 戴天仇《日本论》,第83页。
④ 戴天仇《日本论》,第5页。
⑤ 戴天仇《日本论》,第27页。
⑥ 戴季陶实际出生于1891年,这里疑为本书作者的错误——译者注。

回顾日本人论——末章

持续的日本人的特性——
昭和二十年以前

举出的人们

我们举出了从锁国之前到昭和二十年(1945 年)为止这一较长时期中关于日本人进行了论述的一些主要人物,回顾了他们是如何看待日本人的。

锁国之前的六人中,有三人是传教士。他们一定是正因为在遥远的异国他乡,才会集中注意力去观察作为传教对象的居民们是什么样的人群。他们也因为不知道居民们会不会听自己传教而非常不安吧。尽管他们在来到日本之前已经听说了有关日本国情和居民的情况,拥有了一部分知识,但在来到日本之后却意外地拥有了好印象,并把这些内容传递给了自己的朋友、上司。

希隆、亚当斯和卡隆不是传教士。他们站在各自的立场上,有了不同的见解。特别是卡隆观察儿童后所做的记录非常珍稀,可以说正因为时代早,才是珍贵的报告。

在进入锁国时代之后,被举出的就只有出岛的荷兰商馆的人了。荷兰人可以留在出岛是 1641 年、德川家光做将军的时候的事。从那时到本书中提到的最后一名馆员希波尔特离开日本的 1829 年为止,其间长达 188 年。这五位优秀的馆员都留下了著作,我们之前也分析过了。其中既有岑贝尔格这样的俊才,又有兹弗这样的俊杰,也有作出了广泛的研究业绩的希波尔特。如果接下来说起日本的有识之士在天下太平的锁国时代中又如何的话，只有极少几个大致以赞美国家的心态去论述日本人的例子。

从锁国结束到进入明治时代这段时期，美国的佩里和哈里斯、英国的阿内斯特·沙特等都很有名，但可以说，只举出英国的拉瑟福德·阿礼国就足够了。这是因为他以一定的反省的方法一丝不苟地、充满精力地撰写了著作，是当时的日本通中的第一人。

从明治时代开始，一些著名的日本人就进入了讨论的范围。

其中有熟知欧美的大启蒙家福泽渝吉、同样稳健的启蒙活动家三宅雪岭、创作了有关武士道——在当时作为指导理论对国民产生了强烈影响——的著作的新渡户稻造、细致地记述了日本人国民性的芳贺矢一以及叫嚷着"去了欧洲大开眼界"的夏目漱石等等，他们定是心中满怀着国家社会而执笔著述的。读完他们的著作，不由得感到一种澎湃的使命感。

而外国人阿礼国、贝尔兹、哈恩以及更早的岑贝尔格等人，则是立足在人类或是文明这些更高的层次上观察日本人，尽管他们的观点是面向欧洲的，但却直言不讳地描写了日本人，这意味着他们不同于上面提到的这些日本人，也让人感到了他们燃烧的心。

大町桂月是个右翼分子，作为一名宣扬皇室中心的国粹主义者，他认为日本的使命是称霸东亚，这在当时已成为日本的主流思潮。于是，我将其作为这一思潮根源的重要人物加以讨论，而和辻以及三木的日本人观都产生过重大历史作用，当然也应加进讨论的范围。当日本精神至上论甚嚣尘上之时，长谷川如是闲怀有时代启蒙的心情与其对抗，认为：正是由于处于这种状况，才更需要对日本特性进行客观把握。

下面我们再大致回顾一下以上列出的各人的论述内容吧。

外国人看到的日本人

本书第一个谈到的就是沙勿略，他所指出的日本人特性有以下几点。在他指出的特点中，有一些是之后的欧洲人也指出了的。

荣誉心强,遵循事理,追求知识,彬彬有礼,心地善良,不以贫穷为耻,创作和歌,上下等级,武士地位很高。

而弗洛伊斯最重要的功劳就是留下了关于日欧文化对比的文章。他指出了下列日本人的特性:

父母不责打孩子,孩子举止端庄;
重视名誉,遵循事理;
与欧洲人相异点甚多,创造力旺盛;
女性无贞节观念,随意休妻;
女性书写文字,常堕胎;
父母与子女间争执由调停人解决。

罗德里格斯特别指出的是:历史的方法对于研究日本是非常重要的,同时还需要研究中国。他指出另一个重要的问题就是天皇和将军的区别,我认为他的论述很有道理。这得益于他精通日语,经常参与重要的外交谈判,获得了了解政治的机会。他指出了一些之前两人所没有谈到的特点:

对于本民族的自负,文武两道,吸收中国文化;
由模仿中国带来的形式主义,送礼,访问,茶会;
疏于农耕,极度的信仰心,对动物的怜悯和以人试刀;
心灵手巧,重名誉守事理,剖腹。

而关于拥有深厚信仰的贸易商人希隆,需要特别指出的是:

他极力赞美日本女性,认为她们地位低却值得信赖。儿童也受到温和的对待,非常可爱。日本人易怒、贪婪、吝啬。与欧洲人相异点甚多。

威廉·亚当斯(三浦按针)则指出：

彬彬有礼,性情温和,勇敢,严守法律,遵从长者。

卡隆则特别指出了：

不责打儿童,向儿童灌输荣誉感,社会中上下等级森严,四民有别等。

通过锁国前这六人的记述,我们依稀可见当时的社会和日本人的形象。

进入锁国时代后,肯普费尔论述了前人未曾提到的特点：

教育孩子轻视生命,勤劳,习惯困苦,爱好清洁,锁国体制,拥有特异的文明等等。

岑贝尔格作为一个文明批评家,从比较文化的角度对日本人进行了独特的论述。他批评了荷兰的奴隶贸易。

好奇心强,聪明,顺从,朴素,勤劳,爱好清洁；
诚实,正义感强,毫不逊色于文明国的国民；
多疑,自负,缺乏平等和自由；
注重上下之别,缺乏发明精神；
怒不外露,报复心强；
不责打儿童,儿童很听话。

泰勤格试图通过收集小说来探明日本人特性。他敏锐地观察了日本人的心理。

人民在和平中反抗统治者,形式更重要；

通过祖先的功绩进行教育，自负，对受到的侮辱很敏感；
注重礼仪，名誉，剖腹。

即使当位于欧洲的祖国正惨遭蹂躏，兹弗也一直在出岛商馆悬挂祖国国旗，毫不屈服于英国夺取出岛的野心。他的记述中值得注意的是：

要了解日本人就必须学习日语；
剖腹是为了使自己避免受辱、捍卫家族荣誉；
日本人注重名誉以及形式主义；
受到些许刺激日本人就开始行动；
流行请人起荷兰的人名。

希波尔特则写道：

好奇心，过度的礼仪，有教养的伟大民族，勤劳，端庄，节制，善良；
生活匆忙，却又安静，拥有饯别和送礼的习惯，喜爱旅行；
处于四民中最底层的商人成为御用商人获得荣誉，产业活跃。

他特别指出，由于中央和地方的往来频繁，因此只需对特定地区居民进行调查就可以了解日本国内的普遍情况。

1854 年，锁国大门被敲开，日本开放了。五年之后，英国的大外交官阿礼国至江户赴任。他开始了坚忍的外交谈判，而且上任不久就开始学习日语，努力了解日本。

要从百姓的生活中学习；
由于政府的政策，国民多疑；
武士官员爱撒谎，其余武士和百姓则有礼而善良；
不把底层人民看做奴隶；
古板的形式主义，多为人考虑，敬语的使用很烦琐；

对国民和国家极富自豪感;

把孩子看做"自然之子",任由其放纵,日本是孩子们的乐园;

语言是反映国民性的镜子。

阿礼国所著的两卷本的长篇大作向人们介绍了当时日本国内所有的政治情况、习惯和事件。他既拥有明确的研究国民性的方法论,也在论述中下了很多功夫,而且还附有不少他和威格曼绘制的插图,使这本书读起来饶有趣味。

日本人的日本人论

很遗憾,但也很自然的,江户时期日本文人的日本观之中并无可取之处。

终于到了明治、大正时期。出现了了解欧美、能够进行相互对比的日本人,当然也出现了优秀的相关著作。本书中列举出的是福泽、三宅、新渡户、芳贺、大町、漱石、权田。其中插进了贝尔兹和哈恩的论述。除大町桂月外,其他各人都顺应时代需要,怀着使命感写出了言之有理的日本人论。他们的热情,在当时读者的心中留下了深深的烙印吧。

在这漫长的四百年中记录了日本人形象的日本人,笔者只回顾了寥寥数人,但却都是杰出之士。从中,我们可以归纳出以下主要特性:

1. 遵循事理
2. 荣誉感强烈
3. 彬彬有礼
4. 好奇心强
5. 存在上下身份之差
6. 拥有集团性
7. 形式主义强烈
8. 缺乏自由

与外国人的论述不同，日本人在进行论述时，并不是从外部着眼，而是作为自己的问题，就像上文讲到的一样，发自肺腑地进行了阐述。遵循事理、荣誉感强、彬彬有礼、好奇心强等等，只是西方人感到稀奇而已吧。这些特点让西方人感到印象颇深而记述了下来，但日本人则无人提起。日本人提出的是集团性和自由。尽管自由和形式主义是正反两面的关系，但这里作为问题被提出的只是自由这个方面。

仔细想来，在战前，或者说昭和二十年（1945 年）以前，自由在多个领域都受到限制。就连本该充满理性逻辑的学术界也没有充分的自由。漱石提出来的"自我本位"，正是集团性的对立物，由于集团性即意味着个人自由的丧失，于是自我本位同时也就成了与自由有直接关系的问题。过度的形式主义将导致自由的缺失，缺乏自由、集团性以及形式主义是紧密联系着的日本人的重要特征。

除了以上八个特点，外国人还列举了其他一些特点。其中有不少特征，是有的人举出而有的人没有举出的。即使有这样的差别，但所举出的种种特性，都是由各个外国人在观察中发现的。其中既没有无中生有，也没有指鹿为马。于是，被列举出的种种特点，都是各个时期的外国人实际观察和经历的产物，而且似乎也是日本人一脉相承的特性。在上面举出的八项特性中有五项曾出现于沙勿略的论述中，他没有指出的只有集团性、形式主义和缺乏自由这三点。正如上面讲到的，这三者密切相连，对于埋头传教的沙勿略来说，这三项特点没有直接带给他深刻的印象吧。

持续的日本人的特性

在昭和四十五年（1970 年）出版的、综合了十一名学者研究成果的《日本人的性格》中，出现了以下四点日本人的主要特性：

① 接受自然的态度；② 等级化的人际关系；③ 直观式理解；④ 他律性。

我们暂且将这四点记做 B，上述八点记做 A 吧。

在本书讨论过的人物中，长谷川如是闲曾提到自然，但他只谈到日本人的鉴赏自然的方法存在不足。除此以外，和辻哲郎也论述了日本人对风土采取接受的态度。如果让日本人来叙述日本人自然的态度，恐怕都会有同样的见解吧。集团性、形式主义和缺乏自由归根到底就是他律性。那么，A、B 两者中看法一致的就是 B 项中的①接受自然的态度；②等级化的人际关系；④他律性。

①是由时代较近的人提出的，②和④则是由遥远的古人指出的。而且，②和④是极其重要的日本人特性，当代学者不可不提。它们在四百多年前就被提出来了，可见日本人的核心特性没有改变。A 中有"好奇心"这一项，而 B 中没有。但这是一个现在也不可否认的日本人的强烈倾向。这一点在《好奇心和日本人》中有明确叙述。一旦好奇心转向外来文化，对接纳自然的态度就会立刻导致接纳外来文化，他律性则又加速了这个过程。日本人高度接受外来文化的传统，就这样根深蒂固地传承了下来。

A 中的"1. 遵循事理"，其实与 B 的"④他律性"相矛盾。因为假如万事都遵循事理，那么就会遵循自己内心的事理感，这正意味着与集团性相对立的自我本位。自我本位就是自律性的立场。

假如当时的日本人万事都遵循日常事理行动，就算在当时的等级制度之中也不得不说这是了不起的生活方式。但是，也有可能是传教士仅仅根据传教的经历得出了上述结论。如果当真如此，也就并不与他律性矛盾了。

弗洛伊斯指出日本人创造力旺盛，而岑贝尔格则说他们缺乏发明精神，这两个结论也相互不符。他们评论的具体对象是什么还不得而知，因此无法对两者进行判断，但若能知道其评论对象，他们的论述将不再互相矛盾了吧。

罗德里格斯指出了日本人对本民族的自负心和日本的文武两道，是个日本通。他曾作为通事，不断接触最高执政者及其亲信。他指出的上述两点，的确是当时武士阶级的两大特征。将它与 A 的八项特征加在一起之后,当时日本人的形象就浮出水面了吧。这些至少也可以说是从江户末期到明治时代的日本人的特性吧。这样看来,日本人不变的部分终于被特写下来,一定类型的人物形象也被刻画出来。在明治时代,这样的人物形象被称做"明治人"吧。不用说,当时常能听见"不愧是明治人"之类的话。

一般来讲,可以归结为"明治人"的特性,包括守礼节、不屈节、耐困苦、明情理、有自尊、爱干净等等。此外,他们还显得严谨、沉默。眼前浮现出上述形象、使用"明治人"这个词、或是听到之后马上就能领会的人,要么本身就是明治时期的人,或是直接、至少间接接受了明治时期的人进行的明治式教育。也就是指明治时期的人或是他们的下一代或是再下一代吧。到孙子辈时,社会上的明治气息虽然已经淡薄,但还没有消失吧。

明治的教育和当时的社会氛围形成了"明治人"这一特殊的形象,但这也是对此前武士社会的人物形象的继承。因此,笔者认为,可以将江户末期至明治时代的日本人归类为"明治人"。不管文明开化的浪潮如何汹涌而至,极大地影响人格形成的,并不是"西洋"这一从侧面涌来的潮流,而是传统的旧社会这一从背后涌来的浪潮,尤其是政府的政策所激起的风潮。

修改条约和卧薪尝胆的呼声,富国强兵的必要,列强的压力,日清、日俄战争胜利后的骄傲,在这些事件接踵而至、错综复杂的时代里,教育的基本精神就是在天皇制国家主义和资源、技术贫乏中,由"和魂洋才"这个词所表现出来的精神至上论和忍耐主义。因此,在这种教育环境下形成了上述"明治人"也是必然的。经过了大正时代,直到昭和二十年(1945年)为止,说起理想的国民,即使不一定就是"明治人"这一类型,也没有脱离这一标准。教育诏书从明治二十三年(1890年)直到昭和二十年(1945年)一直是学校教育中明治人精神至上论的支柱。其间,自由民权运动兴起,社会上一时间充满了对国家主义、军国主义的批判,也曾有过"大正民主"的时代潮流,但它们都因无法抵抗住旧社会的浪潮而被淹没。日本国内每所学校在节日时,都会朝拜,在天皇像前庄严地诵读教育诏书。一直持续了将近五十年的这种状态,培育出了一定类型的国民,称之为"明治人式的人物形象"也没有什么不妥吧。无论是社会、语言还是文化,在继承的过程中,总会有一部分改变或是消失了。但是,不变的部分成为核心,广义的文化整体得以持续。和传承下去的文化相协调的人的特性也得以传续。虽然各人之间存在差异,但至少理想型特性将会持续下去。

明治人所拥有的特性被其子孙继承下来。假如明治以后是这种情况,那么,尽管由于和自上而下的国民教育有关,所以程度也有所差异,但按顺序向前追溯,庆应、元治、文久、万延、安政、嘉永时代的日本人的核心特性,与明治人也相去不远吧。纵观沙勿略的记载,我们惊异地发现,当时的国民中存在着明治人式的特性。这些特性在十五世纪中叶到昭和二十年(1945年)这段时期中的日本人身上是相通的。

至此,笔者简单回顾了昭和二十年(1945年)之前的情况,这使石田英一郎所说的日本人难以改变的个性更加明确。

日本人变了吗——昭和二十年之后

战前和战后的比较

具备了近代国家形态的日本虽然明治初年以来就大肆模仿西方，但是在"人"这个方面却并没有多大的变化。恢复天皇的政权正是社会的倒退。原本不受重视的天皇明确地成为了国家元首，其权威变得至高无上。国民成为天皇的赤子，肩负着近代国家的重担，却没有成为真正意义上的近代人。政治、经济、教育、学术等方面都受到干涉，这些领域里的自由日益受到限制。与此相对，不合理的精神至上论乃至神话都开始发挥巨大的影响力。

要了解昭和二十年（1945 年）战败之后国家变化的实质，就必须知道以上这些情况。

战后，军队被解散，天皇位置改变了，政治、经济、法律、教育等一切制度都开始了理性的重建，在以尊重基本人权为核心的民主主义理念基础上，新宪法被制订出来。日本进入了新的时代，类似于法国的国策自由、平等、博爱的精神高涨。

制度的改变，主义、理念的导入是很简单的，在物质层面上引入外来事物也不费事。但是，人自身的改变却并非易事。古今东西，都是如此。虽然有人认为，日本明治以来的教育进行得相当成功，把日本人驯服成了皇国精神的臣民，但这种教育在很大程度上是以日本人固有的特性为基础的，它并不能产生经过了本质的变化的精神，使战前理念转变为战后理念。以昭和二十年（1945 年）为界，国家发生了很大变化，推动这种变化的是一个引导着整个国家的全新的理念,它就是民主主义。

就像上文里说过的,民主主义的核心是尊重人权。而尊重人权的基础则是对人的尊重。尊重人,具体来说就是尊重个人。在尊重个人的基础上,人权才能受到尊重,然后民主主义才能产生。

日本人改变了吗?

在新的国家体制中,真的产生了对个人的尊重吗? 上文谈到,制度、理念等方面的改变很容易,而人本身的改变很困难,那么人到底有没有发生变化呢? 回答这一问题最有效且容易的方法,就是弄清楚下面这一问题:个人是否得到了尊重? 而这一问题,换句话讲就是:曾让夏目漱石觉醒的"自我本位"是否已被普通日本人所拥有了呢?

个人受到集体的压制,这就表明个人还没有得到尊重,还没能达到自我本位。之前的"从社会看日本人"这部分已经说明了这一点。刚才也论述过了,时至今日,他律性仍旧存在,而强烈的他律性显然是个缺陷。如何去除这一缺陷,达到自我本位,这对于想要在拥有自我本位的各国、进而在整个世界中积极发展的日本人来说,是个无法避免的问题。明治时期福泽的夙愿,今天仍旧是我们的愿望吧。我想,必须要在长时间内,以确立自我本位和个人为目的,推进日本的教育。很显然这一目标相当艰难,因为上述被称为缺陷的特性根深蒂固。

在今后的世界中,日本人将怎样发展? 了解这一自然倾向的材料已经齐备,那就是:只要个人不能获得自我本位,那么按照与此相对立的上述缺陷以及传统的集团性或是他律性来行动的自然倾向就会延续。因此,要想消除这一倾向,只有努力解决上面的问题。在序言中,笔者曾写到希望这本书能够备齐了解这两点的材料,这也是对此的回答。

关于四个范畴的内容

昭和二十年(1945年)以后,日本出现了数量众多的日本人论。到底是战后,学术界获得了自由,于是审视自我的观点也日趋自由,丰富多彩。

回顾战后的文献时,笔者将其分为以下四类。第一类是关于"从社会看日本人",其内容是日本不存在个人的独立,用克拉克的话来说就是偏重集团主义,集团内部按照上司和下属的等级关系来组织,其中个人主体的逻辑受到压制,很难摆脱不合理的人际关系的束缚。在日本军队中这曾经表现得尤其强烈,尽管其已成为历史。

这一点同样也存在于第二个范畴"从语言看日本人"之中,通过语言,有人指出,日本人使用语言是感性的、依赖于场合的,容易采取暧昧的形式;也有人指出,在国际性场合里存在的日语的问题也与此相关;还有人指出,在日本人的语言表达方式之中,相比于自己"这么做"、"那么做"里所用的"做"这种表达意志的词,日本人更喜欢使用由于当时条件所导致的"成为那样"这种自动的"成为"。这是很有意思的。总之,通过这一类书,我们可以清晰地看到,日本人语言使用的形态中有其特色,显示了日本人独特的心理特征。

通过第一类的书可以了解到日本人的集团性,在集团中,人们对他人变得细腻,产生了纤细的与人交谈的形式。举出的若干事例也非常有趣。

在被归入第三个范畴"从心理看日本人"的文献的作者中,十一人中有九人是研究心理学的。他们所著的关于日本人心理的九本书籍,各自方法不同,引人入胜,内容有趣。当然相互之间没有出现对立的结果,但正是因为方法各异,才使得观察的结果内容丰富。尤其是桂广介以日本美的心理为主题进行研究,其中充满了对国民思潮的批判精神,这在心理学家中很少见。以此为前提所进行的研究颇有意思,非常重要,笔者在介绍他时不知不觉拉长了篇幅。

我之所以将西洋史专家会田雄次的作品归入这个范畴,是因为其鲜明地描绘出了日本人的独特心理。会田和上面提过的高木都指出了房屋结构对行为、意识的影响，因而受到关注。

本妮迪克特所提到的罪感文化和耻感文化，提供了"罪"和"耻"的意识的问题，引起了广泛讨论。精神病学家土居健郎从"依赖"的理论方面进行考察，而社会学家作田启一则在其著作①中花费一章的笔墨对此进行讨论；心理学家滨口惠俊在其著作②中对此有详细研究；森三树三郎则对此进行了集中的研究并汇集成一本书，笔者对此也进行了介绍。

属于第四个范畴"从文化比较中看日本人"中的书的数量甚多。在依据旅行经历进行创作时一般都会记录有关日本人的点滴，这是因为谁都会有一些有关日本人的见解。但是，完整的确凿的记录、评论了日本人的书就不多了。于是，笔者在本书中选取了迄今为止所读过的颇受感触而又拥有实际内容的文献。

这里所谓的具有确凿内容的书的作者，或是确切地把握了作为独立形态行为综合体的文化概念，或是尽管没有清晰的概念，但在无意识中抓住了类似的某物。拥有这一概念，并能在其中观察研究人们的思维和行为的人，能够避免犯下简单的错误。从自己所属的文化价值出发，评价其他文化中人的行为，这种人没有资格研究国民性。

战后出版了非常多的关于日本人论的书。作者中有哲学家、历史学家、文学家、经济学家、心理学家、语言学家、精神病学家等各领域的人，其中还有实业家和一般职员。人们如此关心日本国民，尽管动机各有不同，但大背景是日本人和外国人接触的机会增多了，更为根本的原因则是对近代国家的近代性抱有疑问。

集团性尤其为欧洲人所关注。对于那些来自个人主义如空气般完全融入自身、已经意识不到的社会的人，他们到日本后，就会感到这覆盖着日本国民的集团主义特性扑面而来吧。因此，这一倾向的主要强调者 G. 克拉克甚至认为日本人有很强的名誉感，这才是理解日本人行

---

① 作田启一《耻的文化再思考》，筑摩书房，1967 年。
② 滨口惠俊《"日本式"再发现》，日本经济新闻社，1977 年。

为的关键所在。尽管日本人很少提及名誉感，但它也是值得注目的日本人的心理特征吧。

正如上文所说，集团性在日本人的著作中已有涉及。他们从日本移居国外，被决定外国人行动的"个人"所触动，于是将日本人和他们的"个人"相比较，最终日本人的集团性浮现在脑中。面对自我本位指出了日本人党派性的夏目漱石，就是一个显著的例子。

话说回来，介绍"日本以前如何"、"如此这般的日本人现在是这样的"这一本书的目的，通过上述全部论述，已经自然地实现了。其中笔者印象很深的，就是核心特性不易改变的现实。

政治、经济、社会、交通、通信、衣食住、兴趣、娱乐等方面变化不断，尤其是战后变化更是剧烈，现在也是如此。这些是人眼能看到的表层变化。在对日本人进行较深的论述时，要超越该层面而进入人的内部。这样我们就能发现，总结出的特性有着令人惊讶的持续性。这是日本民族的核心所在。立足于这一核心的话，东西方的差异就无法否定，这就和石田英一郎所说的一样。人类之间有着共通性，但同时也存在民族间的区别，这是不容置疑的。

今后的日本人研究

今后的日本人研究，将会围绕以上诸点进一步深入吧。在上文中我们已经看到，有人认为，我国和西方接触，历史虽然不短，但还不能说已经对其国民有了充分的了解。随着我国在世界经济上以及外交上的地位逐渐提高、发言权越来越强，国民的视野也必须国际化。事实上开始和外国接触的人也在增加。在此过程中，经济摩擦以及异文化间意识的分歧等问题已经产生，于是这样的研究也关系到实际生活。我们再也不能满足于以往那种盲目的日本人论，如同眺望山景般地看到日本人后就大发议论，然后就匆匆了事。我们应该既不自吹自擂，也不妄自菲薄，内容要客观准确、逻辑清晰，要怀着炽热的使命感去推进研究。

日本人论的再次兴起会是在二十一世纪即将临近之时吧。而且，如上所述，其围绕的正是那些存在于日本人和西方人之间的本质差异吧。笔者认为,此时应立足于以下这一前提。

核心特征将持续很长时间,很难改变,这一点可以从各位作者的论述中清楚地看到;日本的学者认为现代日本中仍然保留着古代日本的特性,也是与此相关的。但是这并不一定会真正妨碍个人的确立或是自我本位的形成。例如,尽管说日本人有集团性、上下之别,但是这并不就意味着在其中就不能按照善恶正邪行动了。肩负着漫长历史传统的国民性,并不会从本质上阻止国民去掌握自我本位这一新的特性,而一旦自我本位被人所掌握,那也将改变自古以来的原有特性吧。不要一味地抵抗顽固的传统特性,而是促进人们拥有新的特性。我认为这在日本青少年的教育中是非常重要的,因为个人是拥有道德意识的。

文　　献

1. 福泽渝吉《文明论概略》,《岩波文库》,1949 年第九次印刷,1931 年第一次印刷,1875 年原版

2. 筑岛谦三《文化构造与语言》,芳贺绥编《日本语讲座》第三卷,大修馆书店,1976 年

3. 筑岛谦三《思考日本人——以心理比较的立场》,大日本图书,1977 年

4. 格雷戈里·克拉克《日本人——独特性的源泉》,村松增美译,SIMUL 出版会,1977 年(Gregory Clark, The Japanese Tribe: Origins of a Nation's Uniquenese, 1977)

5. 贝尔兹《贝尔兹日记》四卷,菅沼龙太郎译,《岩波文库》,1961 年第九次印刷(1951 年第一次印刷)

6. 山本七平《空气的研究》,《文艺春秋》1975 年 9 月特刊

7. 三宅雪岭《真善美的日本人》,政教社,1891 年(生松敬三编,富山房《百科文库》8,1977 年);《假恶丑的日本人》,1891 年(生松敬三编,富山房《百科文库》8,1977 年)

8. Dyer, h., Dai Nippon, The Britain of the Ease, London, 1904

9. ① Nitobe, I., Bushido, the Soul of Japan, Philadelphia, 1899② 矢内原忠雄译《武士道》,《岩波文库》,1974 年第十五次印刷(1938 年第一次印刷)

10. ① Hearn. L., Japan, an Attempt at Interpretation, New York, 1904② op. cit., 1907 April. ③ 平井呈一改译《日本——一种解释》,美铃书房,1954 年④ 平井呈一译《日本——一种解释的尝试》,

恒文社,1964 年

11. 筑岛谦三①《拉夫卡迪奥·哈恩的日本观——对正确理解的尝试》,劲草书房,1964 年②增补版,1977 年,新装版,1984 年

12. Bisland, E. (ed.), Life and Letters, vols. 3, 1922(in the Writings of Lafcadio Hearn, vols. 16)

13. Ichikawa, S. , Some New Letters and Writings, Kenkyusha, 1925

14. 芳贺矢一①《国民性十论》,富山房,1907 年②同上,第二十四版,1927 年

15. 大町桂月《桂月全集》,全十三卷,与文社,1922—1923 年

16. 金田一春彦《日本人的语言表达》,讲坛社《现代新书》,1975 年

17. 夏目漱石《夏目漱石全集》第六卷,朋文堂新社,1967 年

18. 权田保之助《民众的娱乐生活中显现出的国民性情》,《解放》1935 年 4 月号;《权田保之助著作集》全四卷(文和书房,1974—1975 年)的第四卷第 32—39 页

19. 陶特著,篠田英雄译《陶特著作集》,全五卷,春秋社,1950 年①第一卷《日本》②第二卷《日本的艺术》③第三卷《日本的建筑》④第四卷《建筑、艺术、社会》⑤第五卷《日本的住宅与生活》。篠田英雄译《日本——陶特日记》,全五卷,岩波书店,1950—1954 年

20. 和辻哲郎①《风土》,岩波书店,1935 年②同上,1972 年第三十九次印刷③《和辻哲郎全集》全二十卷,岩波书店,1961—1963 年,《风土》属第八卷,1962 年

21. 三木清①《日本的性格与法西斯主义》,《中央公论》1936 年 8 月号②《三木清著作集》全十六卷(岩波书店,1946—1951 年)的第十二卷 118—133 页③《三木清著作集》全十九卷(岩波书店,1966—1968 年)的第十三卷 241—267 页

22. 长谷川如是闲①《日本的性格》,《岩波新书》,1938 年②《长谷川如是闲选集》全七卷,栗田出版会,1967—1970 年(《日本的性格》属第五卷 5—165 页,1970 年)③《续日本的性格》,《岩波新书》,1942 年④《日本人的气质》,御茶水书房,1950 年

23. 露丝·本妮迪克特①米山俊直译《文化模式》,社会思想社,1973

年(Patterns of Culture,1934)② 志村义雄译《民族——科学与政治性》,北隆馆,1950 年（Race:Science and Politics,1940）③ 长谷川松治译《菊花与刀》,社会思想社,1948 年（Chrysanthemum and the Sword:Patterns of Janpanese Culture,1946）

24. 《民族学研究》第十四卷四号,1950 年（特集《露丝·本妮迪克特〈菊花与刀〉带来的》）

25. 森三树三郎《"名"与"耻"的文化》,讲坛社《现代新书》,1971 年

26. 饭塚浩二《日本的军队》,东大协同组合出版部,1950 年

27. 川岛武宜《日本社会的家族式构成》,学生书房,1948 年

28. 饭塚浩二《日本的精神风土》,《岩波新书》,1952 年

29. 中根千枝①《纵向社会的人际关系——单一社会的理论》,讲坛社《现代新书》,1967 年②《日本社会构造的发现》,《中央公论》1964 年 5 月号

30. 西尾干二《欧洲的个人主义》,讲坛社《现代新书》,1969 年

31. 荒木博之①《日本人的行动方式——他律与集团逻辑》,讲坛社《现代新书》,1973 年 ②《从日语思考日本人》,朝日新闻社,1980 年

32. 桑原武夫、梅棹忠夫《日本三大城市比较论——从文化人类学看东京·大阪·京都》,《中央公论》1956 年 9 月号

33. Alcock,the Capital of the Tycoon:a Narrative of a Three Years' Residence in Japan,by Sir Rutherford Alcock, K. C. B. , Her Majesty's Envoy Extraordinary and Minister Plenipotentiary in Japan,tow vols. ,London,1863（山口光朔译《大君的都城》三卷,《岩波文库》）

34. 筑岛谦三《逻辑的思考》,日本应用心理学会编《心理学讲座》第五卷,中山书店,1953 年

35. 金田一春彦《日语的生理与心理》,至文堂,1962 年

36. 芳贺绥①《国语与国民性》,依田新、筑岛谦三编《日本人的性格》,朝仓书店,1970 年②《日本人的心理表现》,中央公社论,1979 年

37. 堀川直义《口语中的日本人的逻辑》,依田新、筑岛谦三编《日本人

的性格》，朝仓书店，1970 年

38. 板坂元《日本人的逻辑构造》，讲坛社《现代新书》，1971 年

39. 杰克·哈尔蓬《不可思议的日语 不可思议的日本人——日语不通的日本国》，青也书店，1978 年

40. 渡部升一《日语的精神》，讲坛社《现代新书》，1974 年

41. 铃木孝夫《语言和文化》，《岩波新书》，1973 年

42. 赫伯特·帕辛《客气与贪欲》，祥传社，1978 年

43. 外山滋比古《日语的个性》，《中公新书》，1976 年

44. 南博《日本人的心理》，《岩波新书》，1953 年

45. 高木正孝《日本人的生活心理》，创元社，1954 年

46. 世良正利①《日本人的个性》，《纪伊国屋新书》，1963 年②《日本人的心》，NHK Books，1965 年

47. 宫城音弥《日本人的性格——县民性和历史人物》，朝日新闻社，1970 年

48. 依田新、筑岛谦三编《日本人的性格》，朝仓书店，1970 年

49. 桂广介《日本美的心理》，诚信书房

50. 会田雄次①《日本人的意识构造》，讲坛社《现代新书》，1972 年②《亚龙收容所》，《中公新书》，1962 年

51. 土居健郎《日本人的心理构造》，弘文堂，1971 年

52. 鹤见和子《好奇心和日本人》，讲坛社《现代新书》，1972 年

53. 井上忠司①《"面子"的构造——对社会心理史的尝试》，NHK Books，1977 年②《眼神中的人际关系》，讲坛社《现代新书》，1982 年

54. 以赛亚·本德森《日本人与犹太人》，山本书店，1970 年

55. 笠信太郎《观察事物的方法》，角川书店，1950 年（改订版，南窗社，1966 年）

56. 山田吉彦《潜藏在日本文化根底里的东西》，讲坛社，1958 年

57. 日本学术会议《文科文献目录 15——日本人的性格研究篇》，1963 年

58. 鲭田丰之《对日本的再认识》，讲坛社《现代新书》，1964 年

328

59. 大野盛雄编著《拉丁的日本人》,日本放送出版协会,1969 年

60. 犬养道子《我的欧洲》,新潮社,1972 年

61. 鸟羽钦一郎《两副面孔的日本人——在东南亚》,《中公新书》,1973 年

62. 皮埃尔·兰迪著,林瑞枝译《日本人的生活》,1975 年(La vie japonaise par Pierre Landy,1973)

63. 根本长兵卫《孩子眼里的法国日记》,朝日新闻社,1978 年

64. E. O. 赖肖尔著,国弘正雄译《日本人》,文艺春秋,1979 年

65. 石田英一郎《东西抄》,筑摩书房,1965 年

66. 川野重任编《在日本的外国学生——他们的日本观》,大明堂,1982 年

67. 戴天仇著,藤岛健一译《日本论》,世界思潮社,1946 年

68. 作田启一《耻的文化再思考》,筑摩书房,1967 年

69. 滨口惠俊《"日本式"再发现》,日本经济新闻社,1977 年

70. 吉川幸次郎《日本的心情》,新潮社,1960 年

后　记

一个民族的性格中既有长处又有短处。谈起日本人的长处，人们必定能列举出具有细腻的美的感觉，以及在笔墨、针线和对动物的态度中看到的温柔体贴和关怀之心等等。而人们所认为的短处，也已经很自然地出现在了本书的正论之中，并且在末章重新叙述了一遍。

无论是长处还是短处，都是根深蒂固的民族特性。难以消除的长处并不是问题，而对于真正意义上阻碍了国民进步的短处，我想，了解其之所以成为短处的原因是非常重要的，而且，必须让别人了解，这也是教育的一个基本内容。

直接举出长处和短处并进行思考，这并不是本书的中心，因此我想在这里简短地说明一下。

关于本书的写作目的，我在序章里已经说过了。由于论述要拥有一定的连贯性，因此有一些应该讨论的书我没有讨论，尽管这不是我的本意。比如吉川幸次郎的《日本的心情》①。

其内容是有关日本人在接受外国文明时的敏锐感觉；在接受外国文明的历史和现实中产生的日本式的歪曲；日本的心情的实际状态；对以上内容的把握对于思考将来的日本非常重要等等。

---

① 吉川幸次郎《日本的心情》，新潮社，1960 年。

这是一本在思考日本的未来时必读的书，因此我在这里稍许介绍了一下。

　　本书中昭和二十年（1945 年）以前的部分大致在昭和五十五年（1980 年）就完成了。之后的部分由于受到其他工作的干扰耽误了下来，最终从去年初秋到今年晚春写了出来。

　　在执笔的过程中，我为了查找必要的文献，曾到东京大学东洋文化研究所、东京大学综合图书馆、国会图书馆、大英博物馆等处进行查阅，在此对这些机构表示感谢。

　　撰写这本书的目标在一开始动笔的时候就出现在脑子里了，随后写出的期望是去年才浮现出来的。

　　只有这个目标与期望结合在一起，目标才拥有更大的意义，我作为期望而提出的问题也才能得到解答。

　　最后，大日本图书的平贺浩志先生热心为本书的整体结构及易读性和其他方面提供了很多意见。横山周子也在炎热的季节中为此操劳。

　　马上就要离开出版社的进士益太也和出版上一本书时一样，给了我很多帮助。

筑岛谦三

1984 年 9 月

看东方　日本社会与文化

● 何谓日本
　　堺屋太一 著　叶 琳　庄 倩 译

● 何谓日本人
　　加藤周一 著　彭 曦　邬晓研 译

● 日本人的意识构造——风土　历史　社会
　　会田雄次 著　何慈毅 译

● 身边的日本文化
　　多田道太郎 著　汪丽影 译

● 日本的民俗宗教
　　宫家 准 著　赵仲明 译

● "日本人论"中的日本人
　　筑岛谦三 著　汪 平　黄 博 译

● 不平等的日本——告别"全民中产"社会
　　佐藤俊树 著　王奕红 译